公共事务论丛

政府转型与地方发展
从特区、综改区到自贸区

主　编　陈振明
副主编　吕志奎

中国人民大学出版社
·北京·

图书在版编目（CIP）数据

政府转型与地方发展：从特区、综改区到自贸区/陈振明主编；吕志奎副主编. --北京：中国人民大学出版社，2023.11
（公共事务论丛）
ISBN 978-7-300-31206-4

Ⅰ.①政… Ⅱ.①陈… ②吕… Ⅲ.①地方政府-行政管理-关系-区域经济发展-研究-中国 Ⅳ.①D625 ②F127

中国版本图书馆CIP数据核字（2022）第203395号

公共事务论丛
政府转型与地方发展
从特区、综改区到自贸区
主　编　陈振明
副主编　吕志奎
Zhengfu Zhuanxing yu Difang Fazhan

出版发行	中国人民大学出版社		
社　　址	北京中关村大街31号	邮政编码	100080
电　　话	010-62511242（总编室）		010-62511770（质管部）
	010-82501766（邮购部）		010-62514148（门市部）
	010-62515195（发行公司）		010-62515275（盗版举报）
网　　址	http://www.crup.com.cn		
经　　销	新华书店		
印　　刷	固安县铭成印刷有限公司		
开　　本	720 mm×1000 mm　1/16	版　次	2023年11月第1版
印　　张	19 插页1	印　次	2023年11月第1次印刷
字　　数	317 000	定　价	98.00元

版权所有　侵权必究　印装差错　负责调换

前　言

　　政府转型与地方发展是20世纪70年代末80年代初以来全球公共管理改革实践的重要主题或基本任务。这场公共管理改革既改变了政府治理的实践模式与理论形态，也改变了地方发展的行政生态与行为方式。推进地方和区域发展必然要求政府治理转型，从而带来政府治理模式的变迁。一个国家的政府治理体系处在持续不断的发展过程之中，不断从一种政府型态过渡到另一种政府型态。这就是政府治理模式的转型，目的在于促进地方和区域发展。

　　从1978年开始的中国改革开放是人类历史上具有划时代意义的重大事件，也是全球公共管理改革运动的重要组成部分，推动了中国政府治理模式的转型和地方发展方式的变革。改革的实质是以政府自我革命和治理模式转型助推地方经济社会发展。改革开放的全面实施和推进，越来越依赖于政府公共管理体制机制改革的配套，越来越要求加快政府治理创新、提升政府治理体系和治理能力现代化水平。

　　2013年11月党的十八届三中全会审议通过了《中共中央关于全面深化改革若干重大问题的决定》，明确了新时代全面深化改革的总目标是"完善和发展中国特色社会主义制度，推进国家治理体系和治理能力现代化"。2023年4月21日，习近平总书记主持召开二十届中央全面深化改革委员会第一次会议并发表重要讲话。习近平总书记强调，今年是全面贯彻党的二十大精神的开局之年,也是改革开放 45 周年和党的十八届三中全会召开 10 周年。实现新时代新征程的目标任务,要把全面深化改革作为推进中国式现代化的根本动力,作为稳大局、应变局、开新局的重要抓手,把准方向、守正创新、真抓实干,在新征程上谱写改革开放新篇章。

试点试验、先行探索是中国改革开放的重要方法和重要经验。作为"改革"的试点,即国家允许地方根据自身实际情况在一定区域范围内积极探索解决问题的新方法新思路,成功的地方政府治理经验会被吸收到中央制定的政策中,继而在多个地方试点乃至全国范围复制推广。创办经济特区,设立综合配套改革试验区(简称"综改区"),成立自由贸易试验区(简称"自贸区"),是党和国家为推进改革开放和社会主义现代化建设进行的伟大创举。从经济社会发展的历史方位把握政府转型与地方发展的规律性与差异性,须将其置于从"经济特区"到"综改区",再到"自贸区"的历史变迁过程中加以系统分析,这为我们提供了一条进入"中国问题"场景、总结"中国经验"、建构中国自主的公共治理知识体系的学术发展之路,也是我们出版《政府转型与地方发展:从特区、综改区到自贸区》的重要背景。

1980 年 8 月 26 日,第五届全国人大常委会第十五次会议批准了国务院提出的决定,在深圳、珠海、汕头和厦门建立经济特区。这一决策标志着中国对外开放的开始,为这些地区带来了前所未有的经济发展机遇。实践证明,建立经济特区的思想和决策是完全正确的,取得了巨大成功。它不仅使这些地区的经济得到快速发展,而且在推进对外开放,引进境外资金、先进技术及管理经验,建立社会主义市场经济体制等方面,发挥了窗口作用、试验作用和排头兵作用。

进入新世纪新阶段,为适应改革开放新形势的需要,国家推动了综改区建设,赋予其落实科学发展观、体制创新、探索新发展模式、提升区域竞争力以及建设和谐社会的历史使命。综改区是我国在经济社会发展的新阶段,在科学发展观的指导下,为促进地方经济社会发展而推出的一项新的举措。综改区的建设将结合具体区域的实践特点,让地方政府先行试验一些具有国家层面意义的重大改革开放措施,通过综合配套改革创新区域治理模式,推进地方区域发展。它是我国改革开放继深圳、珠海、汕头和厦门等第一批经济特区后建立的第二批经济特区,亦即"新特区"。

从 2005 年开始国家批准设立了一些各具特色的综改区。到 2012 年 3

月，国务院已经批准了上海浦东新区综合配套改革试点、天津滨海新区综合配套改革试验区、重庆市全国统筹城乡综合配套改革试验区、成都市全国统筹城乡综合配套改革试验区、武汉城市圈全国资源节约型和环境友好型社会建设综合配套改革试验区、长株潭城市群全国资源节约型和环境友好型社会建设综合配套改革试验区、深圳市综合配套改革试点、沈阳经济区国家新型工业化综合配套改革试验区、山西省国家资源型经济转型综合配套改革试验区、浙江省义乌市国际贸易综合改革试点、厦门市深化两岸交流合作综合配套改革试验区、温州市金融综合改革试验区等12个国家级综合配套改革试验区。从目前已经推行综合配套改革的试点城市来看，改革方案的内容及举措均体现出鲜明的时代和区域特色，尤其是与以往经济特区模式相比具有较大的差异。

2011年12月，正值厦门经济特区建设30周年的重要时刻，《厦门市深化两岸交流合作综合配套改革试验总体方案》获得国务院批准实施，厦门成为继深圳之后第二个同为综改区的经济特区。这是厦门经济特区建设30年来，在深化两岸交流合作方面涉及领域最广、政策措施最多、改革力度最大的一个综合改革方案。厦门综改区不仅涉及政府转型和地方发展，更关系着服务两岸关系和平发展大局，体现了地区发展和国家发展的综合战略。从不同角度、不同层面深入探讨综改区的改革开放路径与政府治理模式，总结提炼综改区的实践经验，探索综合配套改革的战略实施路径与行动策略，推动地方和区域经济社会协调发展，是具有重大现实意义和理论价值的课题。为更好服务区域发展和国家战略，充分发挥"思想库"和"智囊团"作用，厦门大学于2011年底组建了校级跨学科研究平台——厦门大学公共政策研究院。

2012年10月19日，由福建省社会科学界联合会、厦门市社会科学界联合会主办，厦门市社会科学院、厦门大学公共政策研究院和厦门大学公共事务学院联合承办的"综合配套改革与深化两岸交流合作"学术论坛在厦门大学举行。论坛邀请了国内知名专家学者以及省、市相关部门的领导和研究人员，围绕厦门市实施综合配套改革试验的总体战略和策略这一核心主题，就建设两岸区域性金融服务中心、构建厦门综合保税区及厦门自由经贸区、港口发展与国际航运中心建设、台商在厦建设高新产业园区发展、厦门综改区社会管理创新、厦漳泉大都市区同城化、其他综合配套改革试验区的进展和经验等主题展开研讨。本次论坛对综改区的战略地位、执行路径、行动策略以及建立自由贸易区设想进行全面探讨，专家学者与实务部门的领导者、管理者发言各有独到之处，提出了许多有价值且具前瞻性的政策建议，对于综改区政府转型与地方发展具有重要的指导意义和参考价值，有助于促进对综改区公共治理这一跨学科的、理论与实践紧密联系的前沿课题的学术研究。

党的十八大以来，中国特色社会主义进入新时代，中国改革也进入攻坚期和深水区。建设自贸区是以习近平同志为核心的党中央在新时代全面深化改革开放的重要战略举措。党的十八大提出"加快实施自由贸易区战略"。党的十八届三中全会提出"以周边为基础加快实施自由贸易区战略。改革市场准入、海关监管、检验检疫等管理体制，加快环境保护、投资保护、政府采购、电子商务等新议题谈判，形成面向全球的高标准自由贸易区网络"，作为新时代全面深化改革、构建开放型经济新体制的重要任务。

自 2013 年 9 月上海自贸区正式设立以来，中国自贸区建设已走过 10 个年头。10 年间，中国已形成拥有 21 个自贸区及海南自由贸易港的"雁阵"，构建起覆盖东西南北中的改革开放创新格局，掀起中国改革开放新浪潮。自贸区作为新时代我国全面深化改革开放的试验田，被赋予了更大的改革自主权。改革任务涉及贸易自由化便利化、投资自由化便利化、金融服务实体经济、营商环境建设、政府职能转变与政府治理模式创新等，建立健全充满活力、富有效率、更加开放的自贸区政府治理体制机制和制度框架，把自贸区打造成新时代制度型开放和制度集成创新的排头兵、示范区。

2014 年 12 月，国务院决定设立中国（福建）自由贸易试验区（简称"福建自贸区"）。福建自贸区包括福州、厦门和平潭片区。2015 年 4 月，福建自贸区厦门片区揭牌，厦门由此开启了新的历史篇章：迈入自贸区新时代。40 多年来，厦门在改革开放的征程中破冰探路、奋勇争先，经历了从经济特区到综改区，再到自贸区的转型发展历程，正向高素质高颜值现代化国际化城市迈进。2021 年 12 月 21 日，习近平总书记在致厦门经济特区建设 40 周年的贺信中，对厦门作出"勇立潮头、勇毅前行，全面深化改革开放，推动高质量发展，促进两岸融合发展，努力率先实现社会主义现代化"的重要要求，赋予厦门为中国式现代化探索试验、探路先行的历史使命。

中国式现代化包括推进国家治理体系和治理能力现代化。这就要求在中国式现代化进程中同步推进政府转型，构建职责明确、依法行政的政府治理体系，推进政府治理现代化，提升政府治理效能，以高效能治理保障和促进地方经济社会高质量发展，这也为政府转型与地方发展提供了前所未有的机遇。同时，中国式现代化进程中的政府转型与地方发展的大量问题需要系统研究，制度创新实践、公共政策实践、地方治理经验和教训都需要及时总结。

今年是我国改革开放45周年，也是党中央推进全面深化改革10周年、自贸区建设10周年。对于经济特区、综改区、自贸区来说，也是一个重要的时间节点。为此，厦门大学公共政策研究院和公共事务学院组织出版《政府转型与地方发展：从特区、综改区到自贸区》一书。本书收录了19篇文章，文章作者部分是厦门大学公共政策研究院和公共事务学院的教师或博士研究生、硕士研究生，部分是国内这一领域的专家学者。这些文章大多已经公开发表，其主题涉及综改区行政管理体制改革、综改区海关通关管理制度改革、同城化政府治理、综合保税区海关监管制度创新、综改区社会治理、自贸区经济发展与文化创意产业发展、自由贸易港建设的国际比较与中国选择、自贸区行政管理体制改革、自贸区政府治理现代化、国内自贸区"放管服"改革成效与经验比较等。本书可以使读者更为广阔地了解从特区、综改区到自贸区变迁过程中政府转型与地方发展的丰富实践与理论形态，也有助于有兴趣的读者作进一步的研究。

新时代新征程，我们不仅需要进一步密切关注和跟踪中国式现代化进程中政府转型与地方发展实践与理论的前沿和动态，也需要不断总结政府转型与地方发展实践和学术的历程与经验。本书的出版有助于这一领域的学术交流，并为建构中国公共治理自主知识体系作出应有的贡献。作为本书的组织编写者，我们感谢各位专家学者贡献自己的研究成果，同意汇编出版。最后特别感谢中国人民大学出版社朱海燕等编辑为本书的出版作出的细心核查和编辑校对工作。

目 录

厦门市综合配套改革试验区行政管理体制改革创新方案设计 …… 陈振明 等 1

综合配套改革试验与深化两岸区域通关合作
——厦门海关通关管理制度改革的策略思考 ………………… 张晓晖 11

厦漳泉同城化区域经济利益补偿与分享的内在行为
机理 …………………………………………………… 林民书 刘名远 31

厦漳泉同城化府际关系治理研究 …………………………… 林民望 49

整合厦门海关特殊监管区域、构建厦门综合保税区研究 ……… 黄格成 等 71

借鉴台湾科学工业园区管理模式和经验 创新台商自主建设高新
产业园区的研究 ……………………………………………… 黄慧玲 89

两岸交流合作背景下的厦门市创意设计产业集群发展策略 …… 尚光一 109

网格化管理与共同缔造：社区治理创新的厦门实践 …………… 毛万磊 127

提升开放型经济水平 推进厦门自贸区建设 ………………… 黄格成 等 141

福建自贸区两岸文化创意产业深度合作 ……………………… 杨 玲 155

从自贸区迈向自由贸易港：国际比较与中国的选择
——兼析厦门自由贸易港建设 ……………… 朱孟楠 陈 冲 朱慧君 169

厦门经济特区建设自由经贸区问题研究 ……………… 唐永红 林子荣 沈 蕊 185

中国自贸区行政管理体制改革探索 …………………………… 艾德洲 199

超越经济治理：自贸区治理体系与治理能力现代化建构研究
——以厦门自贸区为例 ………………………………………… 李 欣 209

自贸区"放管服"改革的成效、困境与对策
——以上海、广东、福建、天津自贸区为分析蓝本 …… 刘 祺 马长俊 219

上海自贸区"放管服"改革的实践探索 ················ 郑子南　林荣全　231
天津自贸区"放管服"改革的成效与问题 ······················ 曹瑞阳　247
广东自贸区"放管服"改革的实践进展 ·························· 苏　寻　263
福建自贸区"放管服"改革的观察与思考 ······················ 张　婷　279

厦门市综合配套改革试验区行政管理体制改革创新方案设计[*]

陈振明 等

行政管理体制改革是厦门全面实施综合配套改革的重要环节。《厦门市深化两岸交流合作综合配套改革试验总体方案》（以下简称《总体方案》）明确指出："以法治政府和服务型政府建设为目标，构建'小政府、大社会、大服务'的高效行政管理体制，为参与国际、国内和密切两岸交流合作营造优越的政府服务环境。"《总体方案》为加快推进厦门市综合配套改革试验区（以下简称"厦门综改区"）行政管理体制改革创新指明了基本方向。受厦门市社会科学院的委托，厦门大学公共事务学院课题组承担了"厦门市综合配套改革试验区行政管理体制改革方案设计"项目。课题组结合理论研究和实证调研，借鉴国内其他综改区的实践经验，提出深化厦门综改区行政管理体制改革创新的目标、思路与对策（简称"围绕四个目标、做好六个理顺、抓好八项任务、健全四个机制"）。

一、深化行政管理体制改革的重要意义

当前，厦门经济特区正处于科学发展跨越发展的关键阶段。面对新的形势、新的挑战、新的任务，厦门经济特区现行行政管理体制仍然存在一些不适应生产力发展的方面：政府职能转变还不到位，政府职能边界模糊；市、区、街道三级财权和事权不统一；政绩考核体系简单化；辖区间同质化竞争；机关部门

---

[*] 本文是"厦门市综合配套改革试验区行政管理体制改革创新方案设计"项目的调研报告的摘要。课题组负责人为陈振明，主要成员包括吕志奎，博士生耿旭，硕士生毛万磊、郑曾、李连华、林民望、黎剑锋、田明、蔡飞、张晓舟、江成俊、杨婷。成文时间：2012 年 9 月。

改革创新需求和欲望不强；社会组织发育不健全，社会组织管理体制缺乏灵活性；基层公共服务和社会管理人力资源匮乏，公务员队伍缺少有效的新陈代谢机制；等等。上述这些问题直接影响厦门城市转型，在一定程度上制约了厦门实现科学发展新跨越。不改革现行行政管理体制，综合配套改革很难有实质性突破。深化行政管理体制改革势在必行。

行政管理体制改革是厦门经济特区政治文明建设的重要内容，是上层建筑适应特区科学发展跨越发展的必然要求，贯穿厦门全面实施综合配套改革的全过程。必须加大厦门经济特区政府自身改革力度，必须消除制约厦门科学发展跨越发展的体制性障碍，必须加快厦门经济特区政府管理和服务创新，构建有利于加快综合配套改革的良好行政管理体制机制，形成有利于打造"创新厦门"、"宜居厦门"、"平安厦门"、"文明厦门"和"幸福厦门"的行政管理体制机制保障。

二、深化行政管理体制改革的总体要求

1. 总体目标

从进一步解放和发展厦门经济特区生产力的高度，坚持解放思想，大力弘扬"开拓创新、先行先试"的特区精神，进一步发挥国家赋予厦门经济特区在改革开放和两岸交流合作中的"窗口"、"试验田"和"排头兵"作用，为推动厦门科学发展跨越发展提供更加有效的行政管理体制机制保障，为全国各地综改区深化行政管理体制机制改革发挥积极的示范带动作用。

2. 基本目标

按照《总体方案》的战略部署，着力抓好厦门综改区的公共政务软环境建设，力求在行政管理、社会管理的重点领域和关键环节探索创新、先行先试，创新有利于推动深化两岸交流合作和全面实施综合配套改革的行政管理体制机制，进一步提升厦门经济特区政府的公共管理水平，进一步增强厦门经济特区政府的城市管理竞争力，进一步优化厦门经济特区发展软环境。

（1）构建公共服务型政府。保障人人享有基本公共服务是政府的基本职责，必须着眼公平正义、制度设计、系统规划、整体推进，建立健全基本公共服务体系。把推进厦门岛内外基本公共服务均等化作为厦门综改区行政管理体制改

革创新的重要目标。坚持以人为本、服务为先的原则,强化公共服务职能,形成"更加注重以人为本"的公共服务型政府行政管理体制机制。

(2)构建公共治理型政府。将社会组织参与、公民参与和社区自治等现代公共治理机制引入行政管理和社会管理体制改革创新实践中,形成"更加注重以人为本"的公共治理型政府行政管理体制机制,构建政府与社会协同治理网络,最大限度激发社会组织和公众参与公共事务治理的活力,并提高基层社会的自治能力。

(3)构建依法治理型政府。全面推进依法行政、依法决策、依法执法和依法监督。加强社会管理和公共服务领域的立法工作,破解当前社会管理领域法律法规缺乏、无法可依的问题;灵活运用特区"先行先试"改革试验特权,先行试验一些行政管理改革措施,从而破解实施综合配套改革过程中遇到的法律困惑,为厦门新一轮经济社会发展和岛内外一体化发展提供法治保障。

(4)构建信息网络型政府。提高网络社会领导力和虚拟社会管理水平,是当前加强和创新社会管理的一项重要内容。我国信息化和电子政务已进入一个新的阶段,新需求越来越迫切,急需新定位、新思路,有必要准确把握下一代互联网的发展方向。围绕构建"智慧厦门"和打造"智慧城市"的信息化战略,把构建厦门综改区信息化和网络化行政管理体制机制与构建公共服务型政府、公共治理型政府、依法治理型政府紧密结合起来,走出一条有厦门特色的城市"网络治理"之路。

3. 改革思路

深化厦门综改区行政管理体制改革是厦门经济特区政府转变发展方式、实现科学发展跨越发展的重要体现。要以科学发展跨越发展为主题,以全面实施综合配套改革为契机,以转变政府职能和行政管理方式为主线,以社会管理体制机制改革创新为突破口,重点做好"六个理顺":

——理顺市区两级政府间财权与事权相统一的关系,更好地调动市区两级政府实施综合配套改革的积极性和创新性;

——理顺思明、湖里、集美、海沧、同安和翔安六个行政管辖区之间的竞合关系,形成不同辖区间错位发展、分工协作、资源共享、基本公共服务协同发展的体制机制;

——理顺岛内外协同发展关系,形成岛内外一体化发展新格局;

——理顺政府与市场的关系，促进政府调控与市场机制有机统一；

——理顺政府与企业的关系，创新政府服务企业的理念与方式；

——理顺政府与社会组织和公众的关系，进一步调动社会组织和公众参与实施综合配套改革的积极性，最大限度提高社会资源动员能力，最大限度激发厦门经济特区的生机和活力。

三、深化行政管理体制改革的主要任务

1. 扩权强区，构建市、区、街道三级财权与事权相统一的行政管理体制

在调研中发现，制约当前厦门区一级经济社会可持续发展的重要因素之一是区里经济社会管理权限太少，特别是财权与事权不相匹配。要按照充分发挥市、区、街道"三个积极性"和"依法合规、责权统一、规范管理"的原则，适时推出扩权强区工作，要求市级各部门向区机构下放经济社会管理权限，列出市、区两级政府各自的权责清单。

推进城市管理职能下移，通过赋予区级政府经济社会管理权限，健全财权与事权相统一的政府间纵向管理体制，进一步解放和发展区级政府的公共生产力，进一步增强区里自身发展的内生动力和活力，进一步激活区一级的各种创新要素。在产业发展、规划建设、项目投资、安全生产、环境保护、市场监管、社会管理、民生事业和社区建设等方面，厦门市政府有关职能部门应按照权责一致、能放即放的原则放权授权，进一步扩大区级行政管理自主权和决策权，赋予街道办事处发展辖区内经济社会事业的责、权、利，以此深化行政审批制度改革，推动市、区两级政府更快转向公共服务型政府。

扩权强区，市权下放，区里拥有更多权力同时也承担更多责任，要明确区委、区政府的责任。区政府的权力与责任在市政府的监督下必须履行，必须强化监督与责任追究，确保权力与责任相对称，强化行政问责。

2. 探索扁平化、网络化、信息化行政管理体制，持续优化厦门综改区的公共政务环境

以信息化和网络化技术为依托，统筹规划、精心设计，探索标准化、扁平化行政管理体制，持续优化政务环境。扁平化行政管理的基础是信息化和网络化，同时信息化、网络化和扁平化的主要目标是提升政府的管理能力和服务水

平，持续优化政务环境，建设公共服务型政府。

首先，压缩和减少行政管理层级，把现行的政府职能部门的条条管理转变为有序的条块结合。其次，在机构设置上转变政府职能部门与上级政府组织简单的一一对应关系，实行一岗多责、一人多能，尽可能地把职能相关的机构精简到同一个机构中，建立精简高效的综合管理架构和规范化、程序化的运作方式。最后，建设智慧型政府，构建信息化、网络化的行政管理模式。依托新一代信息网络技术，把厦门经济特区政府打造成为知识化、信息化、智能化的智慧型政府，提升政府对网络虚拟社会的领导力和管理水平。

3. 研究制定厦门综改区服务型政府建设的战略规划和《厦门市岛内外基本公共服务发展规划》

明确服务型政府建设的时间表、目标和路线图，有助于加强服务型政府建设的战略指导，有助于实现综合配套改革的战略目标。制定厦门市建设服务型政府"一年构建框架、三年逐步完善、五年全面完成"的发展规划，分步实施，不懈推进，绩效评估，持续改进。

以满足公众需求为导向，在坚持政府负责的前提下，充分发挥市场机制作用，推动基本公共服务提供主体和提供方式多元化，加快建立政府主导、社会参与、公办民办并举的基本公共服务供给模式。研究制定厦门岛内外基本公共服务标准体系，加快建立健全符合厦门市情、比较完整、覆盖岛内外、可持续的基本公共服务体系，以基本公共服务标准化逐步推进基本公共服务均等化，以基本公共服务均等化稳步促进岛内外一体化发展。

公共财政是公共服务型政府的重要保障。预算是公共财政管理的重要内容。预算的编制和执行决定着政府职能的方向和范围。市、区两级政府要优先安排财政预算用于基本公共服务，并确保增长幅度与财力的增长相匹配、与基本公共服务需求相适应、与加快推进岛内外一体化相协调，推进实施按照地区常住人口安排基本公共服务支出。

4. 转变唯GDP导向的政绩考核制度，构建差别化政绩评价制度

政绩考核差别化，是由国家发展改革委员会针对全国各个区域政绩考核指标同一性的弊端，考虑到不同区域、不同地区除了具有共性功能外，还具有不同的资源禀赋、区位条件、发展优势等个性功能，从而按照不同区域的主体功能定位实施差别化的评价考核。其本质是科学性、合理性和公正性的回归，能

够促进地方发展理念转型,改变 GDP 至上的发展模式,有利于激发各地方政府从速度发展转向科学发展,使政绩考核更加全面、合理。

目前,厦门六个区之间同质化竞争、重复建设问题依然突出。针对这一问题,应抓住实施综合配套改革契机,从打造"五个厦门"的战略高度,结合全市六个行政管辖区的发展历史、发展现状和发展潜力,出台岛内外主体功能区发展规划,针对不同功能区,建立差别化政绩评价机制,真正引导和激励不同辖区、不同部门寻找适合自己的科学发展路径,以差别化政绩考核作为方向盘,激励有利于科学发展的行为,约束不利于科学发展的行为,从而推动政府加快转变职能。

5. 研究制定厦门综改区社会组织和社区工作人才队伍教育规划,加强对社会组织和社区工作人员的培养培训

推动厦门市政府、各区政府与厦门大学等高校建立"服务区域发展协同创新平台",充分发挥厦门大学等高校在实施综合配套改革中的"智库"作用;充分利用厦门大学等高校的优质教育资源,建立社会管理和公共服务人才培养培训基地,对厦门全市现有社会组织和社区工作人员进行社会管理和公共服务教育培训,使社会组织和社区工作人员深入学习和掌握现代公共管理理念和技能,全面提高自身业务素质,为全面实施综合配套改革提供坚强有力的公共人力资源保障,以高素质的公共人力资源服务厦门基层社会管理创新和社区建设。

6. 健全多元主体民主协商的社会矛盾治理机制,畅通利益表达和利益整合渠道

加强和创新社会管理,要以解决影响社会和谐稳定的利益矛盾为突破口,探索社区党建与基层社会管理创新的结合点。探索政府管理和社区自治有机结合的协同治理机制,建立基层"民主议事日"制度,畅通政府与民间的长效性交流渠道,扩大普通公众参与度,让公众对与自己切身利益紧密相关的事情及时了解。完善专家咨询、民意调查、咨询委员会、社情舆情表达、官员个别接触(市长热线等)、政务公开、听证会等相关制度。建立重大工程项目和重要政策制定的决策风险评估制度,促进决策民主化、科学化。

在信息网络社会,厦门市、区和街道三级党政领导干部要以打造"智慧厦门"和"数字城市"为契机,树立"公共、公平、公益"的网络精神,更新"命令-控制"思维模式,树立"协商-共享"思维模式,创新媒介化领导、开放

型领导和超越型领导的方式方法,要和广大网民一起,实现党委政府在网络空间的常态发声,提高政府对网络虚拟社会的领导力和管控力。

7. 打造厦门市社会组织管理改革集中示范点,大力培育发展有利于深化两岸交流合作和实施综合配套改革的社会组织、行业协会、志愿者组织

社会组织是政府管理和服务的重要帮手。要以区为主体,市、区、街道、社区四级联动,重点打造若干个集中示范点,以强化社会管理和公共服务职能为导向,围绕社会组织登记管理、经费保障、功能拓展和监督评估等领域探索创新、先行先试,力争在一年内厦门市社会组织管理改革有新突破、服务功能有新拓展、人员素质有新提升、外部形象有新建设,初步形成具有厦门特色的社会组织管理体制改革路径。

8. 用活综合配套改革试验"先行先试"特权,探索厦门综改区行政管理和社会管理领域的法律法规创新

《总体方案》要求厦门"解放思想、先行先试"。要以开展相对集中行政复议审理和行政复议委员会工作为契机,完善行政复议、行政赔偿和行政补偿制度。深化"无诉社区"创建活动。健全突发群体性事件处置法规、规章,树立法律在化解社会矛盾和利益纠纷中的权威,提高政府处置群体性事件的公信力。

健全厦门市涉台法规、规章,依法保障台胞合法权益,为形成两岸同胞融合最温馨家园提供更加良好的法律服务和更加优化的法律制度环境。健全社会组织登记管理和参与公共服务提供的法规、规章。深入开展法治文化广场、法治文化社区、法治文化街道、法治文化校园和法治文化教育基地活动。

四、深化行政管理体制改革的工作机制

深化厦门综改区行政管理体制改革实质上是厦门经济特区转型发展的问题,意义重大、任务艰巨。要坚持改革方向的坚定性、改革决策的科学性、改革举措的协调性和改革利益的普惠性有机统一。为有效推进改革工作,在国家发展改革委员会的指导和福建省委、省政府、厦门市委的领导下,市、区两级政府应该上下联动、密切协作、精心组织、周密部署、狠抓落实,逐步健全长效工作机制。

1. 加强组织领导，建立行政改革跨部门协调机制

在全市综合配套改革领导小组的指导下，建立厦门综改区行政管理体制改革市、区、街道三级联席会议制度，研究解决行政管理体制改革创新中的重大问题。成立厦门综改区行政管理体制改革工作办公室（以下简称"体改办"），负责组织实施行政管理体制改革创新试验，协调解决改革创新中的重要问题，督促落实行政管理体制改革主要任务，编制厦门综改区行政管理体制改革三年行动规划和年度工作计划，组织行政管理改革试验项目的立项、论证、审批和评估等工作。同时，负责组织编写厦门综改区政府发展年度报告。

2. 借力外部智库，建立行政改革专家学者咨询机制

充分借助外部智库资源，成立厦门综改区行政管理体制改革试验专家组或专家咨询委员会（也可与厦门大学联合成立"厦门综合配套改革发展研究院"），组织专家学者对包括行政管理体制改革在内的综合配套改革进行理论和实践层面的深入研究，加强对行政管理改革事项的跟踪评估，发布厦门综改区政府发展年度报告，将厦门综改区行政管理体制改革创新工作实践向工作理论转化，实现从改革实践到改革理论的飞跃，在此基础上努力形成一批高质量的实践成果、制度成果和理论成果，上报国家和省发展改革委员会。

3. 扩大公共参与，建立行政改革共识凝聚机制

深化行政管理体制不能坐而论道，不能搞得玄而又玄，要实实在在"落地"。尤其要注重"自下而上"的基层创新、群众参与和"自上而下"的顶层设计、领导推动相结合，要激发"自下而上"的力量来推动，调动党员干部和群众广泛参与，走出一条有厦门特色的"参与式"综合配套改革之路。把群众力量组织起来，这是全面实施综合配套改革的一种政治方针。出台厦门综改区行政管理改革社情民意专递员制度和民主评议制度，定期组织党员干部、群众对行政管理改革情况进行评议，加强社会民意对行政管理改革的监督，让政府系统内部、政府与社会形成一种共识，形成上下内外合力推动行政改革、实现科学发展的共识。

4. 强化督查考核，建立行政改革评估激励机制

建立行政管理改革成效评估制度，体改办适时组织有关部门和专家学者对行政管理重点领域改革试点的改革成效进行综合评估。对行政管理体制改革创新工作实行目标管理，纳入有关部门工作目标和党政干部的考核体系，定期督促检查。把实施行政管理体制改革试验与开展创先争优活动有机结合，设立厦门综改区"行政管理改革创新奖"，建立"行政管理改革创新奖"年度评奖制度，实现以评估促改革、以改革促创新、以创新促厦门跨越发展。抓好厦门综改区行政管理体制改革创新示范点建设，包括示范部门、示范区、示范街道和示范社区等。及时将改革试验中涌现的好做法、好经验和好典型上报市综合配套改革领导小组和发展改革委员会。

综合配套改革试验与深化两岸区域通关合作
——厦门海关通关管理制度改革的策略思考*

张晓晖

一、导言

国家综合配套改革试验区的设立是我国在经济社会发展的新阶段，为促进地方经济社会发展而推出的一项新的举措。其设立目的是探索建设和谐社会、创新区域发展模式、提升区域乃至国家竞争力的新思维、新思想、新路径、新模式和新道路，通过选择一批有特点和有代表性的区域进行综合配套改革，以期为全国的经济体制改革、政治体制改革、文化体制改革和社会各方面的改革提供新的经验和思路。不同于改革开放初期的经济特区单纯的经济建设试点，其更加侧重于行政体制改革和社会治理机制改革。自 2005 年开启中国综合配套改革为主要模式的改革进程，中央共审批设立各类综合改革试验区 12 个。厦门市深化两岸交流合作综合配套改革试验区，具有十分突出的对台区位优势，在全国首次试点开展跨越两岸基本经济制度的全面区域合作，定位为两岸产业对接示范区、两岸交流合作先行先试的前沿平台、两岸区域经济一体化核心，以及两岸公共事务交流体制机制创新试验区[①]。这也是厦门继往开来，发挥特区新优势，未来实现又好又快发展的一次难得机遇。

海关是促进跨关境区域经济社会一体化中的重要一环，是两岸区域经济合作的基石和门户，在增进两岸文化交流和发展中发挥着窗口和纽带的重要作用。

---

* 成文时间：2012 年 5 月。
① 国家发改委. 厦门市深化两岸交流合作综合配套改革试验总体方案. 厦门通讯，2012（2）：16-21.

推进海关区域通关体制改革，探索建立两岸海关合作新模式，对于国家综合配套改革和促进两岸全面交流合作，聚合两岸资源增强整体竞争力，应对全球化激烈竞争和世界金融危机的挑战，增进两岸人民福祉，促进两岸和平统一具有十分积极深远的意义。

本文以综合配套改革理论为指导，从两岸区域经济一体化和现代公共管理理论出发探索海关区域通关改革和两岸海关合作试验区的设想。着重从创新口岸管理机制、信息技术手段、通关管理模式、服务方式、两岸合作形式等方面，加强区域间海关合作和两岸海关合作配套改革，建立适应区域经济发展一体化的海关通关监管模式，构建更加文明高效的海关管理体系。通过先行先试探索海关综合监管改革举措的配套性和协调性，可以避免出现因某一方面改革滞后而形成的体制瓶颈，或因某一方面的改革举措过于超前而导致的混乱。此外，通过两岸区域通关事务合作的制度化推进海峡两岸经济社会管理一体化发展，需要注意的是一个国家内有两个关税区。同时不能回避的问题是，在研究两岸经贸关系时要考虑到经济之外的其他因素对发展两岸海关合作关系的影响。

二、两岸经贸合作是推进厦门综合配套改革的基石

（一）两岸经贸的快速发展对构建两岸合作机制提出更迫切的要求

两岸经贸关系从恢复到快速发展，与经济全球化和区域经济一体化的深化发展密不可分，是两岸共同参与经济全球化进程的必然结果。目前，两岸经贸合作已成为推动两岸经济转型与发展的重要平台，并对构建两岸经贸合作机制提出了更迫切的要求。两岸贸易额自2000年突破300亿美元后，大陆连续11年成为台湾最大的贸易伙伴、最大的出口市场。2010年6月两岸正式签署了《海峡两岸经济合作框架协议》（ECFA），为两岸交流合作发展注入新的活力，2012年两岸贸易总额达到1 689.6亿美元，年平均增长率为18%。2012年，台湾是大陆的第七大贸易伙伴、第六大进口地区和第十四大出口地区；而大陆则是台湾的第三大贸易伙伴、第一大出口地和第五大进口地。两岸经贸关系快速发展，相互依存关系不断加强，两岸已互为最重要贸易伙伴之一。两岸贸易，特别是大陆对台湾的贸易逆差，已成为支撑台湾经济持续增长的重要支柱，尤其是ECFA的签订是两岸共同采取的具有战略意义的区域合作举措，是两岸经

贸关系正常化、制度化、一体化的重要里程碑①。开创两岸经济大交流、大合作、大发展的新格局,为两岸携手参与新一轮国际竞争提供了强有力的支撑。2000—2012年两岸贸易数据见表1。

表1 2000—2012年两岸贸易数据　　　　　　　　　单位：亿美元

年份	贸易总额	大陆对台出口额	大陆从台进口额	大陆逆差
2000	305.3	50.4	254.9	204.5
2001	323.4	50	273.4	223.4
2002	446.7	65.9	380.8	314.9
2003	583.6	90	493.6	403.6
2004	783.3	135.5	647.8	512.3
2005	912.3	165.5	746.8	581.3
2006	1 078.5	207.4	871.1	663.7
2007	1 244.9	234.6	1 010.3	775.7
2008	1 292.1	258.8	1 033.3	774.5
2009	1 062.2	205	857.2	652.2
2010	1 454.1	296.7	1 157.4	860.7
2011	1 600.3	351.1	1 249.2	898.1
2012	1 689.6	367.8	1 321.8	954.0

资料来源：2012年中国海关统计年鉴. 北京：中国海关出版社，2013.

（二）厦门市综合配套改革试验区在深化两岸经贸交流合作中的独特优势和战略意义

厦门深化两岸交流合作综合配套改革试验区的实施，对于厦门经济社会全面、协调和可持续发展，推进海峡西岸经济区（以下简称海西）建设，更好地履行党中央、国务院赋予厦门的重大使命，进一步发挥厦门乃至福建省的比较优势和先行先试作用，力求在深化闽台经贸合作上取得新成效，更好地服务两岸关系和平发展与祖国和平统一大业②，具有重要意义。2011年胡锦涛在致厦

---

① 王腾坤. ECFA签订对海峡两岸之经济分析与展望. 理论参考，2009（7）：51-53.
② 尤权. 深化闽台经贸合作，促进两岸共同繁荣. 求是，2013（10）：16-18.

门经济特区建设 30 周年的贺信中勉励厦门要更好服务两岸关系和平发展。

1. 发挥经济特区体制优势，促进经济社会和谐发展，增强科学发展能力

2011 年 6 月国务院明确要求"进一步发挥厦门经济特区在体制机制创新方面的试验区作用，从海峡西岸经济区的实际出发，围绕建立有利于科学发展的体制机制和扩大两岸交流合作的需要，先行试验一些重大改革措施"①。厦门经济特区设立 30 年来，在体制机制创新方面较好发挥了"试验田"和"排头兵"作用，全市经济社会快速发展，有效破除了阻碍科学发展的体制机制障碍，在探索和积累体制改革上积累了丰富的经验。实施国家综合配套改革促进厦门的发展速度、质量和结构更加有机统一，同时，对于未来经济特区的制度和体制安排具有探索试点的意义，能够起到完善国家发展战略空间布局、促进区域协调发展的作用。

2. 发挥龙头带动优势，推动两岸产业合作，增强两岸全球竞争力

在经济全球化浪潮下，海峡两岸在贸易、投资、金融等方面的经济相互依存关系迅速增强②。投资与贸易活动推动两岸产业分工越趋紧密，两岸经济关系发展加快了各自经济结构调整与产业升级，两岸产业资源得到合理配置。从 1980 年代中后期开始，台湾将失去竞争力的大量传统劳动密集型产业转移至大陆，并与其中上游的资本与技术密集型产业形成垂直分工关系。2010 年台湾增值型、知识型服务业产值占 GDP 比重已超过 70%③。厦门作为海西的重要中心城市，是一个两岸经济联系密切、中心城市支撑、要素流动聚集的联结点，在"承接产业转移、带动内地发展、发挥纽带作用、促进共同繁荣"区域经济发展中发挥龙头带动作用。海西区域经济联盟正在形成，进一步增强了厦门的"磁吸"效应，许多省市特别是相邻的周边地区都把厦门作为扩大对外开放、衔接两岸合作、加快经济发展的有利平台。特别是在引进台资、承接台湾产业转移、实现两岸经济共荣方面，厦门有着无可替代的优势，通过增强区域发展实力和经济基础，缩小与台湾的经济差距，以更好地推动经贸合作和市场要素资源整合，在全球化激烈竞争中占据更加有利的地位。

---

① 《国务院关于支持福建省加快建设海峡西岸经济区的若干意见》(国发〔2009〕24 号).
② 张为付. 海峡两岸经贸合作的特点与趋势研究. 南京财经大学学报，2006 (5)：52-54.
③ 宋怡欣. 海峡经贸合作对台湾产业结构升级的影响研究. 知识经济，2009 (1)：45-47.

3. 发挥两岸"五缘"优势，促进两岸"三通"和文化交流，增进民族认同感

2008年11月在台北签署了《海峡两岸空运协议》，海峡两岸北线空中双向直航开通，标志两岸直接双向"三通"基本实现。2012年两岸开通快件直接往来业务。"三通"的常态化直接带动了两岸旅游、教育等社会文化交流。两岸学术交流也日趋频繁，海峡两岸文化博览会每年轮流在厦门和台北举办，海峡两岸论坛已连续在厦门举办六届，海峡两岸图书展览、台湾特色庙会、保生大帝文化节等文化交流蓬勃发展。厦门是两岸经贸投资最早最密集的地区之一，是两岸人员往来最多的口岸之一，同时还是两岸文化交流最活跃的重要基地，开创了大陆对台交流合作的多项第一。厦门综合配套改革不仅能够为两岸经济一体化奠定基础，还依托"五缘"优势，不断推动涉台文化、教育、社会各项交流合作向宽领域、多层次、纵深化方向发展，提升台湾同胞对祖国的向心力和认同感，为发展两岸关系、推动祖国统一做出新贡献。

三、海关区域通关的现状及问题

自2001年以来，我国进出口贸易迅猛增长，"十一五"期间进出口货物同比增长55%，进出口总值同比增长156%，海关税收总额达4.46万亿元，占中央财政收入的比例达到27%，成为中央财政收入的重要来源[①]。海关作为国家进出境监督管理机关，涵盖海关总署、全国46个直属海关单位、614个隶属海关和办事处、近4 000个通关监管点，担负着监管、征税、打私、统计、稽查、口岸管理等职责，其反恐、贸易安全、环境保护、知识产权保护等非传统职能快速拓展，肩负着维护国家正常经济秩序，保卫国家政治、社会和经济安全的重要使命。同时，海关各项管理资源日益紧缺，把关和服务的任务日趋艰巨。

(一) 海关基本通关模式和特点

在不同的历史时期，我国海关职能的内容有所不同，国家对外开放政策往

---

① 海关总署. 今日中国海关：2011中国海关年鉴画册. http://www.customs.gov.cn/portals/0/jrzghg/index.html.

往集中体现在海关通关模式上。海关主要担负货物、物品及其运输工具的进出境监管,通关监管制度主要由申报、审单、征税、查验、放行和结关(签发报关单证明联)等基本环节组成,实行实货放行、以报关单为单位进行申报缴税、纸制单证与电子数据并行的申报模式[①]。海关现行运行模式有以下特点:

1. 垂直管理

海关系统实行集中统一的垂直管理体制。《海关法》规定,国务院设立海关总署,统一管理全国海关。国家在对外开放的口岸和海关监管业务集中的地点设立海关。海关的隶属关系,不受行政区划的限制。海关依法独立行使职权,向海关总署负责[②]。海关是国家对涉外经济实行宏观监控的部门,垂直管理体制有利于保障中央政令的统一,排除各种干扰,独立行使职权,发挥海关维护国家主权和利益的整体效能。垂直管理体制具有事权集中、权责明确、指挥统一、便于控制等优点。

2. 属地管辖

海关的设置不受行政区划的限制,但海关在具体的业务管理上却有着极强的地域性特征,使海关本来可以推动区域经济发展的优势没有得到充分发挥。符合海关规定条件的企业进出口货物时,可自主选择向口岸海关或属地海关申报,在货物实际进出境地的口岸海关办理货物验放手续,以降低运输和管理成本。现行通关模式在实现海关对进出口货物的监管的同时,最大的不足就是双重管理,监管资源占用过多,效率低下,造成区域通关业务发展不平衡,一线口岸监管压力大。沿海19个海关2010年进出口商品总值为26 022.5亿美元,比重占全国业务的87.5%[③]。

3. 实货监管

进出口货物只有在实际抵达监管口岸后才能办理通关验放手续,经常造成报检、报关通道的堵塞现象。海关实行"串联式"通关手续,即只有在前一道手续办好后,才能办理后一道手续。口岸相关部门"串联式"工作流程造成企

---

① 海关总署监管司. 中国海关通关指南. 3版. 北京:中国海关出版社,2011:41.
② 海关总署加工贸易及保税监管司. 中国海关保税实务大全. 北京:中国海关出版社,2010:327.
③ 海关总署统计司. 2010年中国海关统计年鉴. 北京:中国海关出版社,2011.

业在办理海关进出口手续提货时,还要取得检验检疫、银行、外轮理货、船公司、货运代理、码头的手续,在不同的部门来回奔波;且报检、报关信息重复录入,增加工作量,差错率高,通关成本高,通关效率低。

4. 以报关单管理为单元

目前我国依然采用逐票申报、审单、征税、查验、放行和结关的方式通关,纸质报关单和电子报关数据同时申报,尚未形成"由企及物"以企业为单元的纳税人管理模式,一般来讲企业还不能实现集中申报、纳税,一定程度上降低了企业通关速度。美国海关以企业为单位按月缴纳税款的模式非常值得借鉴[1]。

(二)存在的问题

1. 传统管理理念滞后于区域经济发展态势

目前,口岸通关涉及众多的政府部门和社会机构,管理程序复杂,管理政出多门,已成为制约口岸通关效率提升的瓶颈,在一定程度上对促进两岸经贸发展产生不利影响。海关基本业务制度和作业程序都是以直属海关为单元按照"分权制约"原则进行设计,在业务分工和流程上做了过多的限制,把现代物流的整体运行人为地分割成多个业务部门管理,对跨关区物流影响较大,不利于区域物流的快速运转。

2. 业务管理模式滞后于区域经济发展要求

以直属海关为单元构筑的条块分割式的业务管理模式,与区域经济发展要求海关提供统一规范的执法服务显得不适应。表现为关区间缺乏共管机制,不利于监管资源、信息资源的共享,海关管理的整体效能难以发挥。综合监管协调难度大,直属海关习惯从本关区地区利益出发,造成关区间通关模式流程不兼容,关区分割、分段管理的格局更加明显;直属海关管理上的差异性影响执法统一性,审价、归类、查验、案件立案标准差别不一;各业务环节实行纸本单证和电子数据双轨并行制度,消耗海关大量人力物力财力,效率不高。

3. 行政管理体制滞后于区域经济发展趋势

业务改革单兵突进,绩效考核条块包干,资源配置简单增编加人,通关监

---

[1] 林利. 国外海关促进贸易安全和便利的情况和启示. 经贸观察,2009(2):174-175.

管方式五花八门。如针对"守法便利，违法惩戒"的基本原则，并未形成一个完整的综合监管体系，企业管理缺乏完善的管理规章制度和科学的风险评估机制，仅对企业进行简单的等级分类。而从实际监管的效果看，企业的分类标准也不尽科学，未能真正区分企业实际风险高低，导致不少企业以身试法，在一地受到海关处罚后在异地重新注册一家企业来逃避海关处罚。

4. 信息化管理手段滞后于区域经济发展水平

海关核心业务系统（H2000 通关管理系统）是中国海关最重要的信息系统，该系统于 1999 年开发，随着海关业务量迅速增长、系统安全保密要求的提高，系统运行维护压力大。尤其是跨关区各层级、多部门间信息作业系统亟须优化整合，建立统一执法平台需求迫切。区域通关一体化的信息共享、宏观决策和智能化管理要求海关必须在更高层次、以更高的标准加大信息服务产品的开发力度，依托信息化技术和手段，统一加强信息分析与数据挖掘，实现对跨关区、跨部门进出口数据的实时收集、分析，提升海关监测预警和服务区域经济的能力，进一步支撑改善通关质量、提高监管效率、应对突发事件、提高缉私能力的需求。

5. 两岸海关合作交流滞后于两岸经贸发展程度

因两岸公共部门直接合作存在障碍，两岸海关合作的法律基础主要是国际（地区间）海关合作多边框架，如世界贸易组织（WTO）、世界海关组织（WCO）、亚太经济合作组织（APEC）政府承诺、区域贸易一体化协议[①]。两岸海关仅在多边合作机制框架下就降低关税税率，对外开放金融市场，在投资领域增加政府透明度，对外资企业实行国民待遇，打击走私特别是反价格瞒骗方面进行了些许个案合作。2012 年 8 月海峡两岸在台北签署《海峡两岸海关合作协议》，两岸海关合作在法律基础层面迈出了第一步。但在两岸海关务实性合作方面，目前仅在 ECFA 框架下做技术和学术层面上的交流，尚未建立起日常化的通关合作制度和机制。

四、海关通关改革原则和两岸通关合作的策略思考

随着西方新公共管理运动波及范围的不断扩大，西方国家纷纷运用新公共

---

① 成卉青. 海关法与海关执法研究论文集. 北京：中国海关出版社，2009：193.

管理理论对本国的政府管理（含各国海关）进行改革与再造。其中，成果较显著的有美国海关重组、澳大利亚海关改革与荷兰海关的契约式管理。如何运用新公共管理理论并借鉴国外海关改革的经验，改革与完善我国的海关管理理念、制度、手段以推动先进生产力的发展是我们迫切需要解决的课题。

（一）海关通关改革原则

改革开放以来，海关在通关管理领域进行了一系列改革，尤其是海关贯彻落实国家提出的海关支持区域经济协调发展，主动服务两岸经济合作的发展战略。本文主要归纳海关通关改革五原则。

1. 区域通关一体化原则

按照国家深化区域合作、推进区域良性互动发展的要求，为加强区域海关协作，积极推进区域通关一体化，完善区域合作机制，促进区域共同发展、共同繁荣，形成资源要素优化配置、地区优势充分发挥的协调发展新格局，海西厦漳泉同城化试点全面启动。海关作为国家进出境监督管理机关，实行垂直管理体制，理应率先在全国范围内实现统一规范的业务运行机制，积极服务于国家区域发展战略规划，加快区域大通关机制建设，实现海关的区域协调发展[1]。打破行政地域的樊篱，构建在区域内统一的通关作业方式，完善统一的通关作业信息平台，制定和实施统一通关作业规范，有效维护海关法律规章的统一性、完整性和严肃性，有利于物流的有序运行。

2. 治理目标多元化原则

海关作为国家进出境监督管理机关，担负着维护国家经济安全和社会公平正义的职责，全面建设和谐海关是推进海关改革和建设的客观要求。政府服务以顾客或市场为导向要求政府满足多样化的社会需求并促进政府服务质量的提高，实现公共利益最大化。海关与企业管理对象的角色定位正悄然转变，即从单纯的管治到治理和合作伙伴关系[2]。这种新型伙伴关系是一种非正式组织的、互惠的、相对永久的关系，既是制度安排也是一种治理工具。所有参与者都有

---

[1] 高融昆. 中国海关的制度创新和管理变革. 北京：经济管理出版社，2002：37.
[2] 王杰. 建立健全通关监管新机制. 海关研究，2006（4）：46-49.

各自的目标和利益，不能用单一目标来测量政策效能①。海关管理应实现多元治理主体、互动运行、和谐管理。唯有理顺机制，增强海关公关和协调能力，构建综合监管体系，才能真正实现各参与主体互利多赢的目标。

3. 促进贸易便利化原则

建立高效的贸易便利化体系，消除贸易要素跨境流动的障碍，降低交易成本，已成为世界各国的普遍共识和促进国际贸易发展的迫切需求。2004年世界贸易组织（WTO）通过《多哈工作计划》正式启动贸易便利化谈判。为建立国际海关运作的统一标准，实现海关通关程序的一致性和可预见性，节约国际贸易时间和成本，保护和便利全球贸易，2005年世界海关组织（WCO）通过了《全球贸易安全与便利化标准框架》②。贸易便利化除了降低贸易成本，给政府和企业带来直接的经济收益之外，还能通过优化透明开放的贸易环境，促进整个国家、区域进出口体系的效率提升，最大限度地吸引外商，推动外国和区域间直接投资增长，激发潜在的商业机会，提升企业竞争实力，促进贸易供应链安全，促进企业守法自律，减少人为干预的成分，进而遏制腐败行为的发生。随着国际贸易的深入发展，贸易便利化已成为各国和区域间参与国际竞争的重要砝码。国际竞争已经不仅仅是企业、产品和市场的竞争，更是政府行政能力的竞争，两岸海关在促进贸易便利化方面发挥着不可替代的作用。

4. 引入竞争社会化（市场化）原则

社会化是一种提供公共物品服务的机制，是一种改善制度供给途径和社会治理的基本战略，是一种服务手段而不是目的，目的是防止政府失灵、提高政府效率。新公共管理理论对政府职能重新进行了定位，赋予了政府经济人特征，引入竞争机制，用市场的力量来改造政府，通过引入企业管理方法把公共服务的生产和提供交由市场和社会力量来承担，在公共部门和私人部门之间、公共部门之间展开竞争，提高公共物品及服务供给的效率。竞争机制的引入带来了公共部门服务的市场检验、优胜劣汰的局面③。政府应集中精力于决策的制定，对能够外包的公共事务可以交由一些非政府机构（NGO）、企业去做。同时通

---

① 俞可平. 治理与善治. 北京：社会科学文献出版社，2000：55.
② 孙振宇. WTO多哈回合谈判中期回顾. 北京：人民出版社，2005：103.
③ 陈振明. 竞争型政府. 北京：中国人民大学出版社，2006：40.

过授权和分解责任，引入竞争激励机制，缓解机构庞杂、人员紧张的矛盾，改变行政机关办事拖拉、效率低下的现象，用市场的办法来解决行政问题[①]。引入社会中介组织参与海关公共服务竞争，有利于协调政府和市场主体的关系，确保海关在市场竞争中的中立和公正立场；有利于通过专业服务提高市场主体交易效率，降低交易成本；有利于开发和利用社会资源，为海关削减行政成本、解决监管资源紧张提供了可能性。

5. 风险管理差别化原则

传统的海关管理大多是实行机械呆板的单一监管，"一视同仁""按章办事"，风险管理的意识和能力较弱，因而管理的效果相对较差。海关风险管理有利于优化资源配置、提高效率和效益，在欧美等地海关已广泛运行并取得显著成效，列入 WCO《京都公约》之中[②]。2008 年 3 月中美海关签订了《中美 C-TPAT 联合验证试点项目》。引入风险管理是当代国际海关的共同选择，在世界范围内掀起了一场创新海关风险管理的改革浪潮，运用风险管理理念对管理对象进行守法评估和系统甄别，实施分类处置和差别化管理，以此突出监管重点，明确打击对象和服务对象，采取多种激励和约束机制，引导企业或个人守法自律，最终实现"守法便利，违法惩戒"的目标，实现国际物流的顺畅，确保让广大的守法企业获得最大的通关便利[③]。

(二) 海关促进深化两岸交流合作综合配套改革的路径选择

厦门海关地处海峡中心区域、改革开放和对台工作前沿，不仅承担把好国门的重要职责，更担负着促进经济社会发展、推进海峡两岸经贸合作交往、促进国家统一的历史重任。随着中央支持海西建设力度的不断加大和两岸交流往来的不断深入，海关业务量不断增长，业务范围不断拓宽，社会各界对海关优化监管、提升服务的期望值和关注度越来越高，同时维护贸易安全、社会稳定的任务更加繁重，加强海西区域通关改革显得尤为重要而迫切。这就要求海关立足区域特点和口岸发展实际，从战略高度顶层总体设计，统筹协调，实现政

[①] 柯金书，汪泉. 聘请外部人员参与海关稽查工作制度初探. 上海海关学院学报，2009，30 (3)：60-64.
[②] 周斌. 海关风险管理研究. 北京：中国海关出版社，2008：13.
[③] 许思远. 基于风险管理的海关大监管体系之构建. 上海海关学院学报，2009，30 (3)：15-19.

治、经济、社会和谐发展,以科学发展的创新理念,服务服从于我国经济社会的发展目标和对台工作的大局。

1. 创新口岸管理体制,深化大通关建设

借鉴国际先进经验,探索"单一窗口"模式,实现海关、国检、边检联合办理通关手续。当前重点可在通关运行模式、企业资信管理、执法风险防控等方面探索建立统一数据库认证评估标准,实现信息共享,协调管理措施,提高一体化执法水平,切实形成口岸管理的整体合力。在"单一窗口"中完善大通关联席会议制度,强化各口岸部门的联系协同配合。力争在新一轮政府机构改革中重新定位口岸的管理部门和大通关的政府职能,从体制上实现口岸的一体化管理,合并海关、检验检疫、边检等联检机关,港口管理局、海防办、口岸办等管理性质相近的机构,真正实现对进出境企业贸易中间环节的一站式服务,切实提高口岸管理的统一性、协调性。

构建整体综合通关监管格局,按货物进出口贸易前、中、后三个环节,整合前期管理、现场监管、后续管理相应业务环节,各由一个部门负责合并同类项或类似项,压缩横向管理链条,减少管理结合部和职能交叉、重叠以及盲区,建立跨部门通关指挥中心,打造综合监管模式,实现现场通关时空限制的"前推后移"[①]。

深化海关区域通关一体化,增强区域内通关作业流程、模式和标准的执法统一性,在区域海关联席会议框架下建立不同层级区域通关技术委员会,统一协调有关审单、征税、物流监控、风险管理、技术、统计、缉私等问题,增强区域通关的整体协同性、统一规范性,提高整体业务水平;完善区域间通关协作机制,建立综合评估方式,科学准确体现区域通关的货物监管、税收、效率等实际情况,减少区域海关之间基于各自利益导致的不合作问题,激发各海关对区域通关协作的积极性和责任心,形成全体受益共赢的良性格局;扩大跨区域海关合作,实现各种通关方式的相互融合、相互补充。增加或扩大跨关区"属地申报,口岸验放"适用企业数量或应用范围,在目前福厦两关区域通关合作的基础上,进一步加强海西区域海关与长三角、珠三角等区域通关协作,在做好口岸转出的基础上,力争在属地转入上平衡发展,促进海西口岸大通关

---

① 广州海关办公室. 关于构建海关大监管体系的难点辨析及对策建议. 上海海关学院学报,2010, 31(3):29-32.

建设。

2. 创新通关监管信息技术，实现通关作业无纸化

加快金关（二期）工程的顶层设计和建设，深化电子口岸、电子海关、电子政务改革。发挥中央、地方电子口岸平台的整合优势，加强口岸管理部门之间的信息共享和执法协作，强化信息化手段对优化口岸通关环境的技术支撑。把电子口岸建设成为一个跨部门、跨地区、跨行业的公共数据中心和数据交换系统，集中存放有关进出口企业信息流、货物流、资金流等电子数据，为海关、检验检疫、外汇、市场监管、税务、交通等行政执法部门提供数据供交换、核查，满足口岸部门"一站式"服务需求，提高口岸执法整体效能；同时也向企业提供网上报关报检、结付汇核销、出口退税等实时在线服务，实现企业向一个窗口或一个系统申报即可完成所有口岸通关手续，切实提高口岸通关便利化程度[①]。实现电子口岸在海西的全覆盖，扩大通关事务应用领域，进一步拓展执法合作和关企信息交换和共享的深度广度，把电子口岸建设成为现代物流发展的信息基础工程，以及海关进行信息流监控的网络基础。拓展"网上通关服务大厅"功能，切实方便和保障通关企业和社会公众获取和利用信息的合法权益。

加强电子海关建设，全面实现通关作业无纸化，开展专家远程审单试点，简化海关作业单证流转、通关事务审批、许可证件跨部门核查等通关手续；加大开放口岸监管场所的基础投入，规范通道、卡口、围网联网监控，推广监管车辆车牌自动识别、GPS 监控和电子关锁应用，增加配备 H986 大型集装箱检查设备，提高口岸非侵入式查验比例，提高海关现场实际监管自动化水平；推广新舱单改革试点，对运输工具和货物实行动态信息监控和跟踪管理，开发海西电子地图监管系统，实现跨关区一体化联动监控；建立海西监管信息化指挥中心和关区分中心，实现海关物流监控与信息流管理的智能化集成，提高实际监管的针对性和有效性，提高通关速度；同时利用科技手段切实减少通关监管机制中的人为因素，增加运行的可追溯性和透明度，抑制腐败。

在物流企业及相关监管部门之间建立稳定高效的 EDI 系统信息交换共享平台，通过信息共享互通对从事第三方物流企业的信息流进行全面监控，进而达

---

① 徐道文. 地方电子口岸建设路径和模式探讨. 上海海关学院学报，2010，31（4）：21-25.

到对实际货物进出口供应链的全程动态监控，在有效监管的基础上最大限度地便利企业通关。加工贸易企业实施计算机联网监管是一种建立在信息流基础上的完全信息共享的高效监管模式，如高资信加工贸易企业能得到海关保证金非实转的便捷优待，这就是海关信息化监管大胆尝试的有效形式。

3. 创新关企合作关系，提升区域通关一体化竞争力

按照 WCO《全球贸易安全与便利标准框架》，各国海关积极开展"经认证的经营者"（AEO）制度探索，实施企业安全认证和国际海关企业资质互认合作，为优化国际贸易条件提供有效保障[1]。注重贸易安全与便利的平衡，保证本国涉外贸易环境具有充分的竞争力和吸引力。AEO 制度实质上是一种有条件的便利化待遇，将贸易商分为一般经营者和经认证/授权的经营者。海关立法对 AEO 申请企业的身份、行业、条件等设置准入门槛，在企业管理制度、财务、工作人员、场所等方面设定安全性、守法性的义务和标准。如：企业具有符合要求的守法记录；企业具有符合条件的商业管理系统，通过该系统海关可以电子或实物的方式获得有关海关和物流的记录；企业具有保护货物不被侵入、调换、丢失等处置措施；企业在发生守法困难时有及时通知海关的意识，等等。经过认证的经营者可视作海关可信任的伙伴，从而享有减少通关成本和费用的简化通关程序的待遇。这种贸易便利化不是一种普适待遇，一般经营者只能通过个案申请而享有，没有经过认证的经营者便会面临不同形式的贸易壁垒[2]。海关对 AEO 申请企业给予"一对一"的指导及"量体裁衣"式的管理，帮助和指导企业自觉达标并维持供应链安全标准，并积极寻求两岸经营者互认的途径，达成区域性贸易便利协议。海关建立完整的诚信管理体系，不仅大大简化了守法企业的通关手续，提高了其通关速度，增强了其国际竞争力，而且缓解了自身的人力资源紧张状况，也体现了海关和企业合作伙伴关系的理念，有利于维护公平竞争的经济秩序与和谐稳定的社会秩序。

4. 创新便利化服务方式，支持两岸产业转型升级

一是积极参与 ECFA 海关政策的谈判、制定和实施全过程，支持完善闽台

---

[1] 拱北海关课题组. 关于海关与诚信企业建立合作伙伴关系的思考. 海关研究，2012（1）：54-57.

[2] 李红霞，陆大钧，张小琰. 守法便利视角下的海关对企业管理研究. 上海海关学院学报，2011，32（3）：45-53.

产业链配套建设，促进两岸产业结构的优化，实现互利双赢。争取闽台更多合作项目列入后续协议，扩大 ECFA 早收计划项下闽台优势产品贸易。如石化产品、精密机械、农产品等，争取更多优势产品纳入后续产品清单，扩大 ECFA 项下商品贸易。可以通过差别化的通关手续，如原产地政策和通关管理引导台商投资，对于高技术产业制定比较低的原产地标准，促使台资转而利用本地原材料和配件提高本地化含量，从而扩大内需。二是加大海关差别化、个性化服务力度，加强两岸主导产业深度对接，支持福建台商投资区和两岸研发中心建设。支持区域战略规划优选优势项目，重点扶持发展战略新兴产业、先进制造业和现代服务业[1]，做大总量，如在石化产业方面，争取在古雷半岛建立台湾石化产业特殊监管区，合作建设成为拥有完整石化产业链的生产基地，依托湄州湾石化基地，引进发展台湾石化下游产业集群；创新飞机改装、维修交换件等特殊监管模式，支持以厦门太古为龙头的航空维修产业服务外包产业发展，建立亚太地区最大的国际航空维修中心；完善两岸进出境加工贸易管理方式，推进两岸食品包装行业、OLED（有机发光二极管）新型电子显示产业和 LED（发光二极管）照明产业区域联盟的有效对接[2]。三是完善和发展对台小额贸易监管方式，提升大嶝小额贸易市场功能，建立两岸快件双向交互监管中心，加快建立与台湾产业相配套的零部件、原辅料中转集散中心，通过强化闽台之间的产业协作，加强产业对接和配套，延伸产业链，促进企业配套发展推动闽台产业合作方式的转型升级。

5. 整合海关特殊监管区域，探索厦金自由贸易区

出口加工区制度的蓬勃发展是台湾外向型经济成功转型的标志之一，近年来设置自由贸易港区是台湾建设亚太地区营运中心的第一大策略[3]。1994 年厦门象屿保税区封关运作，目前已有象屿保税物流园区、海沧保税港区、火炬（翔安）保税物流中心和泉州出口加工区等海关特殊监管区域，据厦门海关内部统计资料，2012 年园区进出口总值达 94 亿美元。因此借鉴和对接台湾海关特

---

[1] 福建省"十二五"建设海峡两岸产业合作基地专项规划. (2011-11-07). http://zfgb.fujian.gov.cn/4003.

[2] 厦门市发展和改革委员会. 厦门市战略性新兴产业发展"十二五"规划. (2011-10-14). http://dpc.xm.gov.cn/xxgk/xxgkml/ghjh/201710/t20171025_1811147.htm.

[3] 成思危. 从保税区到自由贸易区：中国保税区的改革与发展. 北京：经济科学出版社，2003：24.

殊监管区域是海关主动融入厦门综合配套改革的重要措施，有利于更好地利用两岸港口集群便利，发挥保税区联结两岸两个市场的窗口桥梁作用，简化海关监管程序，促进两岸货物自由流通，扩大吸引国内外投资的集聚效应。一是整合厦漳泉各类保税特殊监管区域，逐步形成以翔安两岸合作示范区为主干"一区多园"的综合保税区管理模式。统一特殊监管区域管理体制，整合电子口岸物流信息平台，完善海关区港联动、便捷区区流转等改革措施，推进海关特殊监管区的功能整合和政策叠加，形成两岸错位发展、优势互补、功能完整的国际物流配送中心。避免区域功能相似相互恶性竞争，推进海峡两岸特殊监管区域在海关监管上的对接，促进两岸加工贸易转型升级。二是区区对接推动对台交流合作政策的落实和创新，完善合作长效机制，为海关"一线放开、二线管住"简化分线管理模式打好基础[①]。立足互利互惠、着眼合作双赢、健全联系机制，为闽台经贸合作提供便捷服务，推进产业转型升级，实现长远发展。三是构建厦金自由贸易区。积极回应台湾方面提出的建设"两岸共同市场"，把厦门综合试验区作为两岸自由贸易区的试点主体，规划"厦门金门两岸自由贸易区"的初步范围，是"一国两制"框架下中国区域经济发展战略的一种新设计。借鉴中哈边境自由贸易区和横琴开发区的模式，逐步实现从保税区、自由贸易区向两岸全面一体化发展演变的新格局[②]。着重在传统物流加工型保税区的基础上大力开展研发、检测维修、商品展示、商品零售等新型服务贸易；利用厦门宜居美丽城市魅力发展两岸海洋运动娱乐休闲旅游，同时吸引两岸高素质人才为产业升级提供人力支持；积极争取两岸金融中心开展人民币、新台币、外汇自由兑换，打造离岸金融中心，开展国际融资租赁业务，实现两岸物流、人流、信息流、资金流的高效整合。

6. 创新两岸通关合作机制，推进两岸区域经济一体化

（1）探索厦漳泉金一体化试点，拓展两岸交流合作平台。

按照"立足厦门、联结漳泉、辐射海西、服务两岸"的目标定位，致力于做优做强"小三通"，完善两岸"三通"（通商、通航、通邮）基础条件，支持厦门加快东渡老港区搬迁，整合台海客货直航航线和两岸空中直航航点建设，进一步整合区域监管资源，优化两岸船舶、飞机监管通关作业模式，在行李直

[①] 黄格成. 中国自由贸易区管理体制及发展模式研究. 北京：中国文化出版社，2012：5.
[②] 王海燕. 中哈自由贸易区：机遇、挑战与前景. 国际经济合作，2009（11）：33-38.

挂、客货滚装等业务上推进口岸事务的协作配合，助力打造两岸直接往来最便捷的综合枢纽和主通道；完善"金门一日游"和台湾本岛及离岛"个人游"的通关模式。支持赋予厦门港两岸国际邮轮直航试点口岸政策，发展壮大邮轮母港经济，打响"海峡旅游"品牌。比照实施海南省进出境游艇及其所载物品的监管政策，探索设立海上游艇保税仓库，在厦金海域特定区域内允许暂时进境游艇在区域内航行。继续放宽大嶝市场商品经营范围，提高免税携带台湾商品额度，发挥对台小额贸易作用。持续做好"9·8"投洽会、海峡论坛、台交会等涉台交流活动，加强两岸经贸文化合作对话，支持开放两岸教育、文化、医疗、养老、科技、旅游等社会领域交流合作，促进厦漳泉大都市和大小金门的一体化整合，探索建立两岸便捷高效的社会文化交流平台，推动海峡两岸经济社会一体化发展，共建两岸同胞融合最温馨家园。

(2) 推进两岸海关合作试点，开展两岸海关务实性合作。

按照"监管互认、执法互助、信息互换"的合作原则，进一步细化《海峡两岸海关合作协议》相关事宜，积极开展两岸海关执法合作研究，争取早日通过立法或是总署授权赋予闽台海关开展合作的权力，着重从双方查验结果互认、反走私协作配合、信息资源共享等方面先行探索两岸海关务实性合作，促进双方海关程序的简化及协调，提高通关效率，便利ECFA的执行，便利两岸人员及货物的往来，促进两岸贸易便利与安全[1]。在厦门金门设立两岸海关办事机构，建立定期会晤机制，如每年一次双方海关高层次的联络例会和每季度一次联络员会晤制度，广泛开展两岸事务性商谈；借鉴粤港海关合作的成功经验，授权平潭、厦门海关先行尝试与金门、台湾海关开展联合监管和执法合作试点，协商统一两岸海关监管方式、操作规程和监管标准等，逐步实现对监管结果的互认，开展统一载货清单、互认关锁、共享查验信息等领域合作，直接推动通关便利化的海关合作模式。启用统一载货清单，实现"一次填报，共同使用"的目标，提高两岸通关效率；统一H986大型集装箱检查设备非侵入式查验标准，对施检集装箱施加绿色关锁，进口方海关风险分析参考出口地海关的监管单证和设备查验结果，逐步实现查验结果互认，减少重复查验。远期目标使用国际通用数据元建立两岸海关共同使用的电子信息平台，推动两岸之间与贸易

---

[1] 海峡两岸海关合作协议. (2012-08-09). http://news.xinhuanet.com/tw/2012-08/09/c_112678000.htm.

有关的原产地证书、贸易管制证书、舱单、报关单等信息的对接、互换和共享，探讨交换信誉良好企业名单并给予通关便利，加强情报交流合作，开展反走私联合行动和缉毒合作，促进两岸经贸健康发展。

(3) 创新两岸海关合作机制，推动公共事务合作常态化。

区域经济社会一体化问题盘根错节、牵涉甚广，很难一蹴而就。尽管两岸海关的机构设置、管理体制有所不同，但基本职能和合作法律基础一致，在两岸实施统一的海关管理，特别是两岸海关合作的作业原则和作业制度远比其他公共事务合作更容易实现。建立两岸区域经济合作机制已有多年的理论准备、实践验核和高度共识，建立两岸经济合作机制要循序渐进、先易后难、先内后外、互利互惠，使之成为深化两岸关系的新突破口。一是以两岸海关合作推进两岸经贸物流合作，利用台湾关贸网络股份公司与中国国际电子商务中心已经建立的数据交换通道，打造"两岸智慧信息港"，实现两岸港口、航运、物流、监管等信息共享和数据交换，共建公共物联网平台，形成区域经济增长新动力。二是把握两岸关系和平发展的主题，发挥海关在促进两岸互信交流中独特的影响和作用。本着积极务实、面向未来的态度，探讨解决两岸关系中长期存在的固有矛盾和分歧的思路、办法，通过增强两岸海关合作逐步带动建立社会、经济、安全等全方位的互信机制。两岸海关合作不仅直接服务于两岸"三通"便利化，还参与两岸执法互助等共同治理过程，具有促进两岸经济社会往来和共同参与治理的双重意义。

五、结束语

海关管理是我国公共管理不可或缺的重要组成部分，海关的职能发挥不仅要与国民经济发展水平、社会需求相适应，而且要随着国内外、区域间综合竞争力对比程度的变化而不断地调整变化。深化海关通关管理改革、加强两岸海关通关合作，在深化两岸交流合作中具有举足轻重的地位和作用。海关改革发展要乘势而为，认清形势，借助外在动力积极主动投入厦门综合配套改革的实践探索中；要主动作为，自觉把握海关发展规律，引入公共管理的科学理论和先进方法，重新审视海关职能定位，优化海关监管服务，提升海关综合监管能力，促进社会主义和谐海关建设，不断充实海关通关管理理论研究；要以理论指导实践，通过两岸区域通关事务合作的制度化，整合两岸海关的管理资源，简化海关通关手续，为两岸经济发展创造一个守法便利、统一规范、快捷高效、共同发展的通关环境，更好地推进海峡两岸经济社会管理一体化发展。因此，在区域经济一体化、管理全球化的思路下，两岸海关合作理应成为两岸关系和平发展的构建主体之一，成为两岸公共部门进行政治协商的重要推动力，切实增进两岸人民共同的福祉。

厦漳泉同城化区域经济利益补偿与分享的内在行为机理[*]

林民书　刘名远

一、引言

2011年7月29日，厦漳泉大都市区同城化第一次党政联席会议在厦门市举行，会议通过了《关于加快推进厦漳泉大都市区同城化的工作方案》和《厦漳泉大都市区同城化党政联席会议制度》两份制度性文件。同年9月8日，厦漳泉共同签署《厦漳泉大都市区同城化合作框架协议》纲领性指导文件，明确了厦漳泉同城化合作的基本原则、发展目标、发展规划以及保障机制。这标志着厦漳泉大都市区同城化区域经济合作正式拉开序幕，也标志着厦漳泉区域经济进入了一个崭新的、更高层次的发展阶段。事实上，区域经济发展有其内在演进规律。由于区域经济发展通常受区域资源禀赋、产业基础和产业技术水平、经济政策、市场机制和政府作用力、文化积淀、经济发展历史路径选择等多层因素的影响，所以区域经济在不同发展阶段所选择的发展战略不同。同城化是在区域经济发展到经济联系强度更高、经济合作更深化、利益共存关系更紧密时所采取的一种新型发展战略，它有利于强化区域内各行政区之间的利益联盟关系。

区域经济发展是以获取区域经济利益为出发点和落脚点的，而且区域经济利益规模以及由此产生的利益问题随着区域经济发展的深入而发生变化。在区域经济发展初期，零星分散的区域经济合作没能带来巨大区域经济利益，从而

---

[*] 成文时间：2012年10月。

也就不存在严重的利益冲突问题，利益协调机制也不是区域经济发展最主要的制约因素。但是，随着区域经济的深入发展，特别是发展到同城化区域经济阶段，区域经济合作广度和深度得到不断拓展，区域经济联系日益密切，利益依存关系也日益增强，利益因素逐渐成为区域经济发展的最重要因素之一，区域经济发展过程中的利益补偿与分享以及利益冲突的解决就成为需要迫切关注的内容。据此，研究厦漳泉同城化区域经济利益补偿与分享的内在行为机理对完善其利益协调机制以及加快推进区域经济一体化进程具有重要的现实指导意义。

二、厦漳泉同城化区域经济利益补偿与分享机制现状特征

（一）缺少专项利益协调制度安排，各区县利益不平衡性突出

区域经济规模越来越大、区域经济合作越来越深入、区域内各行政区利益共存关系越来越紧密，在创造巨大区域经济利益的同时也必然造成许多复杂的利益纠纷、利益矛盾、利益摩擦。在利益格局被打破而没有相应利益分享或补偿机制的情况下，区域内各行政区的利益分配不平衡性会越来越突出，成为制约区域经济进一步发展的主要因素。

从厦漳泉区域经济发展路径来看，厦漳泉区域经济发展现有的相关制度安排，其目的都是加强区域经济联系，促进区域经济合作。虽然这有利于扩大区域经济规模和带来巨大区域经济利益，但是由于缺乏专项的经济利益协调制度安排和相应的实施组织，造成厦漳泉区域经济利益主要集中在中心城区，各县（市、区）利益不平衡性加剧（见表1）。还有，市场化资源配置是一种利益最大化导向的市场行为，经济主体依据收益率大小变化进行区域空间流动和迁徙。然而，相对于厦漳泉中心城区，其周边县（市、区）在资金、技术、信息、人力资本的可获得性，劳动力的生活环境和企业的投资环境，以及市场机制的完善程度等各方面都没有比较优势，所以市场化并不能自发解决厦漳泉中心城区与周边县（市、区）之间的利益平衡问题，从而造成区域经济利益共享无法实现。另外，区域经济发展是通过资源要素跨行政区自由流动来实现的，这必然打破原有利益格局，使得区域内部分地区利益增加，而另一部分地区利益减少。在没有强大的外部压力或没有预先设定好的制度安排的硬约束下，受益方通常会强化其既得利益，而不愿进行利益再分配。因此，在厦漳泉区域经济发展到同

城化阶段，如果依然不考虑区域经济发展过程中的利益协调问题，那么厦漳泉各行政区之间的经济社会发展能力和基础条件的差距将越来越大。

表1 厦漳泉行政区内各县（市、区）综合经济效率比较

指标	厦门市			漳州市			泉州市		
	县(市、区)	数据	差距(倍)	县(市、区)	数据	差距(倍)	县(市、区)	数据	差距(倍)
最高空间GDP	湖里区	7.81	35.5	漳浦县	0.69	23	鲤城区	4.43	88.9
最低空间GDP	同安区	0.22		华安县	0.03		德化县	0.05	
最高人均GDP	海沧区	10.65	3.58	龙文区	5.07	3.78	鲤城区	6.4	2
最低人均GDP	同安区	2.98		云霄县	1.51		安溪县	3.13	

注：空间GDP的单位是亿元/平方千米，人均GDP的单位是万元/人。
资料来源：依据第六次人口普查和2011年厦漳泉统计年鉴数据整理。

（二）区域经济利益补偿与分享机制处于制度真空状态

实践表明，厦漳泉区域经济的快速发展离不开区域经济协调机制的推动和支持。自1994年闽西南经济协作区成立到2011年厦漳泉第一次同城化党政联席会，确立了定期召开党政联席会议协调制度，而且经历多年的区域协作实践，厦漳泉区域经济协调机制日趋完善，协调内容不断增加，协调力度也在不断增强。但是，如果深入分析厦漳泉区域经济的发展路径以及区域经济协调机制，就会发现：(1) 厦漳泉区域经济协调机制同我国其他区域的经济协调机制没有根本性区别，依然是政府主导下的自上而下的协调形式，参与主体也主要是地方政府和相关行政部门负责人，企业主体并没有成为协调机制中的重要力量，市场在区域经济协调过程中没有发挥其作用；(2) 厦漳泉区域经济协调机制依然存在缺乏硬约束、缺乏制度化和法制化的特点，区域经济协调机制存在一定程度的形式化、程序化、空洞化，没能实现其预期的协调效果；(3) 区域经济发展通过区域资源的开发利用、重大工程项目建设、区域产业结构调整、区域生产布局优化等途径来实现。显然，厦漳泉区域经济利益补偿与分享机制处于一种制度真空状态。

（三）区域经济利益辐射扩散机制缺乏

威廉姆森将库兹涅茨的收入分配倒U型理论假设应用于区域经济问题研究，并提出区域经济发展差异变化倒U型理论。研究表明，无论是截面分析还

是时间序列分析，区域经济发展差异与发展阶段呈现出倒 U 型关系，如图 1 所示。也就是说，在区域经济发展初期，区域经济发展差异会不断扩大，并逐渐达到最大。随着区域经济的发展，在区域经济发展的高级阶段，区域经济发展差异会不断缩小。从长期看，威廉姆森倒 U 型理论假设在理论上可能成立，但是在实践中，实现威廉姆森倒 U 型效果必须具备一定的前提条件，或者说需要一定的要件支持。其中，区域经济利益协调机制、利益辐射扩散机制就是实现这一目标最重要的前提条件。如果不具备相应的区域经济利益协调机制和利益辐射扩散机制，区域经济利益分配与平衡就不能完全实现，区域经济发展差异只可能扩大而不会缩小。这样，威廉姆森倒 U 型效果就难以实现。

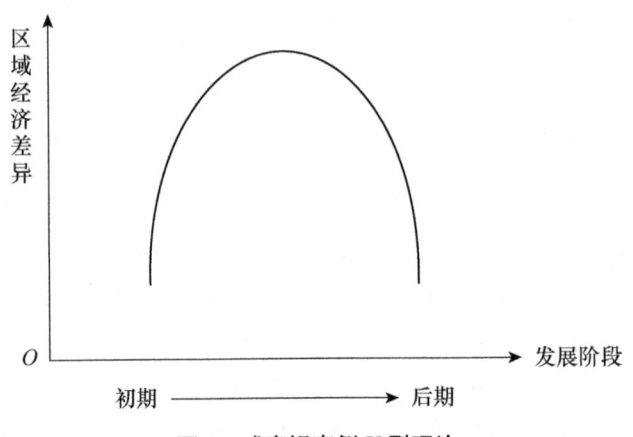

图 1　威廉姆森倒 U 型理论

在政府推动和市场机制双重作用下，厦漳泉区域经济发展产生了较大的空间集聚效应，成为福建省乃至海西经济区最重要的经济增长极，并由此带来了巨大的区域经济利益。但是，区域经济利益在各行政区之间的分配却极为不平衡，中心城区的回波效应远远大于它对周边地区的辐射扩散效应，利益分享和补偿没能完全实现。其中一个重要特征就是，厦漳泉区域经济发展还主要停留在区域经济规模在量的方面的扩张，在质的方面，以及在区域经济及其产业结构优化方面没有得到积极突破。如果坚持这种区域经济发展方式，那么厦漳泉行政区内各县（市、区）之间的发展差距必将越来越大。产生这种情况最主要的原因是厦漳泉区域经济发展过程中缺乏一种有效的利益辐射扩散机制。

三、厦漳泉同城化区域经济利益补偿与分享机制的内在行为机理

（一）区域经济发展主要影响因素及其作用演变

区域经济发展通过区域经济合作、生产要素和商品在区域内自由流动实现区域性资源优化配置，从而形成区域规模经济，并带来巨大区域经济利益。但是，区域经济在不同发展阶段，它的影响因素及其作用不同。在区域经济发展初级阶段，地缘相近、血缘相亲、资源禀赋、政策推动等因素成为区域经济发展的前提，发挥着基础性作用。随着区域经济发展的深入，促使生产要素和商品自由流动的制度安排、区域经济协调，特别是区域经济利益协调制度安排等因素的作用开始显现。厦漳泉素有"闽南金三角"之称，三地均属于侨乡，是最重要的台湾同胞祖籍地，它们语言相通、血缘相亲、经济相融、文化相通、地域相连，具有相似的自然资源禀赋、产业与产业技术基础、思想文化、生活习惯、传统意识，这些一般性影响因素成为厦漳泉区域经济在初期阶段发展的基础和条件。还有，政策与市场因素对厦漳泉区域经济发展的影响作用在改革开放前后发生了相应的变化。改革开放之前，由于国家推行区域均衡发展战略，厦漳泉区域经济及其合作受计划经济体制的影响很大，市场的力量很小。改革开放后，厦漳泉被批准为第一批沿海经济开放区，在率先发展东部沿海地区的国家区域经济发展政策推动下，厦漳泉区域经济开始加快发展，同周边地区建立经济协作区，这时的政策因素作用大于市场因素，但是市场的力量在逐渐增强。特别是2004年，海西经济区被提出和厦漳泉城市联盟建立，在政策和市场机制的共同推动下，厦漳泉区域性交通基础设施和公共服务基础设施加快完善。这时，市场和政策因素对厦漳泉区域经济发展发挥了同等重要的作用，其中政策因素主要体现在宏观区域规划、协调和调控上，而市场因素主要体现在区域性市场的形成和区域经济壁垒的削弱上，市场的力量继续增强。厦漳泉区域性交通基础设施和公共服务基础设施的日趋完善、区域经济组织及其管理制度的建立健全、海西经济区国家发展战略的确立、发展战略向同城化转变，这些都有利于增强厦漳泉的内聚力和利益依存关系，降低区域内人流、物流、资金流、技术流和信息流的交易成本，加快促进厦漳泉区域经济合作，从而使得厦漳泉区域经济规模越来越大，区域经济利益也越来越大，但这也必将伴随着区域利

益冲突、摩擦，利益扩散辐射，利益共享等问题。所以，利益平衡、协调和分配问题就成为厦漳泉区域经济发展过程中不可回避的问题，利益协调机制成为厦漳泉同城化区域经济发展的重要影响因素。

显然，厦漳泉区域经济发展是各种影响因素综合作用的结果，并且在不同发展阶段各因素的作用力大小和表现形式不同。在厦漳泉区域经济发展的初期阶段，计划经济体制和一般性影响因素起到基础性作用。随着厦漳泉同城化区域经济发展的深入，区域政策与市场机制因素的作用开始日趋显现，并且市场的力量越来越大。更重要的是，为处理区域经济发展过程的利益冲突、共享和辐射问题，利益协调机制成为一个非常关键的影响因素，成为制约区域经济进一步发展的制度瓶颈。

（二）厦漳泉空间经济利益依存关系日趋增强

1. 厦漳泉空间地理的依存关系

利益补偿与分享是为了实现区域经济利益共享的目标，它通过平衡和协调区域内各方利益关系来增强区域内各行政区经济利益依存关系。也就是说，空间经济利益依存关系是区域经济发展的前提条件。然而，空间经济利益依存关系需以一定的空间地理联系和空间经济联系为基础。厦漳泉地区覆盖厦门市、漳州市、泉州市三个行政区，行政区划下共有28个县（市、区），其中厦门市有6个区，泉州市有4区3市4县，漳州市有2区1市8县。为了更好地了解厦漳泉行政区各县（市、区）的地理空间依存关系，可利用空间计量经济学的空间权重设定方法来设定厦漳泉地理权重矩阵。采取相邻距离权重来设定地理权重矩阵中的权数，即如果两个地区拥有共同边界则视为相邻，且如果两地区相邻则矩阵元素设定为1，反之矩阵元素设定为0。这样空间权重矩阵是一个 $n \times n$ 的稀疏矩阵，主对角线上的元素为0。举例来说，如图2所示，地区1和地区2相邻，矩阵元素设定为1，地区1与地区3不相邻，矩阵元素设定为0，以此类推，就可以得出如图3所示的一阶空间权重矩阵。为进一步分析跨地区的经济辐射扩散效应，可以按"相邻之相邻"关系来设立二阶空间权重矩阵。也就是说，地区2与地区3相邻，而地区3又和地区4、地区5相邻，所以按"相邻之相邻"关系，地区2与地区4、地区5的二阶矩阵元素设定为1，由此可以形成如图4所示的二阶空间权重矩阵。

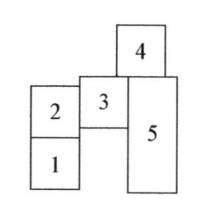

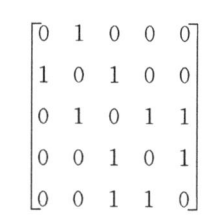

图2　虚构地理空间　　**图3　一阶空间权重矩阵**　　**图4　二阶空间权重矩阵**

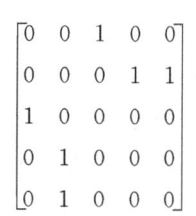

据此，我们设定厦漳泉一阶邻接矩阵，用于分析厦漳泉28个县（市、区）的空间地理依存关系。厦漳泉一阶邻接矩阵有784个（28×28）元素，其中只有108个非零元素，这些非零元素反映对应县（市、区）之间的相邻关系。分析表明，厦漳泉各县（市、区）之间的空间相邻比较零星、疏散、分化，并表现出其自身特有的区域特征。其中，厦门市呈现出明显的箭头形或伞形，泉州市呈现出明显的"中"形，漳州市呈现出的是一个"O"形。从区域角度来看，厦门市各县（市、区）空间地理依存度较高。泉州市有两个重要的邻接点：一个是以中心城区为邻接点，围绕中心城区的空间地理依存度较高；另一个是以南安市为邻接点，它与周边地区形成较强的空间地理依存关系。漳州市也有两个重要的邻接点：一个是以龙海市和长泰县为邻接点，它与周边地区发生较强的空间地理依存关系；另一个就是以平和县和南靖县为邻接点，它同周边地区也发生较强的空间地理依存关系。

由于资源在区域内的流动不是简单地仅在相邻的两个地区自由流动，所以仅分析相邻县（市、区）的空间地理联系是不够的。随着厦漳泉区域经济网络（主要包括生产协作网络、物质流通网络、技术开发网络、信息情报网络、交通运输网络、邮电通信网络）的逐步完善，区域经济联系空间范围不断扩大，区域经济中心和经济腹地借助区域经济网络实现了更大范围的互动和联系。按照这一思路，我们以"相邻之相邻"关系设定厦漳泉空间权重的二阶邻接矩阵，来分析厦漳泉28个县（市、区）空间地理的延伸关系和空间辐射扩散路径。根据空间计量经济学理论的解释，"相邻之相邻"可直观地反映空间辐射扩散的变化方向和所选择的最佳路径情况，即随着时间的推移，起初对相邻区域产生的影响将会逐渐扩散到更多的区域，不断传播的影响可被视为从相邻地区不断向外扩散的过程。厦漳泉二阶邻接矩阵分析结果表明：（1）厦门市具有优越地发挥其辐射扩散能力的空间基础条件，辐射和扩散空间能延伸到漳泉两地，其中漳州市是厦门市经济辐射扩散的最大受惠者；（2）如果漳州市能增强其自身的区域扩散能力,将大大弥补它在一阶邻接矩阵所呈现出的"O"形之大面积非邻接区域方面的不足;(3)虽然泉州市经济发展总量大于厦漳两地,但从空间地理联系分析角度来看,泉州市各县(市、区)自身扩散辐射效应空间基础不太明显,而且泉州市对漳州市的区域扩散力也不是很强。

2. 厦漳泉空间经济联系强度

空间地理联系只是区域经济联系的必要条件,关键还取决于在一定空间地理联系基础上如何提高区域的空间经济联系,因为空间经济联系直接反映出区域经济利益依存关系的强度。厦漳泉一阶邻接矩阵和二阶邻接矩阵显示出了厦漳泉空间经济联系的作用方向和实现路径,我们还需要进一步分析厦漳泉空间经济联系。据此,我们利用经济引力模型对厦漳泉空间经济联系进行数理统计分析。同时,为了更好地分析厦漳泉空间经济联系强度,我们将厦漳泉空间经济联系强度同长三角(上苏嘉)和珠三角(深莞惠)地区空间经济联系强度进行了比较。通过横向和纵向比较,就能够较为全面地掌握厦漳泉空间经济联系变化过程,以及了解厦漳泉各行政区之间的利益依存关系。

统计结果表明(见表2),厦漳泉空间经济联系强度系数(由经济引力模型测度,该模型中包含城市间距离、人口数量、GDP等指标)在以较大的增幅逐年上升。从时间维度看,2005—2011年,厦漳泉地区的累积空间经济联系强度系数由307.66上升至1 056.81,上升了749.15,增长了243.50%。其中厦门市空间经济联系强度系数上升了290.09,增长了252.54%;漳州市空间经济联系强度系数上升了220.23,增长了243.21%;泉州市空间经济联系强度系数上升了238.83,增长了233.60%。同期,珠三角地区的深莞惠累积空间经济联系强度系数由2005年的1 050.94上升至2011年的3 101.80,上升了2 050.86,增长了195.15%;长三角地区的上苏嘉累积空间经济联系强度系数由2005年的2 211.11上升至2011年的6 692.60,上升了4 481.49,增长了202.68%。从增幅看,由于得益于海西经济区国家发展战略的提出以及厦漳泉城市联盟关系的建立,2005—2011年,厦漳泉空间经济联系强度系数的增幅比深莞惠和上苏嘉地区快。但是,由于厦漳泉区域性要素和商品市场、区域性常住人口数量、经济规模及经济社会发展基础条件都远不及深莞惠和上苏嘉地区,且厦漳泉经济社会发展过度集中在中心城区,各县(市、区)经济社会发展差距悬殊,所以相对于长三角和珠三角地区,厦漳泉空间经济联系强度还是相当低的,区域内聚力和聚集效应不高。

表2　厦漳泉与深莞惠、上苏嘉空间经济联系强度系数比较

地区	2011年	2005年	增量	增幅
厦门市	404.96	114.87	290.09	252.54%
漳州市	310.78	90.55	220.23	243.21%
泉州市	341.07	102.24	238.83	233.60%
厦漳泉地区	**1 056.81**	**307.66**	**749.15**	**243.50%**
深圳市	1 314.70	445.79	868.91	194.91%
东莞市	1 003	348.10	654.90	188.14%
惠州市	784.10	257.05	527.05	205.04%
深莞惠地区	**3 101.80**	**1 050.94**	**2 050.86**	**195.15%**
上海市	2 739.30	906.41	1 832.89	202.21%
苏州市	2 704.50	866.94	1 837.56	211.96%
嘉兴市	1 248.80	437.76	811.04	185.27%
上苏嘉地区	**6 692.60**	**2 211.11**	**4 481.49**	**202.68%**

资料来源：城市间距离数据来源于中国机动车网全国公路里程查询系统，取两两城市间运行最短距离；2005年人口数据来源于所分析城市2005年1‰人口抽样调查公报，GDP数据来源于所分析城市的统计年鉴（2006年）；2011年人口数据和GDP数据来源于2011年国民经济与社会发展统计公报。

3. **厦漳泉利益依存关系日趋加强**

区域经济发展以获取区域经济利益为出发点和落脚点，而区域内存在利益依存关系是利益补偿与分享的基础，没有一定利益依存关系就基本谈不上利益的补偿与分享。首先，厦漳泉地区的空间经济联系强度日益增长。一方面，这是厦漳泉地区区域经济发展及合作的结果，同时也进一步促进了厦漳泉区域经济发展及合作；另一方面，这也说明厦漳泉在区域经济发展过程中利益依存关系日趋加强，借助区域资源，形成区域合作是区经济发展和提升竞争优势的有效手段。其次，厦漳泉空间经济联系强度目前还远不及长三角和珠三角地区，这充分反映厦漳泉区域经济合作的广度和深度、利益依存的强度还不及长三角和珠三角地区，这为厦漳泉区域经济发展带来强大的外部竞争压力，但同时也给厦漳泉地区带来了一定的发展机遇，为进一步加强厦漳泉区域经济发展提供了经验。

（三）利益补偿与分享是厦漳泉同城化区域经济可持续发展的客观需要

区域经济发展的终极目标应该是实现经济一体化，而经济一体化的实现却需要经历一个发展层次由低向高演进的过程。在这一演进过程中，不同发展阶段以及不同地区所采取的区域经济发展战略有所不同。厦漳泉在积累30多年区域经济发展经验的基础上，审时度势、把握机遇，果断地采取了同城化区域经济发展战略，它是在现行行政区域不发生改变的情况下，随着区域经济联系强度和经济利益依存关系日益增强，为了推进区域经济一体化所采取的阶段性战略。其实质是厦漳泉在新的经济发展环境下建立城市经济联盟的一种有效举措。这样，以同城化发展方式实现厦漳泉的城市经济联盟，必然会带来相应的变化：（1）厦漳泉区域经济合作内容广度和深度得到拓展，区域经济合作由开始的零星、松散合作逐渐转向全面、实效、紧密的更高层面的合作，要素流动也由最初小范围人员和商品流动逐步扩展到资本、技术、信息、知识流动。由此，厦漳泉区域经济利益依存关系就变得更加不可分离。（2）在做大厦漳泉区域经济利益这块蛋糕时，各县（市、区）经济社会发展基础性条件差距明显，必然造成利益诉求、利益评价标准不同，以及利益格局的重新调整；（3）同城化使得厦漳泉区域经济规模越来越大，这必然要求其发展成果能在区域内得到有效辐射扩散，各行政区能够分享到区域经济发展所带来的成果。所以，需要坚持区位发展理念，站在区域整体竞争力提升的高度重视利益协调与平衡对区域经济发展的重要性作用。

　　长期以来，受传统经济发展思维的影响，地方政府习惯直接通过政策倾斜来解决区域发展不平衡问题，而随着市场机制作用的发挥，这种政府政策驱动型的区域经济发展方式很容易阻碍行政区之间正常应有的产业扩散和利益分享。根据经济学基本原理，政府决策也存在失灵问题以及遵循边际效率递减规律，所以，通过政府政策倾斜来解决区域发展不平衡问题其效果通常是不确定的，并时常达不到预期。资源地区间的正常流动，原本就是经济发展利益补偿与分享的自我调节过程，但受现行制度如户籍制度的约束，资源市场价值未能得到真实体现。如果没能得到相应利益的补偿与分享，那么必然造成区域性资源配置长期被扭曲，造成区域的利益不平衡，且这种不平衡性可能会越来越突出。另外，厦漳泉中心城区或临海发达县（市、区）在大量吸引周边地区要素资源的同时，却由于受行政区划限制而弱化了这些地区的发展成果向周边地区辐射和扩散，使得周边其他地区难以分享其发展成果，从而加剧了各县（市、区）之间的差距，各县（市、区）之间的利益不平衡难以得到有效协调。显然，厦漳泉利益补偿与分享是厦漳泉同城化区域经济可持续发展的客观需求，是实现厦漳泉区域经济可持续发展的基本条件。

四、厦漳泉同城化经济利益补偿与分享的具体路径选择

(一) 加强利益补偿与分享的硬约束性

硬约束是相对于软约束而提出来的一个概念，是指通过一定的组织和制度因素起作用对各种活动行为给予规范的形式，它主要体现在规范的制度化、法制化、组织化、指标化。相对于软约束，硬约束具有客观性、规范性和强制性特征。厦漳泉区域经济协调机制缺乏利益协调的制度安排，而且现行党政联席会的经济协调机制属于一种对话沟通的协调方式，其本身是软约束性的。因此，厦漳泉同城化区域经济发展不仅要建立健全区域经济利益协调机制，更重要的是，厦漳泉同城化区域经济利益协调机制必须具有硬约束性。

为加强厦漳泉区域经济利益补偿与分享的硬约束性：第一，利益补偿与分享实践必须要有一定的制度基础。(1) 厦漳泉区域经济协调机制必须包含利益协调机制，以完善经济协调制度体系。(2) 利益协调机制在处理利益补偿与分享时必须有制度基础，对利益补偿与分享的优先发展目标、对象、标准、基金筹集与管理等内容需要以制度化、指标化和法制化形式确定下来。(3) 厦漳泉区域经济利益补偿与分享是一种激励与约束共存的经济行为，在申请利益补偿与分享基金的同时也必须接受对基金使用的监督和评估。在利益补偿与分享过程中，还必须成立专门的监督和评估团队，积极发挥专家、公众和非政府组织的参与作用，加强利益补偿与分享行为及其效果的监督和评估。第二，利益补偿与分享实践必须要有一定的组织保障。由于区域经济利益补偿与分享实践是一种多元化、专业化、专家型、跨区域、跨职能部门的复杂的系统性经济行为，所以在厦漳泉区域协调委员会下需要设立一个跨行政区的权威管理机构专门来落实区域经济利益补偿与分享行为。第三，利益补偿与分享实践还需遵循指标化操作，将有限资源集中用于优先发展项目。厦漳泉利益补偿与分享实践需要根据区域发展整体目标对最优发展目标区域的确定、公共财政预算、各种补偿与分享基金分配比例、基金对项目支持比例以及各行政区提供配置资金比例等内容预先确定其指标，并随区域经济发展环境做出相应调整，以发挥指标化运作的导向性、目标性、凝聚性、约束性作用，增强利益补偿与分享的硬约束性。

（二）以两级分层方式落实利益补偿与分享

基于厦漳泉区域经济社会发展具有明显的梯度性、层级性、空间不平衡性特征，在厦漳泉同城化区域经济发展过程中，其利益补偿与分享实践应遵循层级落实原则，而不适宜按区域均等性原则来操作。根据厦漳泉区域经济社会发展的空间分布特征，厦漳泉区域经济利益补偿与分享的实践至少可以按两级分层落实。

第一层级，厦漳泉区域层面的利益补偿与分享。从区域层面进行利益补偿与分享有利于从宏观角度平衡和协调厦漳泉行政区之间的城市功能和产业定位、区域资源整合、经济社会发展差异，更好地实现厦漳泉在各方面的对接和融合，从而加快同城化区域经济发展和提升区位整体竞争优势。厦漳泉区域层面的利益补偿与分享，其主要目标就是缩小厦漳泉行政区之间经济社会发展差距，提高区域性辐射扩散效应，增强区域性资源整体配置能力，建立区域性统一市场，促进生产要素和商品在区域内自由流动；其主要实施路径是确立厦漳泉优先发展目标区域，并加大对优势发展目标区域的扶持力度，重点加强厦漳泉区域性基础设施、区域性制度对接、区域性基础研究和技术研发、区域性产业对接平台（工业园区）、区域性劳动力人力资本的投资共建，积极调整区域性经济结构和产业结构；其补偿与分享资金主要来源于区域性利益补偿与分享基金、政策性银行信贷、市场化融资。

第二层级，厦漳泉各行政区层面的利益补偿与分享。厦漳泉地区不仅行政区之间经济社会发展呈现层级性，而且如果以厦漳泉区域层面作为参照的平均标准，那么行政区内部各县（市、区）经济社会发展差距悬殊，在经济辐射扩散效应没能发挥作用的情况下，这种差距将越拉越大。另外，受现行政管理体制和区域性利益协调资金数额限制，除了厦漳泉区域层面的利益补偿与分享外，还要加强行政区内部的利益补偿与分享。厦漳泉各行政区层面的利益补偿与分享，其主要目标就是对区域层面没有实施补偿与分享的地区进行利益补偿与分享，根据配套辅助使用原则对区域层面的利益补偿与分享提供相应配套补偿与分享；其主要实施路径就是根据行政区自身经济社会发展条件和基础、城市功能定位、产业空间布局、区域经济合作进程等现状特征和发展要求，为平衡和协调行政区内部各县（市、区）的经济社会发展差距而对行政区内落后地区进行专项扶持以提高行政区自身发展能力和与区域内其他行政区承接与对接能力，具体措施包括财政转移支付的倾斜、税费的减免、产业的重新布局、劳动力人力资本投资等。另外，还对行政区内利益受损方给予直接补偿，这个层面的补偿与分享资金主要来自其地方财政收入的转移支付。

（三）强化利益补偿与分享实施机构的地位和作用

建立健全区域经济利益补偿与分享实施机构是区域经济利益协调机制建设的重要组成部分，为利益协调实践提供强有力的组织保障，有效防范和规避利益补偿与分享可能存在的实施欠缺、不到位和执行不力的问题。区域经济利益补偿与分享实施机构作为一个专职的组织机构，是一个执行机构，主要职能有：（1）执行区域经济最高决策机构和区域协调委员会所做出的各项决议，并向其负责；（2）负责区域经济利益补偿与分享的日常管理事务，具体包括对利益补偿与分享基金申请的前期审核、调研，对基金项目实施过程进行跟进，对基金使用情况与基金项目效果进行监督和评估，等等；（3）负责协调跨行政区不同利益相关部门，负有积极沟通的职能。

厦漳泉在设立利益补偿与分享实施机构时需要着重注意以下几方面：第一，利益补偿与分享实施机构是一个专业型、专家型、跨区域、跨职能部门管理组织，所以对机构组成人员的职业要求是必须专业和多元；第二，由于利益补偿与分享不仅涉及厦漳泉区域层面，而且涉及厦漳泉行政区层面，所以利益补偿与分享关系复杂，涉及主体多、利益诉求差异大等问题；第三，利益补偿与分享本身就是一个非常系统的实践行为，它不仅包括利益补偿与分享内容的确定，而且包括利益补偿与分享最优发展目标区域的识别、利益补偿与分享方式手段的选择、利益补偿与分享基金的筹集管理等复杂性、技术性、专业性活动。因此，应强化利益补偿与分享实施机制在区域经济利益协调过程中的地位和作用，适宜采取矩阵式组织结构形式并以此明确各职能部门的责权利关系。另外，利益补偿与分享实施机构应是厦漳泉区域协调委员会下的一个常设权威管理机构。

（四）充分发挥厦门市区域性金融中心融资平台

随着厦漳泉同城化区域经济发展，区域经济利益依存度提高，利益协调将成为其进一步发展的最重要制约因素，所以由此带来的利益协调和平衡问题越发突出，这就需要具备一个良好的融资平台为利益协调和平衡筹集资金。厦门市作为福建省、厦漳泉和海西经济区的中心城市，享有良好的经济效率基础、区位优势、政策优势和特区面积扩容后的空间优势；人才、资本、信息、知识等优质资源加快向厦门市聚集，经济结构开始向服务业为主导转变；国务院赋予厦门市建立两岸区域性金融中心的金融改革的"先行先试"的功能性优惠制度权。这种情况下，厦门市将完全有能力和条件发展成为服务海西经济区的金融服务中心。2011 年厦漳泉地区中外币存款余额为 9 523.57 亿元，中外币贷款余额为 8 498.71 亿元。厦门市应以建设两岸区域性金融服务中心为契机，大力发展金融生产性服务业。一方面，做强做大厦漳泉地区自身的金融服务行业，积极吸引有实力的外国银行、保险公司、创投公司、信托公司在厦门设立办事处或分支机构；另一方面，鼓励台湾银行、企业和集团在厦门设立金融机构，努力发展成为离岸金融服务中心。

因此，厦漳泉区域经济利益补偿与分享应充分发挥厦门市区域性金融中心融资平台的优势。首先，随着厦门市区域性金融服务中心地位的确立，通过资产证券化、银行信贷包括商业银行和政策性银行贷款、政策性投资引导基金等市场化筹集利益协调资金就有了一个非常好的平台，资金来源也就更有保障；其次，厦门市区域性金融服务中心地位的确立，有利于提高厦漳泉落后地区资本形成率，促使居民储蓄向投资转化，并积极引导资金向落后地区流动，从而提高资本在厦漳泉地区的优化配置。

（五）坚持以间接利益协调为导向并同时兼顾直接利益协调

选择利益补偿与分享方式取决于区域经济发展阶段、补偿与分享对象、长短期目标等因素。对于不同的区域经济发展阶段、补偿与分享对象、长短期目标，利益补偿与分享方式是不同的，它是一个动态调整过程。一般情况下，直接利益协调方式更适合以下几个方面：第一，由于厦漳泉的中心城区与非中心城区、发达临海县（市、区）与欠发达腹地县（市、区）之间的经济发展基础性条件差距非常大，如果要在较短时期内拉平各县（市、区）之间经济社会发展基础性条件，实现各县（市、区）的趋同，就一定需要首先以财政转移支付的形式直接投入数额不菲的援助资金，或是人为地将资本向落后地区转移，或是对落后地区实行特殊的税费减免政策，通过这种安排能以较快的速度降低落后地区的经济社会发展成本，加快落后地区发展资本的积累。第二，对区域经济发展过程中由于利益格局的重新调整而带来的直接利益损失，一般采取直接补偿方式进行补偿，如农业与非农业生产效率之差带来的相对利益损失的补偿、产业或企业迁徙带来的直接利益损失的补偿。第三，区域经济发展初期，利益补偿与分享更适宜采取直接利益协调方式，其原因在于：（1）直接补偿与分享时效性强，能够在短时期内体现出利益协调的重要性，起到一定的示范作用；（2）直接利益协调方式是确定性的，带来的风险较小。

利益补偿与分享的一个重要目的就是增强落后地区经济社会发展潜能，以及提高中心城区对周边地区的辐射带动能力，但这必须要以提高区域性资源配置能力为前提。区域性资源配置能力的提高主要是通过产业结构升级转型能力、企业盈利能力、劳动力就业能力的提高，以及提高这些能力所需要的基础性条件的改善来实现的。由于简单的税费减免、福利补贴、人为的资本转移等直接利益协调方式很难达到预期目标，所以，在利益协调方式上应转向采取间接利益协调方式。一方面，间接利益协调灵活，不直接受地方财政收入高低的影响，这样可以减缓利益协调资金的压力；另一方面，间接利益协调能使有限资金更为集中地使用在优先发展目标和提高经济增长潜能的项目上。厦漳泉间接利益补偿与分享方式主要是：第一，在资金使用上，将更多的资金集中用在区域性基础设施建设、区域性科研投入、区域性人力资本投资（教育培训）、区域性要素和商品统一市场建设、区域性生态环境互保等项目上，为增强厦漳泉区域性资源配置能力提供良好的区域性基础条件；第二，除资金使用外，积极加大厦漳泉在技术交流、信息交流、人员互访交流（或互调、挂职等多种交流形式）等各方面的交流活动，以加快区域性的制度对接、技术扩散、同城化意识认同；第三，随着区域经济的发展和市场化进程的推进，在不改变市场机制对资源配置基础性作用的要求下，厦漳泉利益补偿与分享客观上要求采取间接利益协调方式。因此，在市场机制对资源配置的基础性作用和提高区域性资源配置能力的要求下，厦漳泉区域经济利益补偿与分享须坚持间接利益协调为导向兼顾直接利益协调方式，两种方式并存，并进行动态调整。

（六）对利益补偿与分享适时做出动态调整

在区域经济发展的不同阶段，最优发展目标对象设定内容的不同，利益补偿与分享的内容和形式也应做出适时调整，它是一个动态变化的过程。

首先，确立最优发展目标对象的利益协调。确立最优发展目标对象有助于明确厦漳泉同城化发展方向，找准厦漳泉区域经济利益补偿与分享对象，做到有的放矢、事半功倍。确立最优发展目标对象的作用主要是平衡和协调厦漳泉各县（市、区）经济社会发展基础和条件，以实现区域经济利益的分享。厦漳泉最优发展目标对象设定内容为：（1）跨行政区的重大交通与公共服务基础设施建设项目是当前厦漳泉同城化发展阶段最优发展目标对象。但同时，随着跨行政区的重大交通和公共服务基础设施建设项目的推进和完成，就要逐步转向加强对落后县（市、区）基础设施的完善。（2）有利于劳动力区域流动和为适应产业转移升级而对其进行培训与再培训投资。（3）有利于增强区域内聚力而改善厦漳泉落后县（市、区）的经济社会发展基础和条件，这是最优发展目标的核心内容。对于厦漳泉最优发展目标对象的利益协调：第一，最优发展目标对象的最重要协调基金是厦漳泉区域发展基金和厦漳泉社会发展基金，这两个基金是最优发展目标对象资金支持的主要来源。第二，最优发展目标对象的利益协调关键在于对最优发展目标对象区域和建设项目的选择。当前厦漳泉最优发展目标对象区域，是用于连接厦漳泉中心城区、支持跨行政区的重大交通与公共服务基础设施建设项目如城际高铁、轨道、高速公路、海底隧道等所经过的区域。在完成这些重大建设项目后，最优发展目标对象区域应该积极转向用于提高中心城区和发达县（市、区）辐射扩散能力，以及转向厦漳泉落后县（市、区），以提高它们的承对接能力和自身经济社会发展能力。第三，随着厦漳泉工业化进程的加速以及由此产生的产业结构转型升级压力的提升，加大对厦漳泉区域性劳动力市场建设、对农村剩余劳动力转移和劳动力就业与再就业培训的支持，以增强其就业适应能力和就业能力。第四，由于最优发展目标对象的利益协调主要作用于利益分享层面，所以要协调好与非最优发展目标对象的利益补偿关系，两者要兼顾。

其次，适时调整利益补偿与分享内容和形式。区域经济利益补偿与分享是实现厦漳泉经济联盟，加速厦漳泉经济一体化的重要举措。但是，一体化是一个渐近发展过程，经济联盟的利益关系也随着一体化进程和区域经济合作内容的广度和深度变化而不断演进。由此，也就需要对厦漳泉区域经济合作过程中的利益补偿与分享的内容和形式适时做出动态调整。目前，厦漳泉同城化利益补偿与分享最关键的是要实现厦漳泉各行政区内部利益的协调，对各行政区内自身利益的不平衡进行相应的利益补偿与分享，因为它是实现厦漳泉经济一体化利益协调的前提和基础。例如，厦门岛内外一体化将有效缓解岛内与岛内经济社会发展的不平衡，为推进厦漳泉同城化进程奠定良好的基础和条件。在利益补偿与分享方式上，目前主要是通过税收和补贴的行政式直接补偿与分享；

资金来源主要是地方财政支付或者争取国家区域经济发展战略为其带来的资金支持；利益协调内容主要是厦漳泉跨行政区的市政和交通基础设施的共建。随着厦漳泉同城化的推进，厦漳泉利益补偿与分享的内容和方式做出了相应调整，在利益补偿与分享手段上主要是通过市场化的利益导向进行间接补偿；资金来源也不能局限于地方财政支付，市场化筹资是下一阶段补偿与分享基金的最主要来源；利益协调的内容将过渡到更具有实质内容的产业协调和更高层次的区域制度的对接，逐渐形成区域经济利益的理念。这样，通过夯实区域产业基础实现区域产业资源互补和区域产业合理布局，以达到厦漳泉区域经济利益的最大化，从而实现各行政区利益最大化。另外，厦漳泉同城化覆盖或辐射范围须不断扩大，其受益范围应由厦漳泉沿海县（市、区）逐渐向近海或内陆延伸。也就是说，利益补偿与分享的内容应以着重提升近海或内陆县（市、区）的自身发展能力为重心，通过利益补偿与分享不断缩小与沿海县（市、区）在发展基础和条件上的区域差距，从而整体提升厦漳泉区域经济地位。

五、结束语

2011年，厦漳泉同城化开启了厦漳泉区域经济发展的新阶段。随着同城化进程的加快推进，厦漳泉区域经济合作的广度和深度将得到不断拓展，区域经济规模日趋扩大，由此带来的区域经济利益蛋糕也将越做越大。因此，一方面，厦漳泉在同城化区域经济发展过程中，要积极通过区域经济合作，大力推进厦漳泉区域经济融合，强化厦漳泉城市经济联盟关系，提高厦漳泉整体经济竞争力，从而强化其在福建省、海西经济区和东南沿海地区的地位和作用；另一方面，厦漳泉同城化提升了厦漳泉行政区及其各县（市、区）之间的经济联系强度和经济利益依存度，在做大厦漳泉区域经济利益这块蛋糕的同时，必须注重由此产生的利益纠纷、矛盾现象，通过建立健全厦漳泉区域经济利益协调机制，积极落实厦漳泉同城化过程中的利益补偿与分享，为区域经济发展及区域经济合作提供有效的利益制度保障。只有同时兼顾厦漳泉区域经济合作与区域经济利益补偿与分享，两手抓，两手都要硬，厦漳泉同城化区域经济发展才能保持健康、稳定和可持续，厦漳泉区域经济一体化才能加快推进，早日实现。

厦漳泉同城化府际关系治理研究[*]

林民望

我国经济社会转型时期，城市化发展大步向前，但过快的城市化发展速度也带来许多难于消化的问题，如跨区域环境污染、医疗保险异地结算等。在新形势下，同城化作为我国城市化集群发展的特殊形式浮出水面。2005年，香港与深圳首次提出"同城化"的发展理念之后，同城化战略一直是我国区域发展的一项重要公共政策。2015年中央政府工作报告提出要"提升城镇规划建设管理水平。制定实施城市群规划，有序推进基础设施和基本公共服务同城化"。在同城化发展的背景下，一种新型的府际关系由此诞生，即同城化府际关系。同城化府际关系隶属于横向府际关系，从理论上来看，我国横向府际关系研究已经由"行政区行政"向"区域公共管理"或"区域公共治理"转变，政府协作已经成为常态。但当前研究并没有抓住区域协调发展的核心问题，也尚未发展出较为成熟的理论体系。因此，本文选取厦漳泉同城化作为案例，系统分析区域政府间的竞争合作关系，试图构建府际关系协调的理论支撑，为我国区域政府协作建言献策。

2011年9月，厦漳泉三市共同签署《厦漳泉大都市区同城化合作框架协议》（以下简称《合作框架协议》）。2011年12月，"厦漳泉大都市区同城化"正式纳入国务院批准实施的《厦门市深化对台交流合作综合配套改革试验总体方案》。伴随着一系列文件的出台，厦漳泉同城化的战略地位正式确立，同城化大幕也正式拉开。厦漳泉同城化涉及三个地方政府的互动，不同地方政府可能在发展战略、建设规划等问题上存在分歧和矛盾，因此三个地区之间的府际关系也并非单一的合作或竞争关系。根据《合作框架协议》，厦漳泉同

---

[*] 成文时间：2016年7月。

城化的"十二五"目标是至 2015 年初步实现同城化,但从其实践进展来看,截至 2015 年这个目标仍未实现。同城化府际关系究竟如何治理将成为继续困扰厦漳泉三市政府的重要难题。与厦漳泉同城化一样,广佛同城化等也开始陷入府际协作困境。因此,本文旨在通过对厦漳泉同城化府际关系的发展脉络及实践运行进行梳理,探索同城化府际关系的内在机理,为全国其他同城化城市组合提供可借鉴的基本思路。在缺乏顶层设计的情况下,同城化府际协作"并非完全是从整个地区发展的需要出发而形成的,而是从经济区域内各地方的各自发展需要出发而形成的"[①]。党的十八届三中全会提出"建立和完善跨区域城市发展协调机制",为进一步探索同城化府际关系治理机制指明了方向。

本文第一部分通过比较厦漳泉三市的战略地位以及地区发展差异,力求解释三市府际竞争与合作的行为动机,并引入简单的三人博弈模型对厦漳泉府际竞合进行博弈分析;第二部分主要从制约厦漳泉府际关系治理的共性与个性因素方面深入剖析厦漳泉同城化府际协调机制运行的现状及存在的问题;第三部分针对厦漳泉同城化已经进入"深水区"状态,从府际治理的角度提出厦漳泉府际关系协调的路径选择。具体研究框架见图 1。

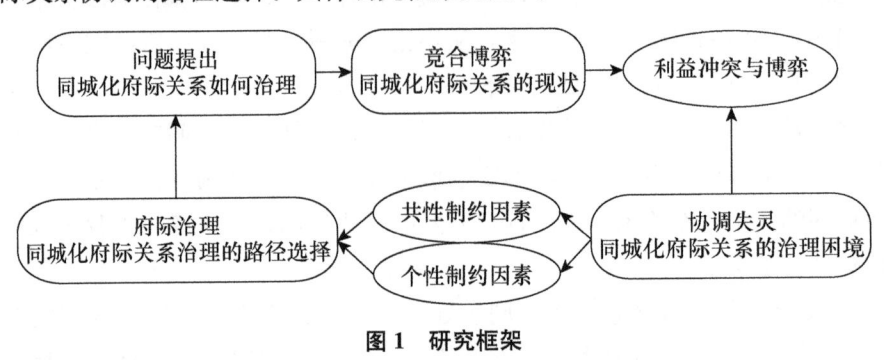

图 1 研究框架

一、竞合博弈:厦漳泉同城化府际关系现状

"竞合"(co-opetition)是企业战略管理策略的一个术语。1996 年,哈佛大学商学院的亚当·布兰登伯格教授和耶鲁大学管理学院的巴里·内勒巴夫教授

[①] 林尚立. 重构府际关系与国家治理. 探索与争鸣,2011 (1):34—37.

合著的 *Co-Opetition* 一书将竞合理论引入管理领域，是对零和博弈的一种超越。竞合理论认为，在共同利益驱动下，地方政府可通过优势互补，采取竞争合作的方式达到帕累托最优，实现从"单赢"到"多赢"的局面。在同城化初期，厦漳泉府际关系虽然具竞合关系雏形，但尚处于相互博弈和牵制的阶段，这种竞合博弈的关系与企业管理策略中的竞合多赢关系仍有一段距离。竞合博弈关系与竞合多赢关系的区别在于：一是竞合博弈不以共赢为目的，更多基于自利考虑。二是竞合博弈关系并不稳定，容易受到外界干扰。三是竞合博弈关系中，竞争与合作是无序的，无法有效形成"竞争中有合作、合作中有竞争"的良好局面。

在实践方面，这种竞合博弈的府际关系导致厦漳泉同城化府际协作呈现无序状态。2013年以后，厦漳泉同城化步伐开始放缓，三个地方政府对其重视程度不如以前，出现各自为政的现象，例如，现在厦门市的发展重心在于"美丽厦门·共同缔造"战略规划；而泉州市则致力于"东亚文化之都"建设，力争成为闽南文化的代言城市。这也导致厦漳泉同城化府际协作前景更加扑朔迷离，竞合博弈更加无序。

（一）府际主体战略地位比较

本文先对厦漳泉三市的战略地位进行简要比较（见表1），因为所处战略地位不同在某种程度上将影响其决策行为。从行政级别上来看，厦门是全国15个副省级城市之一，行政级别高于泉州和漳州。从政策优势上来看，厦门市作为经济特区之一，又在2011年获批为国家综合配套改革试验区，泉州也在2012年获批为国家金融服务实体经济综合改革试验区。从经济总量上来看，2014年泉州市GDP为5 733.36亿元，厦门市GDP为3 273.54亿元，漳州市GDP为2 506.36亿元。截至2014年，泉州市已经连续15年经济总量位列福建省首位，经济总量几乎是厦门与漳州的总和。但值得注意的是，厦门市作为全国5个计划单列市之一，享有省一级的经济管理权限，财政收支直接与中央挂钩，地方财政支出规模可以一定程度上反映基础设施建设、基本公共服务支出规模。从地区财政支出上来看，2014年厦门市财政支出548.25亿元、泉州市财政支出478.30亿元、漳州市财政支出272.97亿元[①]。

---

① 以上数据来源于泉州统计信息网、厦门市统计局网、漳州市统计局网。

表1　厦漳泉战略地位对比

城市	行政级别	政策优势	经济总量	财政支出规模
厦门	副省级	经济特区、国家综改区	中	高
泉州	地市级	国家综改区	高	中
漳州	地市级	—	低	低

对比发现，厦门作为一个中心城市，具备多种优势。因此有学者将厦漳泉三角区看作是以厦门为核心的单核城市群结构[1]。但近年来越来越多的学者赞同的是发挥"多核"优势[2]。总体来讲，厦门在厦漳泉同城化中的战略地位高于泉州和漳州两地。

（二）地区经济发展差异分析

关于城市发展水平的测量指标体系有很多，本文在借鉴顾朝林[3]、倪鹏飞[4]等人研究的基础上，根据指标的可获得性原则选取了以下几个指标，建立了自己的指标体系（见表2）。

表2　县（市、区）经济发展指标体系

一级指标	二级指标
一、经济发展活力	1. 地方GDP（亿元）
	2. 地方财政收入（万元）
	3. 地方财政支出（万元）
	4. 固定资产投资总额（万元）
二、经济发展结构	5. 第二产业占GDP比重（%）
	6. 第三产业占GDP比重（%）
	7. 第三产业与第二产业比值（%）
三、经济发展效应	8. 每万人拥有卫生机构床位数（张）
	9. 每万人拥有卫生技术人员数（人）

本文利用SPSS（统计产品与服务解决方案软件）对指标体系进行了因子分

---

[1] 林群英在《闽南三角地区：加紧区域经济的开发》一文中提出了"一个枢纽，两个扇面"的格局；王海同在《关于构建厦、漳、泉组合城市初探》一文中提出"一核双翼，两轴"的空间布局，"一核"指的就是厦门。

[2] 王旭、姬康在《构建厦漳泉大都市区的理论思考和个案比照》一文中提到，厦漳泉是三个规模较大的城市，将构成区别于国外大都市区的区域多中心格局。

[3] 顾朝林. 城市经济区理论与应用. 长春：吉林科学技术出版社，1991.

[4] 倪鹏飞. 中国城市竞争力理论研究与实证分析. 北京：中国经济出版社，2001.

析，以达到降维效果。首先对原始数据进行标准化处理，然后采用KMO（Kaiser-Meyer-Olikin）检验和巴特利特（Bartlett）球度检验判断数据是否适合进行因子分析。巴特利特球度检验的观测值为310.796，相应的概率P值接近0，在显著性水平α为0.05的情况下，拒绝原假设。同时，KMO值为0.619，勉强适合做因子分析。通过相关系数矩阵R的特征值和方差贡献率，可以确定所要提取的公因子数。根据提取公因子的标准（特征值要大于1），共提取3个公因子，且3个公因子的累积贡献率高达93.44%。为了更合理地解释因子载荷情况，本文采用方差极大法对载荷矩阵进行正交旋转，得到旋转后的因子载荷矩阵（见表3）。

表3　旋转后的因子载荷矩阵

	公因子 F_1	公因子 F_2	公因子 F_3
地方GDP	0.959		
地方财政收入	0.978		
地方财政支出	0.959		
固定资产投资总额	0.937		
第二产业占GDP比重		−0.930	
第三产业占GDP比重		0.824	
第三产业与第二产业比值		0.895	
每万人拥有卫生机构床位数			0.938
每万人拥有卫生技术人员数			0.961

通过表3，可以发现，地方GDP、地方财政收入、地方财政支出、固定资产投资总额主要载荷到公因子F_1上，这些指标都体现地区经济发展活力，故将其命名为经济活力因子。第二产业占GDP比重、第三产业占GDP比重、第三产业与第二产业产比值主要载荷到公因子F_2上，这些指标体现了地区经济发展结构的组成，因此将其命名为经济结构因子。每万人拥有卫生机构床位数、每万人拥有卫生技术人员数则主要载荷到公因子F_3上，这两个指标体现地区社会发展现状，因此将其命名为经济效应因子。

接着计算各个地区的每个公因子得分情况，并计算该地区发展水平得分。分别以3个公因子的方差贡献率作为权数，得出计算各个地区发展水平得分的公式，模型如下：

$$F=0.45743F_1+0.40523F_2+0.13734F_3$$

其中，F 为地区经济发展综合得分，F_1 为经济活力因子，F_2 为经济结构因子，F_3 为经济效应因子。最后，算得厦漳泉各县（市、区）经济发展指标的分值及排序（见表4）。

表4　各县（市、区）经济发展指标得分与排序

地区	F_1 分值	排序	F_2 分值	排序	F_3 分值	排序	综合分值 F	综合排序
思明区	1.119 01	3	3.883 61	1	1.311 64	3	2.265 764 662	1
海沧区	0.465 87	8	−0.973 49	24	0.544 03	5	−0.106 667 358	15
湖里区	0.629 99	7	0.632 91	4	−0.862 02	27	0.426 260 618	4
集美区	0.639 70	6	−0.129 57	15	0.050 52	7	0.247 050 737	6
同安区	−0.204 70	14	0.125 25	10	−0.156 90	11	−0.064 429 510	14
翔安区	−0.028 05	11	−1.299 63	28	−0.013 17	8	−0.541 288 744	25
鲤城区	−0.531 45	18	−1.031 32	26	3.842 57	1	−0.133 284 413	16
丰泽区	−0.088 53	12	1.138 81	3	0.678 58	4	0.514 179 876	3
洛江区	−0.844 96	26	−1.051 02	27	−0.195 68	14	−0.839 289 579	28
泉港区	−0.369 43	15	−1.012 80	25	0.104 37	6	−0.565 071 133	26
石狮市	0.801 02	4	−0.189 74	16	−0.330 63	17	0.244 113 514	7
晋江市	3.869 20	1	−0.791 72	22	−0.325 82	16	1.404 311 342	2
南安市	1.205 07	2	−0.443 45	20	−0.348 56	18	0.323 664 696	5
惠安县	0.753 99	5	−0.810 46	23	−0.036 13	9	0.011 512 846	11
安溪县	0.088 15	10	0.016 50	13	−0.504 99	21	−0.022 346 577	13
永春县	−0.556 98	19	−0.088 56	14	−0.168 39	12	−0.313 793 213	18
德化县	−0.731 63	22	−0.238 86	19	−0.093 55	10	−0.444 310 906	23
芗城区	−0.381 59	16	0.230 42	8	2.147 54	2	0.213 765 527	8
龙文区	−0.769 64	23	0.104 63	11	−0.187 46	13	−0.335 402 967	21
龙海市	0.372 87	9	−0.202 17	17	−0.466 23	20	0.024 604 547	10
云霄县	−0.826 49	25	0.277 36	7	−0.443 28	19	−0.326 546 803	20
漳浦县	−0.156 05	13	0.573 89	5	−0.760 49	25	0.056 729 797	9
诏安县	−0.787 45	24	0.496 94	6	−0.824 48	26	−0.272 062 341	17
长泰县	−0.448 25	17	−0.552 11	21	−0.209 37	15	−0.457 529 409	24
东山县	−0.690 37	20	0.200 97	9	−0.665 11	23	−0.325 703 083	19
南靖县	−0.690 51	21	0.070 65	12	−0.667 96	24	−0.378 968 116	22
平和县	−0.866 83	27	1.273 83	2	−0.867 02	28	0.000 603 557	12
华安县	−0.971 96	28	−0.210 86	18	−0.552	22	−0.605 862 141	27

从得分及排序来看，同城化效应还未凸显，厦漳泉各县（市、区）之间仍存在较大的发展差距。根据最后总得分，可将厦漳泉 28 个地区分成三个类别：第一类，地区经济发展综合得分大于 0.2，分别有厦门市的思明区、湖里区、集美区，泉州市的丰泽区、晋江市、石狮市、南安市，漳州市的芗城区。上述地区由于地处中心城区，经济发展优势明显，基础设施建设等综合配套都比较齐全。第二类，地区经济发展综合得分大于－0.2 小于 0.2，包括厦门市的同安区、海沧区，泉州市的鲤城区、惠安县、安溪县，漳州市的龙海市、漳浦县、平和县。上述地区虽然在基础设施等综合配套方面还未成熟，但已形成自身产业基础。第三类，地区经济发展综合得分小于－0.2，有厦门市的翔安区，泉州市的泉港区、洛江区、永春县、德化县，漳州市的龙文区、长泰县、东山县、华安县、云霄县、南靖县、诏安县。上述地区经济发展较为落后，城镇基础设施也尚未完善。总体来看，厦门所辖各区经济发展质量最优，其次是泉州，漳州则稍微落后。

（三）府际竞合博弈

在府际互动合作中，地方政府是拥有自主决策权的行为主体。"在某些情况下，行动者不得不根据别人的行为来调整自己的行为，以及预判其他人的行为来制订自己的策略"[①]。这与博弈论所要研究的核心内容异曲同工。博弈论已经成为一种对行为主体间战略性互动的研究范式，如今区域内地方政府之间的参与式行为已经从过去的纯粹竞争型转变为竞合型。

1. 竞合博弈的机理分析

地方政府竞争理论源于蒂布特（Tiebout）研究居民"用脚投票"对地方政府的硬约束[②]。根据"用脚投票"理论，民众会通过自身判断选择最优的公共服务，从而导致地方政府在公共服务供给质量上展开竞争即府际竞争，这有助于公共服务供给的改善。然而，"用脚投票"理论在不同的环境下适用性不同，例如在中国，"安土重迁"的传统习俗植根于民众的观念当中，通过"用脚投

[①] HERMANS L, CUNNINGHAM S, SLINGER J. The usefulness of game theory as a method for policy evaluation. Evaluation，2014，20（1）.

[②] 黄纯纯，周业安. 地方政府竞争理论的起源、发展及其局限. 中国人民大学学报，2011，25（3）：97-103.

票"约束地方政府改善公共服务似乎较为困难,加强地方政府合作反而成为服务地区发展的重要举措。区域合作实际上也是一个利益博弈的过程,区域内的地方政府也面临着"囚徒困境",即难以在合作和竞争中做出选择。

为方便分析,我们假定该区域仅有三个地方政府 A、B、C,选择策略方式包括合作和竞争两种。博弈模型见表5。

表5 地方政府博弈收益模型

		地方政府 C			
		合作		竞争	
		地方政府 B		地方政府 B	
		合作	竞争	合作	竞争
地方政府 A	合作	1.5, 1.5, 1.5	0, 2, 0.5	0.5, 0.5, 2	−0.5, 1, 1
	竞争	2, 0.5, 0.5	1, 1, −0.5	1, −0.5, 1	0, 0, 0

注:数字顺序依照地方政府 A、地方政府 B、地方政府 C 排列。

表5只是一个简单的三地博弈模型。在互不干扰的情况下,共会产生八种情形。在信息完全不对称的情况下,地方政府都有可能从各自利益出发,双双选择竞争策略,最终导致一种非合作博弈的产生。该模型也存在以下缺陷:其一,信息不对称的不可能性。在当前信息技术高度发达的社会,地方政府之间的交流愈加频繁,完全的信息不对称并不存在。其二,"经济人"的非完全理性。地方政府在采取策略前,其动机不能只从自身利益出发,它的行为会受到外在因素的约束,比如上级政府的管制、地区居民的反应等等。其三,博弈过程不再是静态的。实际上区域内地方政府间的博弈是多次互动博弈,如果每次收益将导致对方的损失,互动不可能持续进行,为了实现互利共赢,博弈将重复进行。

虽然上述博弈模型只是一个简化模型并且存在逻辑上的不严谨,但仍可借用该模型对府际互动关系进行简要分析。厦漳泉三市地方政府在进行策略选择时也不外乎表5中的八种情形。

2. 厦漳泉竞合博弈的表现

第一,从宏观层面看,博弈体现在地位竞争方面。厦漳泉同城化的初衷是建立起三个城市之间的互利共赢关系,因此三市府际关系应该是厦漳泉(合作,合作,合作)(1.5, 1.5, 1.5),但在具体实践中,三者之间的关系则更加复杂,谁都想在闽南三角地区中占据核心地位。同城化的发展模式不外乎"单核"

"双核""多核"这三种模式。结合表1对厦漳泉战略地位的对比分析可知，厦门作为最早的经济特区之一，除了在经济总量上落后于泉州以外，其所处的战略地位高于泉州和漳州。但厦门作为中心城市在城市量级上又略显不足，由于其经济腹地小、土地面积小、人口密度大导致用地紧张，厦门对于周边地区的辐射力和凝聚力不够，影响程度相当有限。为谋求自身发展，厦门急需找到战略合作伙伴。因此在厦漳泉同城化中，厦门一般会采取合作策略。假设厦门为博弈模型中的地方政府A，漳州为地方政府B，泉州为地方政府C，从收益上来看，厦门只有在促成泉州和漳州都合作的情况下，才能实现利益最大化。然而泉州与漳州之间的博弈从排名位次也可看出端倪。自2003年以后，厦漳泉三市进入一个新的阶段，即厦泉漳城市联盟阶段，厦门排第一位、泉州排第二位、漳州排第三位。然而在同城化阶段，官方文件的提法是"厦漳泉大都市区同城化"，厦门排第一位、漳州排第二位、泉州排第三位。但无论从战略地位还是地区经济发展水平等维度考虑，泉州整体上都远胜于漳州。此外，泉州与厦门之间虽是合作关系，但合作只限定在一些公共服务领域，在经济领域并未深入。泉州的经济总量几乎是厦门与漳州之和，其并不愿意在同城化进程中充当厦门的配角。基于以上多方面因素的考虑，泉州会选择竞争策略。漳州在城市联盟阶段就开始寻求与厦门共同发展。2004年8月27日，厦漳两市举行了厦泉漳城市联盟厦漳规划对接工作座谈会，双方就港口、交通、规划对接、环境保护、产业发展、海洋渔业等方面的对接达成了基本共识[1]，甚至做出"以厦漳一体化为先导，加快推进厦漳泉大都市区建设"的论断。因此出于自身发展考虑，漳州在同城化进程中会选择合作策略。

综上所述，在发展模式以及核心地位还不明晰的情况下，三方的博弈关系是厦漳泉（合作，合作，竞争）(0.5, 0.5, 2)，采取竞争策略的泉州可以"搭厦漳合作便车"，以最小的成本获得最大的收益，因此三者间的凝聚效应并未得到有效发挥。虽然《加快推进厦漳泉大都市区同城化工作方案》明确了"发挥厦门经济特区龙头带动作用"，但泉州对厦门的龙头地位并不认同，经济总量上的优势使得泉州认为自己更适合主导厦漳泉同城化。

第二，从微观层面看，博弈体现在具体合作领域。在实践中三市之间的竞

---

[1] 福建省住房和城乡建设厅. 厦泉漳城市联盟厦漳规划对接工作座谈会召开. (2004-08-30). http://www.fjjs.gov.cn/ztzl/cslm/dychy/200408/t20040830_39702.htm.

合关系较为复杂。在公共服务同城化领域，三市合作意愿强烈，但进展缓慢。例如关乎民生的医疗卫生同城化项目，三市在医疗资源上各有不同，厦门医疗质量高但人均占有率低，泉州居中，漳州医疗资源质量相对落后。三市在医疗卫生同城化方面，只实现了一些浅层面的合作，比如医疗影像互认。三市社保卡的互通互用由于涉及三方的财政体系，进展缓慢。由于优质资源的稀缺性，厦门偏好采取竞争策略，如此形成了三市的博弈关系是厦漳泉（竞争，合作，合作）(2，0.5，0.5)，厦门市受益最大，率先实现本市社保卡在泉州、漳州两地结算支付。当然，也存在一些三市合作意愿强烈，但进展缓慢的项目。比如通信、金融服务等关乎民生的同城化项目，由于涉及多方利益，在同城化战略实施几年以来一直难以落地。

在基础设施同城化领域，三市合作难以推进。例如在交通项目上，三市的合作基本达成共识，但该项目进展缓慢，尤其体现在城际轨道交通建设上，三方并没有落实城际轨道交通统一规划方案，而是厦门先行开展，并在漳州的要求下，为其预留了两个接口。可以说在城际轨道交通建设上，三方的博弈关系较为复杂，出现了非合作的局面。在呼声最高的通信同城化项目上，由于实现电信并网需要统一区号，泉州认为其用户基数最大，统一成泉州0595区号，可以减少成本；而厦门基于其所处重要战略地位考虑，坚持使用其0592区号，双方互不相让。因此在交通通信的合作上，三市的博弈关系是厦漳泉（竞争，合作，竞争）(1，−0.5，1)。

在产业发展同城化领域，三市地方政府趋向于合作。以旅游同城化为例，旅游产业合作是最早开展的同城化项目，所遇阻力最小。厦门作为全国有名的旅游城市，每年的旅游收入占财政收入比例较大，鉴于厦门旅游的辐射效应可以带动周边地区旅游产业的发展，三市在旅游产业上积极开展合作，率先推出闽南旅游一卡通。因此在旅游合作上，三市的博弈关系是厦漳泉（合作，合作，合作）(1.5，1.5，1.5)，实现互利共赢。

在要素市场同城化领域，三市地方政府的竞争大于合作。厦漳泉地区拥有三个港口：厦门港、泉州港、漳州港。丰富的港口资源本来是该地区的一大优势，但是这三大港口却存在竞争。厦门港超负荷运转，而仅几海里之遥的漳州港却吃不饱[①]。在大型项目建设方面，三市都提出建设自己的大学园区、高新

---

① 王海同. 关于构建厦、漳、泉组合城市初探. 福建建筑，2003 (3)：9-12.

产业园区、物流园区、会展中心等项目，有条件要上，没有条件的创造条件也要上，重复建设，导致资源利用率低下[①]。重复建设是同城化发展过程中的一个通病。在这些领域，三市形成的博弈关系是厦漳泉（竞争，竞争，竞争）(0，0，0)，这种无序的竞争对于厦漳泉同城化来说毫无益处，三个城市为了各自的利益，纷纷选择对自己最优的策略，反而演变成一种非合作博弈的策略组合，这种策略组合也被称为纳什均衡[②]。

二、厦漳泉同城化府际关系治理的困境及其成因

同城化初期，厦漳泉府际关系是一种竞合博弈关系，在外界环境以及自身发展差异的影响下，这种竞合博弈关系呈现出一种无序合作的状态。因此本文将继续对厦漳泉同城化府际关系治理的困境及其成因进行深入研究。下文将从制约厦漳泉同城化府际关系治理的共性与个性因素两个维度进行阐述。

（一）制约厦漳泉同城化府际关系治理的共性分析

1. 固有行政区划的制约

首先，固有行政区划导致地方政府的"行政区执政思维"，地方官员的主动对接意识不强。在厦漳泉合作进程中，三市都更换了党政领导。领导频繁换届使得政策执行出现脱节。在厦漳泉同城化进程中，只有实力最弱的漳州积极主动。泉州由于地理问题不能绕过厦门直接与漳州结盟，因此自我保护的本土主义现象在地方政府身上表现得比较突出。泉州虽然产业基础雄厚，但开放程度不如厦门，许多企业发展成熟之后纷纷将总部迁至厦门，导致产业资源要素的流失。2012年9月，泉州市委常委、副市长付朝阳在第六届海外华商中国投资峰会上就曾为泉州企业的外流现象鸣不平[③]。厦门作为厦漳泉同城化中资源优势最为明显的城市，在公共服务以及公共基础设施等硬件基础上都较为完善。

[①] 刘克华，陈仲光. 区域管治的新探索：厦泉漳城市联盟规划战略. 经济地理，2005（6）：843-846.

[②] 纳什（1950）在其《非合作均衡》中通过求得三人扑克博弈（three-person poker game）的解演示了有别于诺依曼和摩根斯坦在《博弈论与经济行为》中提出的合作博弈. 参见：库恩. 博弈论经典. 韩松，译. 北京：中国人民大学出版社，2004.

[③] 黄智敏，陆军航. 厦漳泉副市长对话知名华商，献策同城化. 海峡导报，2012-09-09.

三市的社会事业发展差距较大，离同城化目标还有一定的距离。从科教文卫等方面看，厦门超过了泉州和漳州，因此在公共服务均等化方面，同城化的难度较大。厦门市领导可能会考虑如果这些资源完全对外开放，就会造成搭便车现象，最终形成"公地悲剧"，因此在某些领域，厦漳泉三市的执政理念并不是完全从区域整体利益出发，而还是从自身利益出发去执行政策。

其次，固有行政区划限制了同城化项目经费分担机制的形成。当前，地方政府财政支出都是各自独立核算，财政竞争在地方政府竞争中不可避免。"所谓地方政府的横向财政竞争，就是指同级政府之间通过税收、支出等手段来展开竞争，目的是吸引更多的要素流入本地，以实现本地利益最大化"[1]。为了争取更多的税收收入以增加财政收支规模，地方政府会出台有竞争力的优惠政策促进招商引资。另外，同城化项目属于跨区域合作项目，由于厦漳泉的人口规模、经济发展水平、财政收入等方面都有着较大的差距，如果按照均等财政支出显然欠缺公平。如果按照成本收益来决定财政支出比例，则会受到同城化收益难于用客观指标衡量的影响，导致该方案难于执行。因此，在同城化项目的推进过程中，地方财政竞争使得地方政府都想以最小的投入获得最大的产出，从而导致搭便车的现象频发。

2. 地区发展不均衡的制约

首先，地区发展不均导致地方本位主义风气尚存。1994 年的分税制改革以及改革开放以来的简政放权，使得地方政府逐渐成为一个"自负盈亏"以及拥有更多自由裁量权的政府，这样的结果导致地方政府为了自身的发展，不顾市场规律，通过出台优惠政策保护本土企业，通过设置市场壁垒排斥外来资本介入，形成了地方保护主义。地方保护主义也称"本位主义"，认为每个行为主体都拥有一片属于自己的领域，并对这片领域拥有绝对的控制权。另外，由于厦漳泉三市城市化建设水平存在较大差距，厦门的城市化程度最高，为了避免同城化造成交通拥挤、人口规模膨胀等进而冲击本市居民生活环境，厦门市在城际交通轨道建设以及户籍制度改革等方面的同城化改革都体现出地方保护主义。这种本位主义作风使得地方政府在同城化进程中忽略共同利益，更多考虑自身利益，从而导致同城化府际关系由合作走向竞争。

---

[1] 黄纯纯，周业安. 地方政府竞争理论的起源、发展及其局限. 中国人民大学学报，2011，25 (3)：97-103.

其次，地区发展不均导致机会主义行为。同城化涉及跨区域的公共事务治理，一旦跨区域就意味着不同行为主体可能会展开博弈。地区发展不平衡使得跨区域事务治理容易滋生搭便车的机会主义行为。每个城市的利益出发点不同，都想以最小的成本获得最大的收益，在此背景下，容易导致"集体行动的逻辑"，即个体理性的叠加不会产生集体理性。例如厦漳泉在九龙江的治理问题上就存在博弈，无法在关乎集体利益的合作上达成共识。另外，厦门作为副省级城市及计划单列市，其在城市化水平上一直遥遥领先于漳州和泉州。按照三市签署的同城化合作框架协议，厦漳泉同城化是全方位的同城化，当然也包括公共服务领域的同城化。厦门在教育、医疗卫生、社会保障等公共服务供给数量和质量上都高于其他两市，在公共服务同城化项目的推进上，发展比较落后的城市倾向于采取机会主义行为，而这类机会主义行为会导致项目的推进陷入所谓的"囚徒困境"。地方政府的机会主义行为也间接推高了府际合作的成本。

3. 不完全府际契约的制约

契约行政是我国区域合作的一个普遍现象。"所谓契约行政，是指在我国政府主导的区域合作模式下，政府作为区域合作的主要参与方，通过签订各种形式的政府间契约如'规划纲要''合作框架协议''合作宣言''合作意见''合作备忘录'等来推动政府间合作的一种区域行政方式"[1]。厦漳泉同城化也属于契约行政，并且三市共同签署了多项府际契约。但这种府际契约具有很大的局限性。

首先，契约规定的模糊性导致缔约方事权界定不清。契约即合同，正规的合同要求对合同签订主体的权利和义务都有明确的规定。但府际契约的不完全性体现在其并未对地方政府在合作中的权利和义务做出明确规定。总而言之，模糊性的府际契约导致区域合作效应的优先性无法得到实现[2]。如其他契约一样，《合作框架协议》是厦漳泉地方政府在既定环境下开展同城化行动的捆绑承诺。但即使三个地方政府都有共同的目标，它们为了实现该目标所签订的框架协议也是不明晰的。由于府际契约内容的模糊性导致地方政府在府际合作中的积极性不高，并且这种积极性容易受到外界因素的影响。厦漳泉同城

---

[1] 杨爱平. 区域合作中的府际契约：概念与分类. 中国行政管理，2011 (6)：100-104.

[2] MEHAY S L. Intergovernmental contracting for municipal police services: an empirical analysis. Land Economics，1979，55 (1).

化自 2013 年之后进度开始变缓,很大程度上是因为三方出现了利益冲突,导致合作搁浅。

其次,府际契约对于缔约方并没有很强的约束效力。美国的州际协议之所以能够成为有效的区域协调机制,一个重要的原因在于美国州际协议具有法律效力,是美国宪法所促进的一种跨州区域治理机制[①]。而在我国,地方政府所签订的府际契约并没有这种约束力,缔约方是否履约并没有相应的监督机制。当前,厦漳泉同城化更像是一种建立在泛组织形式上的结盟方式,强调自愿是合作的前提。而这种缺乏约束力的府际契约给了厦漳泉利益博弈的空间,从而使得三市的合作趋于形式化。缺乏约束力的府际契约使得厦漳泉同城化目标达成被无限期延后。

(二) 制约厦漳泉同城化府际关系治理的个性化分析

同城化府际关系不同于一般的横向府际关系,它有自身的独特性,最重要的是它能通过同城化确立的府际协调机制加强府际关系的协调。在制度障碍短时间内难以消除的前提下,有效的府际协调机制就成为府际关系治理的一剂良药。厦漳泉同城化府际协调机制在三市利益博弈的背景下不同于其他城市群,因此厦漳泉同城化府际协调机制成为本文对制约厦漳泉同城化府际关系治理的个性化分析。

1. 厦漳泉同城化府际协调机制的发展现状

第一类协调机制是党政联席会议。党政联席会议制度作为厦漳泉同城化府际协调的一项正式制度,是同城化进程中最高级别的府际协调机制。联席会议以三市市委书记为召集人,定期在三市轮流召开,原则上每半年召开一次。2011 年 7 月 29 日,第一次党政联席会议在厦门召开,会议由省委常委、厦门市委书记于伟国主持。厦漳泉三市市委书记、市长均出席会议。这次会议标志着厦漳泉三市联手推动同城化进程的大幕正式拉开。2012 年 10 月 10 日,第二次党政联席会议在漳州召开。会议由漳州市委书记陈冬主持。厦漳泉三市市委书记、市长,省直有关部门负责人,三市有关部门及县(市、区)负责人出席会议。制度化的党政联席会议由于缺少权威约束,容易受到外界因素的影

---

① 吕志奎. 州际协议:美国的区域协作性公共管理机制. 学术研究, 2009 (5): 50-54, 159.

响而停滞不前。

第二类协调机制是专项工作小组。《加快推进厦漳泉大都市区同城化工作方案》提出"厦漳泉三市联合成立若干专项工作小组",有些领域的同城化涉及部门较多,有些制度性或技术性难题需要上级部门统一协调,因此专项工作小组或称工作协调小组在此背景下纷纷成立。例如2011年12月,福建省旅游局批复成立厦漳泉大都市区旅游同城化专项工作小组,由省旅游局副局长担任组长,小组职责是制定《厦漳泉大都市区旅游同城化专项规划》,扎实推动厦漳泉旅游同城化。2012年9月,为加快推进厦漳泉城际轨道交通前期工作,福建省发改委批复成立城际轨道交通前期工作协调小组,由省发改委主任担任组长,专门负责城际轨道交通规划,协调解决跨区域问题[①]。专项工作小组一般由上级主管部门的负责人担任领导小组组长,其目的是通过上级主管部门统一协调三市的合作难题。但从实践结果来看,专项工作小组并不能很好地承担起同城化项目推动的协调工作,在轨道交通领域、通信领域等同城化项目进展仍然缓慢,专项工作小组的职能无法得到有效发挥。

第三类协调机制是对口部门协调机制。对口部门协调机制一般是由三市对口部门联合成立,以会议或者工作小组的形式开展。2012年,三市同城化办公室共同拟订《厦漳泉大都市区同城化总体规划》。除了规划编制工作小组外,厦漳泉还在人才、科技、卫生、知识产权等领域建立沟通对接机制,有力推动厦漳泉全方位合作。例如,2011年7月至2013年11月,厦漳泉三市相应的多个对口部门相继签署多个合作协议(见表6)。

表6 厦漳泉同城化对口部门协调机制

协议名称	主要协调机制
《厦漳泉产权要素市场同城化合作框架协议》	三市产权交易中心
《厦漳泉大都市区同城化卫生项目备忘录》	厦漳泉大都市区同城化卫生工作会议
《厦漳泉大都市区同城化人才合作框架协议》《厦漳泉同城化人事协调机制》	厦漳泉公务员局工作联席会议制度、联络员制度(三市公务员局)
《厦漳泉文化创意产业同城化发展合作协议》	厦漳泉文化创意产业协会联席会议(三市文化创意产业协会)

---

① 张小燕. 厦漳泉城际铁路前期工作协调小组成立. (2012-09-06). http://zhengwu.xmnn.cn/jsxw/201209/t20120906_2544123.htm.

续表

协议名称	主要协调机制
《厦漳泉大都市同城化科技合作框架协议》《厦漳泉大都市同城化知识产权合作协议》《厦漳泉大都市同城化科技信息资源共建共享协议》	厦漳泉大都市区同城化科技合作领导小组（三市科技局）
《厦漳泉国资委同城化战略合作协议》	厦漳泉国资委同城化联席会议（三市国资委）
《厦漳泉突发公共卫生事件协调处置和重大传染病联防联控区域合作协议》	厦漳泉卫生应急同城化联席会议（三市卫生局）
《加强行政执法稽查合作备忘录》	稽查合作联络员制度、联席会议制度和交流互访制度（三市质监部门）
《厦漳泉大都市区制造业融合发展专项规划》	厦漳泉同城化制造业融合发展联席会议（三市经贸委）
《厦漳泉计量战略合作协议》	三市计量部门
《厦漳泉同城化基本医疗保险管理服务合作项目协议》	三市人力资源与社会保障局
《厦漳泉党风廉政建设和反腐败工作协作机制框架协议》	厦漳泉党风廉政建设和反腐败工作协作联席会议（三市纪委）
《厦漳泉国资委同城化项目平台合作协议》	厦漳泉国资委同城化战略合作联席会议（三市国资委）
《厦漳泉气象部门共同推进大都市区气象现代化建设合作框架协议》	拟建区域气象服务中心（三市气象局）
《民建厦漳泉三地市委工作研讨会协议》	民建厦漳泉三地市委工作联席会（三市民建机关）
《厦漳泉松材线虫病联防联控协议》	厦漳泉松材线虫病联防联控工作领导小组（三市林业部门）
《厦漳泉三市机关党建联创共建协议书》	厦漳泉同城化机关党建联创共建协作会议制度（三市市直机关工委）

三市职能部门之间的协作紧密而频繁，并且在多个领域签署合作框架协议。目前厦漳泉同城化更多依靠政府部门之间的跨界合作。但在实践中，职能部门所组成的协调机制并非可持续，在很多情况下，部门联席会议的目的在于签订协议，而后续缺乏一种长效机制。因此，对口部门协调机制功能的发挥在厦漳泉同城化的进程中仍未常态化。

2. 厦漳泉同城化府际协调机制的缺陷

府际协调机制有效运行是同城化战略得以顺利推进的制度保证。府际协调机制作用发挥既受到外界社会环境的影响，也受到协调制度完整性以及机制运转长效性的影响。厦漳泉同城化府际协调机制并未有效发挥其协调作用。

第一，协调机制运行松散。基于不完全府际契约建立的协调机制缺乏权威性，导致联席会议经常不能按时召开。在会议上形成的各种框架协议由于不具有很强的约束力，地方政府觉得对自己有利就积极执行，觉得对自己不利就消极应对。虽然三市高层领导进行了多次双边或多边互访，并召开座谈会，但府际协调机制仍停留在松散的协商会议上，并未形成常态化的合作机制。厦漳泉同城化自 2011 年确立以来，先后于 2011 年、2012 年召开两次党政联席会议，确定了 57 个同城化项目，但原定每年召开一次的党政联席会议在 2013 年搁浅了。因此厦漳泉同城化更多依靠政府部门之间的跨界合作。府际协调机制运行的随意性降低了政府官员对同城化的预期，导致同城化工作在其心中的重要性地位降低，使其在具体工作开展中采取"观望"态度。

第二，监督考核机制的缺失。2011 年《合作框架协议》提出"2012 年同城化取得实质性成效，2015 年初步实现同城化的目标"。2012 年《厦漳泉大都市区同城化发展总体规划》又进一步提出同城化的发展目标是"至 2015 年，初步实现同城化；至 2020 年，基本实现同城化"。但是同城化工作开展到现在，不管是对于短期目标还是中长期目标来说都缺乏一套相应的考核指标体系。人们对于同城化进度的判断只能根据项目合作开展的效果来评定，但是否已经取得实质性成效还不得而知。至于"初步实现同城化"以及"基本实现同城化"的具体表现形态如何，在文件中并没有明确。在缺乏考核机制的情况下，非常容易出现搭便车的现象。在职责不分的情况下，有的地方政府可能会觉得自己一直在付出，而对方反而坐享其成，相互之间并没有形成合力，久而久之开始对同城化工作丧失信心。因此在缺少对于同城化实现目标进行考核的情况下，各方之间的协调就容易出现问题。

三、厦漳泉同城化府际关系治理的路径与对策

在资源有限的情况下，地方政府需要通过政策优势抢夺更多的资源以支撑

自身的发展，累积自身的"政治资本"。在一些涉及民生改善的问题上，地方政府则表现得积极主动。因此有学者将此现象称作"表面同城化"。改革一旦涉及深层次的利益分配，原有协调机制则难于发挥应有作用。笔者认为当前厦漳泉同城化已经进入所谓的"深水区"。从目前实践的情况来看，涉及更深层次的利益分配时，厦漳泉尚未达成一致意见，因此亟待对厦漳泉同城化府际关系治理进行新的认识和探索。

(一) 厦漳泉同城化府际关系治理的路径选择

20世纪80年代，治理理论开始在西方兴起。治理指的是政府、社会组织、公民等多方参与的一种新型协作关系。随着治理理论的兴起，府际关系的研究也开始出现一个新的趋势，即府际治理研究。McGuire（2006）倡导府际治理代替府际关系协调，他认为当前的府际关系处于机会主义与协作主义并存[①]。府际治理其实是指由政府、私营部门、社会团体与公民所共同构建的政策网络，为进一步增进公共利益，强调多元主体间的互动，其中包括府际协作、公私部门伙伴关系以及公民志愿参与等[②]。府际治理要求改变当前府际关系的协调机制，强调多元主体之间的互动和协作，以破解府际竞合博弈的困局。

1. 成立省一级的区域协调机构

传统区域主义在大都市治理上主张建立大都市区政府，多中心治理理论则强调地方政府的碎片化。但从我国国情出发，显然这两种模式都不适合厦漳泉同城化府际关系的治理。"为了解决跨地区性公共物品供给不足和跨地区性公共事务治理失灵等问题，需要建立地方政府制度化协调模式"[③]。新区域主义强调治理而非管理，并且是建立在非正式组织机构基础上多元主体公共参与、互相协作的区域协作治理模式。虽然该模式更适合区域一体化的发展，但纯粹的新区域主义模式显然也与国情不相适应。党政联席会议等非正式制度虽然可以减少政府间的交易成本，但却缺乏一定的权威性。因此，成立省

---

① MCGUIRE M. Intergovernmental management: a view from the bottom. Public Administration Review, 2006, 66 (5).
② 李长晏. 迈向府际合作治理：理论与实践. 台北：元照出版公司, 2009.
③ 韩志红, 付大学. 地方政府之间合作的制度化协调：区域政府的法治化路径. 北方法学, 2009, 3 (2): 121-132.

级层面的区域协调机构就显得尤为必要。该区域协调机构不仅要具有领导权威，同时要保持中立性；不仅要具有监督功能，还要具有仲裁功能。

2. 改善传统的府际协作机制

同城化建设中，地方政府间通常先以相应的地方政府职能部门进行对接，然后磋商开展职能范围内的工作，这种方式会导致职能的重叠，一个公共议题被划分成多个，造成资源的浪费以及效率的低下。这种府际管理的思维在推进同城化项目开展的实践中已经不再完全适用。府际治理强调多元主体间的互动合作，其中也包括加强政府间协作。新型的政府间协作机制可以通过设立以公共议题为导向的府际协调机制，从而打破条块分割的管理方式，构筑起网络式的协作机制。以公共议题为导向的政府间协调机制不仅可以减少府际协调成本，而且可以提高府际协调效率。

3. 保障府际互动合作的长效性

厦漳泉三市虽然确立了党政联席会议制度，但原定每年一次的党政联席会议未能如期举行。基于自愿原则的互动合作使得府际关系协调的随意性增强，因此保障府际协调机制的长效性成为当前同城化府际治理的关键。究其原因，主要在于厦漳泉同城化的府际契约在属性上是一种政策性文件而非法律文本，因此缺乏约束力，执行者也无须承担任何法律后果。厦漳泉同城化可以借鉴美国州际协议的法治化经验，将同城化协议上升到法律层面，约束各个部门严格执行，减少地方政府机会主义行为的发生，以保障府际互动合作常态化。

4. 构建公私部门的伙伴关系

当前，厦漳泉同城化依旧是厦漳泉三市政府的"独角戏"，社会力量参与的广度和深度十分有限。因此需要倡导一种多元主体共同参与的协作性区域协调模式。构建公私部门的伙伴关系实质上就是"要在公共部门与私人部门之间建立以协作为目的的治理结构，共同参与生产和提供物品及服务。其实质是通过协作性治理结构安排形成新的融合力，以解决日益复杂的公共问题"[1]。构建公私部门的伙伴关系，首先要继续强调政府部门的主导性，因为地方政府始终是厦漳泉同城化的发起者，如果政府部门的主导作用丧失，当同城化建设出现偏

---

[1] 张紧跟. 府际治理：当代中国府际关系研究的新趋向. 学术研究，2013（2）：38-45.

差时就缺少纠偏者；其次要积极培育多元治理主体，包括社会组织、私营部门及公民。

5. 促进公民有序的监督参与

增进公民福利，是厦漳泉同城化设计的逻辑起点。从前文对厦漳泉府际关系演变的分析中可以发现，厦漳泉同城化府际关系是一种政府主导型的府际关系。很少有公民参与同城化建设过程，地方居民甚至缺少对同城化的了解。同城化不应该只是政府的单边行动，其涉及三市居民的切身利益，因此促进公民参与成为改善及督促厦漳泉同城化府际关系治理的关键举措。诚如托马斯所言："将公民参与的视角整合进公共管理领域是一个相对较新的理念，是 20 世纪末的一种创新。"[1] 府际关系治理涉及的不仅仅是地方政府的利益，更涉及地方政府所代表的公民的利益。因此治理厦漳泉府际关系应该更多听取民众的心声。

（二）厦漳泉同城化府际关系治理的具体对策

1. 成立同城化领导工作小组

厦漳泉同城化府际关系的有效治理，亟待福建省委省政府设立省一级的区域协调机构。在这点上有很多值得学习的经验，比如武汉成立推进武汉城市圈建设领导小组，以时任省长为组长，下设办公室。湖南省委省政府也成立了长株潭同城化领导小组，同城化府际关系协调才得以有效推进。福建省委省政府同样可以成立厦漳泉大都市区同城化工作领导小组，由省长担任领导小组组长，同时设立一个正厅级的同城化办公室。这样既可以保证协调机构的权威，也可以避免由于缺少常设机构和人员带来的政策执行问题。厦漳泉同城化领导工作小组作为厦漳泉同城化最高级别的区域协调领导机构，其职责在于协调厦漳泉三市府际关系，定期组织召开厦漳泉三市党政联席会议，指导厦漳泉同城化项目开展。其还有一个重要职能就是监督和考核厦漳泉地方政府在同城化进程中的行动付出。

2. 设立同城化专责小组

同城化专责小组是对同城化府际关系协调机制的重要补充，是加强政府间

---

[1] THOMAS J C. Public participation in public decisions: new skills and strategies for public managers. San Francisco: Jossey-Bass, 1995: 2.

协作的重要举措。在一个同城化项目的名义下，整合所涉及的多个职能部门，抽调出一个协调工作小组。如此打破了原有行政体系的条块分割，形成矩阵式的协调组织架构，明晰小组成员角色定位，加强互动交流合作，实现互利共赢的目标。根据厦漳泉同城化的目标定位，可以依此设立建设规划专责小组、基础设施专责小组、产业发展专责小组、公共服务专责小组、要素市场专责小组，五个专责小组对应五大同城化战略。然后每个专责小组根据同城化项目内容划分相应的同城化项目工作小组。

3. 保障同城化府际契约的法律效力

根据《中华人民共和国立法法》的规定，我国"较大的市"的人大及其常委会具有立法权。厦门属于"较大的市"，是厦漳泉三市中唯一具有地方立法权的城市。厦门可通过其拥有的立法权将同城化府际协议上升到法律层面，约束各个职能部门严格执行府际契约的规定，强化监督以减少机会主义行为。但泉州与漳州两市均无地方立法权，无法对其政府行为有效监督。在该问题上可借鉴广东省人大立法解决珠三角一体化的协作问题。2011年7月，广东省人大常委会通过《广东省实施珠江三角洲地区改革发展规划纲要保障条例》，使得珠三角一体化走入法治轨道。因此福建省人大常委会可通过立法形式为《合作框架协议》提供法律支持，约束地方政府的机会主义行为。

4. 培育同城化多元参与主体

多元参与、多方协调是府际治理的关键。厦漳泉同城化府际关系治理不仅需要发挥政府主导作用，也要吸引非政府组织的广泛参与。一要构建政府与社会组织间的伙伴关系。政府更多地放权于社会组织，将部分同城化项目委托给社会组织来协调，尤其是一些产业合作项目以及民间文化交流项目可交由三市的商会、行业协会或民间团体组织协调。二要构建政府与私营部门之间的伙伴关系。很多同城化项目单靠政府的力量是不够的，需要引入社会资本，因此政府应该在产权界定清晰的前提下，在准入政策、招投标政策、投融资政策等方面给予非政府部门良好的制度环境。加强政府与私营部门的合作，可有效解决同城化财政经费的分担矛盾，进一步完善同城化利益协调机制。三要积极发动公民参与，通过政府信息公开培育公民参与同城化的主人公意识。

5. 拓宽同城化监督参与渠道

完善监督参与方式、拓宽监督参与渠道，是保证厦漳泉同城化府际关系协调的重要举措。除了同城化领导工作小组、同城化府际协议等政府内部监督机制，还可进一步拓宽政府外部监督机制。其一，通过搭建平等的对话平台，保障公民的知情权、参与权、监督权，降低公民监督参与成本，如定期举办同城化论坛、同城化项目听证会等。其二，搭建地方政府与民间智囊团的沟通平台，厦漳泉同城化的府际治理离不开民间智囊团的建言献策。其三，建立第三方监督机制，聘请非政府组织定期对厦漳泉同城化进展进行评估，保证外部监督的中立与公正。

整合厦门海关特殊监管区域、构建厦门综合保税区研究

黄格成 等*

一、我国海关特殊监管区域发展概况

海关特殊监管区域（以下简称特殊区域）是我国全方位、多层次对外开放战略实施和适应国际经济格局变化、借鉴国际自由贸易区成功经验发展我国经济的产物。从1990年5月国务院批准设立中国第一个保税区——上海外高桥保税区至今，为适应国际贸易特别是加工贸易发展需要，我国在不同发展阶段累计批准设立了6类不同类型的特殊区域124个，后经整合现有105个：保税区12个、保税港区15个、综合保税区20个、保税物流园区5个、出口加工区51个、跨境园区1个（珠澳跨境工业园区）、国际边境合作中心1个（中哈霍尔果斯国际边境合作中心中方配套区）。特殊区域分布在我国26个省、自治区、直辖市，对推动我国外向型经济发展，特别是对加工贸易和现代物流的发展发挥了不可替代的作用，在引用外资、扩大就业、引用两个市场资源、技术转移、推动产业升级、促进沿海和东部地区率先发展等方面做出了重要贡献。

（一）特殊区域的基本情况

从1990年起，我国先后兴办了一批具有较高开放程度、具有部分自由贸易区功能和特性的特殊区域。

---

* 本文作者为黄格成等组成的农工党厦门市委课题组，课题组成员为：黄格成、胡汉坯、王军、张新、方素兰、李友华、刘焱军、汤序俭、杨军、高毅、叶星宏。成文时间：2012年10月。

1. 保税区

1990年5月至1996年，国务院相继批准设立外高桥、天津港、大连、青岛黄岛、张家港、宁波、福州马尾、厦门象屿、汕头、珠海、广州、深圳福田、深圳盐田港、沙头角和海口共15个保税区。保税区具有保税加工、仓储、转口贸易和商品展示等主要功能，享受境外货物入区保税、境内关税区货物入区视同出口、区内货物销往境内关税区视同进口等政策（1995年国家税务总局取消了境内关税区货物入保税区退税政策，等到入区货物实际出区离境才能办理退税），海关对保税区采取"一线报备、二线报关"的监管模式，保税区不具备口岸功能，服务贸易项下不能自由购汇。

2. 出口加工区

为应对亚洲金融危机，扩大出口，规范加工贸易，从2000年4月起，国务院先后批准设立51个出口加工区。出口加工区除享有保税区各项优惠政策外，还明确享受境内关税区货物入区退税政策。

3. 保税物流园区

随着加工贸易快速发展，对"一日游"物流业务产生了巨大需求。2003年国办函〔2003〕81号正式批准"上海外高桥保税区与外高桥港区联动试点"，正式成立中国第一个"保税物流园区"。保税物流园区有国际中转、国际配送、国际采购、国际转口四大功能。与其他特殊监管区域相比，保税物流园区具备部分口岸海关的功能，货物在园内流转免征流转税，中转箱可以进行拆、拼集运，而其他特殊监管区域只能整箱进出口；园内企业享有进出口权，可设立分公司开展相关业务，而其他特殊监管区域如保税区则仅在申请扩大业务范围时享有进出口权，且不允许设立分公司。享有境内关税区货物入区退税政策。

4. 保税港区和综合保税区

为推动上海国际航运中心建设，2005年6月22日国务院批准设立我国第一个保税港区——上海洋山保税港区，至今共批准设立15个保税港区。保税港区将保税区、出口加工区、保税物流园区和港口功能集于一身，是我国开放层次最高、功能最齐全的特殊监管区域。根据2007年10月3日正式施行的《中华人民共和国海关保税港区管理的暂行办法》的规定：保税港区具有口岸、物流、加工三大主要功能，具体包括仓储物流、对外贸易、国际采购、分销和配送、国际中转、检测和售后服务维修、商品展示、研发、加工、制造、港口作业等11项功能。2006年12月，国务院又批准在加工贸易发达的苏州工业园区设立与保税港区功能和政策相同的特殊区域——综合保税区，至今国家共批准设立综合保税区20个。

2003年和2006年，为了深化内地与澳门更紧密的经贸关系，促进边疆边境贸易的发展，国务院分别批准设立了珠澳跨境工业区（珠海园区）和中哈国际边境合作中心（中方配套区），其功能和政策与保税港区相同。

（二）特殊区域对我国外向型经济发展具有独特的重要作用

历经多年的探索与发展，特殊区域已成为我国引进外资和加工贸易发展的重点区域，在利用"两个市场、两种资源"，在深化改革、扩大开放，在现代物流业发展及海关监管、外汇管理率先开放，在与国际惯例接轨和创新管理等方面发挥试验区和先导区的作用。

由于具有独特的地理优势，加上特殊监管模式和享有各种政策优惠，特殊区域已成为我国承接全球高新技术产业转移和发展现代物流业的重要基地和世界各国资本的集聚区，是我国资源集约化程度最高、单位面积产出最多、对设区地外向型经济贡献最大的特殊经济区域。如2006年和2007年，我国特殊区域实际利用外资分别为43.69亿美元和33.1亿美元，分别占全国实际利用外资的6.29%和4.43%；2007年、2011年特殊区域实现进出口总值分别为3 100多亿美元和3 885多亿美元，分别占当年全国外贸进出口总值的14.26%和13.1%。特殊区域内产业结构不断优化，产业链条逐渐延伸，聚集效应明显，已经形成了电子信息、装备制造、生物医药、新兴材料等先进制造业产业集群。特殊区域提供了诸多就业机会，尤其是引进了一大批国内外优秀的管理、研发、营销人才，成为推动管理创新、科技创新、服务创新和市场拓展的新兴力量。出口加工区、综合保税区是中西部地区承接跨国公司和东部地区产业转移的主要载体，近些年来已有许多企业向西部转移。如美国惠普与重庆签约，拟将其产值约4 500亿元人民币的项目从境外迁移到重庆，必要条件是设立特殊区域与之配套。

(三) 特殊区域的主要特点

1. 特殊区域成为国家区域发展战略和地方经济发展的结合点

凡是国家制定了主体功能区域发展规划的区域，基本都以特殊区域为核心载体和平台，以此推动该区域形成高新制造业、现代服务业和新兴产业基地。如深圳将前海保税港区作为"前海深港现代服务业合作区"发展的平台，天津将东疆保税港区确定为金融航运产业先行先试的试验区。由此可见特殊区域是国家区域发展战略和地方经济发展的结合点。

2. 特殊区域具备独特的政策优势

特殊区域享有税收优惠、宽松的贸易管制措施、加工贸易政策优惠、海关特殊监管和外汇留存等一系列独特的政策优势，为提升先进技术承接能力、加快高新技术原创地和高新制造产业基地建设、促进现代服务业和新兴产业发展提供了坚实的政策保障。

3. 特殊区域对设区地经济发展具有很强的辐射、拉动效应

如厦门市依托象屿保税区、象屿保税物流园区、火炬（翔安）保税物流中心（B型），充分发挥港区一体化和特殊区域的功能优势，吸引戴尔、友达光电等龙头企业落户厦门，每年不仅为厦门带来几百亿元产值，提供诸多就业岗位，而且带动上下游产业链延伸，促进产业转型升级。

4. 特殊区域面临共性难题——立法缺位、多头管理

全国统一立法缺位。国际上设立自由贸易区都是先立法后设区，而我国从1990年第一个保税区设立至今已有多个年头，还没有制定全国统一的特殊区域法律条例，特殊区域"境内关外"的法律定位无法落实。因此，国家统一立法缺位成为制约我国特殊区域健康快速发展的重要因素。

多头管理。特殊区域从设立申请、建设到封关运营，涉及商务、海关、税务、财政、外管、工商、环保、国土资源、证券、保险和银行等多个部门，各部门对特殊区域的监管各有侧重，各部门出台的政策法规存在一定差别，甚至存在相互矛盾，部门协调执法难度大，给特殊区域发展带来极大的负面影响。

二、整合厦门海关特殊监管区域，构建厦门综合保税区

（一）厦门海关特殊监管区域发展现状

从1992年10月15日起，国务院先后批准设立了象屿保税区、象屿保税物流园区、海沧出口加工区（后并入海沧保税港区）、厦门海沧保税港区、火炬（翔安）保税物流中心（B型），特殊区域规划面积约12平方千米，区域（场所）内总计企业1 300多家。2010年海关税收11.7亿元。象屿保税物流进出口值占厦门市保税物流进出口值的74%，如加上保税物流园区，两区保税物流占厦门市保税物流的93%。这些特殊区域的设立，对促进厦门经济建设、海西对外发展，乃至实现国家区域总体发展战略都具有十分重要的作用。

1. 厦门象屿保税区

厦门象屿保税区于1992年10月15日经国务院批准设立，首期开发的0.6平方千米经海关总署验收合格后于1993年11月28日试运行，1997年7月18日正式开关。保税区以发展现代物流产业为特色，主营物流服务和加工贸易两大产业，其中物流服务主要有：供应商库存管理（VMI）、及时供货（JIT）等供应链管理、出口拼箱、保税石材分拨、大宗散货分拨、葡萄酒展销、大型机械展销和国际物流配送等特色业务；加工贸易主要有：IT高新产业和检测维修售后服务等特色业务。目前，保税区内实体经营的企业少，仅有DB（全球物流）、夏商等保税物流企业21家，贝莱胜电子等保税加工企业13家，且多数规模较小、混杂分布。同时由于历史遗留原因，保税区内仍存在保税延展业务（非保税货物），占保税区业务总量近半，甚至成为某些企业的主营业务。

2011年象屿保税区进出口货运量、值分别是53万吨、33.8亿美元，分别增长－18.9%、10.3%；进出区货运量、值分别是27.7万吨、22.7亿美元，分别增长－12.9%、14.6%。区内企业达1 200家，正常运作600多家，就业人数1.94万人，地方税收4.99亿元，海关税收5亿元。

2. 厦门象屿保税物流园区

2004年8月，国务院批准设立厦门象屿保税物流园区，位于象屿保税区南侧，面积0.7平方千米，实行一次规划、分期开发。2005年10月28日，首期

0.26 平方千米区域内的封闭围网、卡口及相关配套设施建成,同年 12 月 21 日由海关总署等八部委验收通过,2006 年 3 月 1 日封关运作,为全国最小的保税物流园区。目前物流园区主营"一日游"(加工贸易结转货物入区退税)和出口拼箱业务,同时物流园区还承接台湾地区服务外包业务,成为台湾金门高粱酒的配送中心。海关采取"区港联动""空运联程转关""海陆联运""内支线中转"等一系列创新举措,为海西制造业提供原材料配送和成品分销的双向物流服务,目前区内共有叶水福、越海等物流企业 18 家。另外,象屿保税区、象屿保税物流园区同在厦门岛内,地理位置特殊,与东渡港区一网之隔,紧密相连,在不到 3 平方千米的范围内三区并存。

2011 年象屿保税物流园区进出口货运量、值分别是 22.2 万吨、8.08 亿美元,分别增长－23.6%、－4.03%;进出区货运量、值分别是 73 万吨、90.3 亿美元,分别增长 1.04%、58.56%。区内共有 38 家企业。

3. 厦门海沧保税港区

厦门海沧保税港区于 2008 年 6 月 5 日获国务院批准设立,规划面积 9.51 平方千米,原厦门出口加工区并入海沧保税港区规划范围。2010 年 1 月 11 日,厦门海沧保税港区(一期 4.35 平方千米)通过国务院联合验收组验收,2010 年 12 月 10 日封关运作。二期(面积 2.04 平方千米)也已封关运作。海沧保税港区在原出口加工区的基础上,集保税、物流、仓储、维修、中转等功能于一身,是目前政策优惠、功能齐全、区位优势明显的特殊区域之一。海沧保税港区港口功能发达,现有嵩屿集装箱码头、国际货柜集装箱码头、海润集装箱码头以及新海达集装箱码头和远海集装箱码头,开通国际航线近 30 条。区内出口加工业务渐成规模,现有企业 37 家,区内保税加工进出口货值 5.36 亿美元,主要企业有柯达、威鸿、百得、嘉鹭、赫比、崇仁、联达等。

2011 年海沧保税港区进出口货运量、值分别是 33.4 万吨、12.4 亿美元,集装箱吞吐量 200.2 万标箱;进出区货运量、值分别是 56.2 万吨、18.22 亿美元。保税港区内已注册企业 64 家,就业人数 10 323 人,地方税收 1.5 亿元,海关税收 1.13 亿元。

4. 厦门火炬(翔安)保税物流中心(B 型)

厦门火炬(翔安)保税物流中心(B 型)于 2008 年 12 月获批设立,于 2009 年 9 月正式封关运作,2009 年进出口中心货值及纯收税额在全国保税物流中心排名第二，在17个扩大试点的保税物流中心排名第一。目前，物流中心主要服务以友达光电等台资企业为中心的光电产业集群，重点解决友达光电配套供应商"深加工结转退税"问题。海关针对光电企业产品周期短、进出货频率高的特点，推出了分批收发货集中报关、卡口24小时不间断作业、多点报关口岸验放、应税货物凭保函"分送集报"等便捷通关措施，为企业节省大量生产和物流成本。目前，保税物流中心内共有宏高、正旸等8家物流企业入驻。

2011年1—6月，火炬（翔安）保税物流中心（B型）进出口货运量、值分别是16.36万吨、43.5亿美元。区内有企业8家，就业人数150人，地方税收106万元，海关税收4 600万元。

（二）出口加工区和保税区、保税物流园区、保税港区功能、政策和海关监管模式比较（见表1）

表1 出口加工区和保税区、保税物流园区、保税港区功能、政策和海关监管模式比较

项目	出口加工区	保税区	保税物流园区	保税港区
功能	加工、维修	加工、贸易、仓储和展示，没有口岸功能	国际中转、国际采购、国际转口港，不得开展加工贸易	具有保税区、保税物流园区、出口加工区的全部功能和口岸功能
税收政策	进口货物、料件入区实行保税，关税区货物入区退税	进口货物进入保税区实行保税，关税区货物入区不能直接退税	进口货物入区实行保税，关税区货物入区退税	具备保税区、出口加工区、保税物流园区所有优惠政策
国内税收政策	国家对区内加工出口的产品和应税劳务免征增值税、消费税	与国家级开发区和出口加工区政策基本相同，但实际执行有偏差	流通性简单，加工和增值服务同出口加工区	同出口加工区
成品内销政策	加工区内企业销往境内区外的货物按制成品征税	区内销往境内区外的货物按所采用国外料件部分的税率征税，只有当内销成品完全由进口料件组成时，才按成品征税	区内货物销往境内关税区同进口	同出口加工区、保税物流园区

续表

项目	出口加工区	保税区	保税物流园区	保税港区
管理方式	一线报备、二线报关 全封闭、卡口式管理，海关在围网及卡口设置闭路电视监控系统，并实行24小时工作制度	一线报备、二线报关 海关实行围网管理，对部分经批准企业实行24小时全天候工作制度	同出口加工区	同出口加工区、保税物流园区
审批手续	不实行银行保证金台账制度，合同备案只需管委会审批，审批手续简化为一个环节、一道手续	不实行银行保证金台账制度，合同备案只需管委会审批	同出口加工区	同出口加工区
监管模式	取消手册，实行电子底账管理，通过EDI申报底账数据，经海关审核后自动存入电子底账	对保税区货物实行电子化联网监管模式	网络化、无纸化、智能化区域监管	同出口加工区、保税物流园区
通道模式	货物进出口采取"一次申报、一次审单、一次查验"的新通关模式	实行"集中报关、分批出区"的独特通关模式	区港联动、空运联程转关、海陆联运、内支线中转	基本同出口加工区、保税物流园区
监管手段	充分利用现代高科技，实行"企业—主管海关—口岸海关"计算机联网管理	对保税货物采用联网监管模式，对非保税货物人工监管	原则上实行网络化区域管理	基本同出口加工区、保税物流园区

（三）制约厦门特殊区域发展的主要因素

1. 区域经济总量不大、进出口保税货物量小、港口吞吐量小，是制约特殊区域发展的重要因素

（1）改革开放前，国家对厦门投资很少，社会经济发展基础非常薄弱，高端人才严重缺失。

（2）央企在厦门投资设立的龙头企业少、规模小，对地方经济发展引领积聚作用相对有限。

（3）产业转型调整升级步伐慢，高端制造业、现代服务业和新兴产业发展与深圳、杭州、宁波等比较还有很大差距。

（4）观念更新太慢、创新体系机制不灵活、投融资体制与发展要求不相适应，公共服务平台不完善。

受上述多因素综合影响，厦门市经济总量不大。表2数据表明，2011年厦门GDP为2 536亿元，分别为杭州市、青岛市、宁波市和大连市的36.14%、38.34%、42.19%和41.57%。厦门港集装箱吞吐量小［2011年厦门港集装箱吞吐量为645万TEU（标准箱），仅为宁波港1 464万TEU的44.06%、深圳港2 250万TEU的28.67%］。厦门特殊区域进出保税货物量小，2011年厦门特殊区域进出保税货物不足100亿美元，而上海2011年特殊区域进出口保税货物已突破700亿美元。

表2 2011年部分副省级城市GDP及其增长率

城市	GDP（亿元）	增长率
杭州	7 018	10.1%
青岛	6 615	11.7%
大连	6 100	14%
宁波	6 010.48	10%
厦门	2 536	15%
广州	12 380	11%
深圳	11 000	10%

2. 特殊区域设立不够科学，造成资源配置浪费

厦门有保税区、保税物流园区、保税港区和保税物流中心（B型）等多类型的特殊区域，重复资源配置，功能重叠，相互竞争，整体效益不理想。

3. 特殊区域功能不适应增长方式转变的趋势，运营困难

随着世界经济形势的变化和中国经济的蓬勃发展，特殊区域的功能也已经从原来的"两头在外"的外向型的定位转向为利用"两种资源"、服务"两个市场"，充分利用国内、国外的各种资源，包括原材料、资金等，连接国内和国际市场，引导和鼓励高新技术产业、新兴战略产业以及辐射带动力强的大型龙头

企业进入特殊区域，引导优质的加工贸易增量入区，推动海关监管特殊区域与区外企业联动发展，促进形成产业集聚。然而，地方政府在招商引资时，将一些不适合在区内发展的产业、企业引入区内，部分地方甚至引入一些低端的和规模小的企业，既造成企业运营困难，又挤占土地资源，导致特殊区域设立后长期得不到有效发展。如在象屿保税区、泉州出口加工区内仍有蜡烛、紧固件、鞋子等多家小型加工企业。

4. 多头（多方）共管的体制影响了特殊区域功能发挥

特殊区域是由国务院多部委联合验收、海关实施封闭监管的特定经济功能区域，涉及海关、国税、地税、商务、外管等多家部门，如保税港区的"区""港"部分还涉及海事、港务等部门，这些区域实际上成为多部门的共管区。目前税收、外汇、进出口监管等事权集中在中央，而区域建设和运行管理则往往要由地方政府承担，"条""块"关系交织，协调难度较大。同时由于特殊区域内的经营企业主体多元化、利益诉求多样化，使得执法、管理部门的监管和协调的难度加大。如厦门的特殊区域（监管场所）没有统一管理，分别属于3个管委会管辖，由4个隶属海关（办事处）监管。无论是海关、国检，还是海事地方管委会，相互协调、配合都不够顺畅。火炬（翔安）保税物流中心（B型）由火炬管委会贷款投资建设，投入运营后资产及负债打包交由其下属企业火炬集团经营，与区内物流企业相互争夺利益，不少企业反映物流中心收取的仓租及运营费用较高，在一定程度上增加了企业运营成本。

5. 监管信息系统不统一，货物保税流转烦琐，规范效应难以充分发挥

特殊区域中企业之间的关联度高，互为产业链中的上下游，货物流转频繁。但由于特殊区域建设布局不够合理，节点间、节点与货运干道运输网络系统缺乏有效衔接，"区区联动"尚未得到有效开展，加上不同特殊区域的卡口设置不一致，所用的信息化辅助管理系统架构不一致，彼此不联网，海关对特殊区域之间货物"区区流转""特殊区域与其他口岸间流转"监管，没有配套解决方案，按普通转关模式处理，流程比区外企业之间深加工结转还要烦琐。在海关转关运输监管中，企业有时需多次往返转入地和转出地两个海关办理相关手续。如从保税区出口的货物到海沧保税港区、东渡港区需要加封电子关锁，按转关模式操作。

6. 特殊区域通关监管模式流程烦琐，贸易便利措施被相互抵消

设立特殊区域，就是要通过保税政策及简化手续等措施，促进贸易便利，提供物流效率，降低贸易成本。"一线放开、二线管住、区内自由"的监管理念是符合地方政府和企业要求的，也符合物流发展的需求。"一线"进出境的货物流采取向海关报备制度，"二线"出入区采取报关制度，报备的有关制度和监管流程、措施参照报关的有关规定执行。但在实际操作中，海关对"一线"报备货物的通关监管完全按照"二线"报关的规定执行，备案清单内容与报关单基本一样，流程复杂，手续烦琐。如保税区内IT企业一线进口的元器件，由于供应商、货代等的非主观故意的原因导致申报差错，同样要依据报关统计差错有关规定移交缉私局处理，企业难以理解和接受。区内货物，无论是加工还是物流均比照区外实行"电子账册（手册）＋联网核查"，企业需同时在H2000和特殊区域辅助管理系统录入数据，实际形成了"物流围网＋信息围网""以区域为单元＋以企业为单元"的双重监管，部分保税企业觉得区内没有区外便利，不愿入区发展。

7. 海沧出口加工区并入保税港区后出现不适应性

海沧保税港区封关运作后，原出口加工区、3家集装箱码头公司等企业自行并入其中。原有的作业模式被打破了，新的作业模式尚在磨合完善中，各种利益关系错综复杂，增加了协调和运作难度，产生了一些不适应。一是原出口加工区功能融入海沧保税港区后，加工区企业原有的"小灶"式服务（备案、通关、查验、后续管理等）不复存在，企业不论是单证流还是货物流的通关都不如以往便利。二是查验中心的设立运行虽然实现了集约化查验，但客观上增加了一些作业环节，整体效能不尽如人意。三是主管海关双代码（3709和3712）运作限制了有限监管人力的合理配置，形成了海关内部提高工作效能的瓶颈。四是随着新码头、新企业不断加盟海沧保税港区，多种业务并存催生了企业个性化服务，如保税港区内开展内贸业务、实行入库查验等。

以上问题，有的是体制、机制与新的形势不适应造成的，有的是客观原因形成的历史遗留问题，有的需要在更高的政策层面研究解决，有的可以在用足现有政策的情况下通过拓展思路、创新模式来解决。

(四) 整合厦门特殊区域、构建厦门传统保税区的建议及对策

1. 必须充分认识整合特殊区域的重要性和必要性

(1) 按照"功能整合、政策叠加"对特殊区域进行整合是国务院领导的指示。2005—2008年，国务院领导先后对区域整合工作做出重要指示。2005年，国务院副总理吴仪提出要继续深化保税加工和保税物流监管制度改革，对各类特殊监管区域和场所进行功能整合，配合特殊监管区域功能整合，实现各类特殊监管区域优惠政策叠加和整合。2006年温家宝总理强调要推进特殊区域功能整合，充分发挥特殊区域的示范、导向和辐射作用，增强国内配套能力，延长加工贸易价值链，加快建立新型保税监管体系，积极支持大型物流枢纽、区域性物流中心建设，更好地承接国际服务业转移。2008年王岐山副总理要求继续做好特殊区域整合工作。

(2) 整合特殊区域是《厦门市深化两岸交流合作综合配套改革试验总体方案》（简称《综改方案》）的具体要求。国务院批复《综改方案》明确提出：支持整合海沧保税港区、象屿保税区、象屿保税物流园区、厦门火炬（翔安）保税物流中心（B型）等海关特殊监管区域和保税监管场所，统一管理体制，统筹规划政策功能。因此，整合厦门特殊区域是贯彻科学发展和实施《综改方案》的具体要求。

(3) 整合特殊区域是实现与国际接轨和提升厦门市综合竞争力的客观要求。特殊区域整合是特殊监管区域发展到一定历史阶段的必然要求，揭示了特殊监管区域发展的内在规律，顺应了区域发展的趋势。当前全球范围的自由贸易区从形式到内涵都在发生深刻的转变，整合特殊区域可以加速推进特殊区域在国家对外开放整体战略框架下实现资源有效整合，参与国际化竞争，以达到资源的最优配置和运行效益最大化，同时，有助于特殊区域内的企业走向国际，提高市场竞争力。

因此，上海、深圳、天津、苏州、大连、广州、宁波和青岛从2009年开始先后完成辖区内的特殊区域整合转型工作。上述城市特殊区域整合不仅提高了资源的优化配置，而且取得了极佳的经济效益。

整合厦门特殊区域、构建厦门综合保税区是大势所趋。应按照《综改方案》提出的"统一管理体制、统筹规划政策动能"要求，加快推进厦门特殊区域的工作，将原有的四个特殊区域及保税监管场所整合打造成为具有区域竞争优势

的"厦门综合保税区"。

整合工作具体可以分三步走：

第一步，将象屿保税区、象屿保税物流园区和海沧保税港区，整合形成"一区两园"的厦门综合保税区架构。

第二步，整合厦门火炬（翔安）保税物流中心（B型）。整合后，使得厦门综合保税区"一区三园"之间形成全面合理、错位发展、优势互补、辐射联动的良好局面。

第三步，对厦门综合保税区的定性、功能、配套政策、监管模式、通关模式和管理体制等进行全面整合、完善、提升，形成与国际管理接轨、具有自由贸易区全部功能的"厦门自由贸易区"。

2. 厦门综合保税区的功能定位

按照《海峡西岸经济特区发展规划》提出的"依托保税港区、保税物流园区，建设连接海峡两岸的现代物流中心"和《综改方案》提出的"支持厦门加快东南国际航运中心建设、创新航运物流服务""在统筹考虑扩大启运港退税政策试点范围的过程中，积极研究将厦门港列为启运港退税政策试点"等要求，将"保税加工、保税物流、口岸功能、商品展示、启运港退税中转、现代服务业"六大功能作为厦门综合保税区的基本功能。综合保税区各个园区结合自己的区位优势在功能上进行专业分工。

（1）象屿园区的功能定位。将象屿保税区、象屿保税物流园区整合成为"厦门综合保税区象屿园区"。象屿园区的保税加工功能整合并入海沧园区，象屿园区今后重点发展保税物流（国际贸易、国际中转、国际采购、国际配送、保税仓储）、启运港退税中转、商品展示和现代服务业四大功能业务，同时兼顾发展"出口拼箱"业务。象屿园区在发展现代保税物流业务方面，应根据自己的区位优势重点发展城市物流、大票消费品分拨物流、高附加价值零组件（如飞机零组件）、海空转运物流、内支线中转、"一日游货物"；在现代服务业方面，将加工业务外移重置的厂区，改造成现代服务业园区，重资发展互联网、电子信息、游轮配套服务、展示交易、文化创意、金融、代理、设计（工业、建筑）、研发孵化及中介服务，拓展厦台产业合作，承接台湾现代服务业转移。

（2）海沧园区功能定位。重点发展口岸功能、保税物流、保税加工、现代服务等功能业务。

1）口岸功能。包括：人员、货物、资金和运输工具出入境相关的行政管理功能；港口基础服务功能，如港口建设、港口作业。

2）保税物流。按照《综改方案》提出的"统筹规划政策功能"要求，海沧园区要充分与象屿园区错位发展，充分发挥拥有多个第五、六代集装箱泊位、园区规划面积较大的区位优势，争取成为生产资料、能源等大票物资进出口的集散分拨中心。

3）保税加工。海关总署孙毅彪指出"海关要推动研发设立、引导服务外包、设立控制维修中心"。海沧园区应抓住机遇，加快发展临港加工贸易、服务外包、检测维修业务。加快加工贸易转型升级，引导加工贸易产业链向高端发展，按照制造业发展趋势，着力推动商业模式创新，使产品制造向价值链的两端（设计、研发、销售、配送）延伸，将功能服务"嵌入"研发制造的产品中，通过互联技术、微电子技术应用，使功能服务可更新、可更换，产品本身成为一种使用端，消费者获得的功能服务是使用而非买断。这方面深圳的中智科技、国民技术、同方电子等公司的成功经验值得借鉴。实施加工贸易功能拓展，开展国际和两岸交流合作，承接全球高新技术产业转移。

4）现代服务业。海沧园区应通过体制创新，加快发展大宗原料与能源交易、工业设计、科研孵化、航运金融、保险、租赁、离岸贸易、航运代理、海运结算、电子信息、航运人才培养等海运物流服务业，深化两岸产业交流合作，承接台湾现代服务产业转移。

3. 改革完善行政管理和监管体制，营造良好的发展软环境，成立厦门特殊区域领导小组和综合保税区管委会

按照《综改方案》提出的"统一管理体制，统筹规划双策功能"要求，为统一管理、协调全市的特殊区域，应加快推进特殊区域整合，实现"功能整合、政策叠加"，形成布局科学、分工合理、功能优化、优势互补、联动发展的格局。建议参照上海市的做法。

（1）成立"厦门市海关特殊监管区域领导小组"。为提高管理和协调的实效性，建议领导小组组长先由市长兼任，领导小组成员为市政府相关联部门、象屿保税区管委会、海沧保税港区管委会、火炬管委会、厦门海关、检验检疫局、国税局、地税局、外汇管理局、工商局、边检局、海事局、特殊区域研立区的区政府等部门的"一把手"。领导小组下设办公室，办公室主任由"综合保税区

管委会"主任兼任。

（2）成立综合保税区管委会。为了统一指导协调特殊区域的土地规划、产业规划、整合发展等事宜，形成协调顺畅、精简高效、领导有力的新格局，建议合并象屿保税区管委会、海沧保税港区管委会，成立"厦门综合保税区管委会"（以下简称管委会），行政等级为正厅机构。

建议市政府借鉴广州南沙新区的做法，按照"凡是可以下放给管委会市一级的经济管理权限一律下放，除非法律规定必须掌握在市级的，个别除外"的原则，赋予管委会充分的发展自主权。管委会在综合保税区内具有市政府授权全面履行行政管理和公共服务职责的法定机构，市政府应当根据厦门综合保税区开发、建设管理的实际情况，具体规定和调整管委会行政管理职责、公共服务的范围以及市政府各有关部门在厦门综合保税区行使职责的范围。管委会在厦门综合保税区内负责土地规划、产业规划、开发建设、运营管理、招商引资、制度创新、综合协调等工作。厦门综合保税区实行一级财政、一级金库的财政管理体制。

管委会履行下列具体职责（参照深圳市的做法）：

1）保证国家法律、法规在综合保税区的实施；

2）组织制定综合保税区发展战略、规划，按程序报批后组织实施；

3）组织制定综合保税区产业发展规划、产业发展指导目录、准入条件，按规定程序报批后组织实施；

4）组织制定和实施在综合保税区促进加工贸易、保税物流、现代服务业、口岸发展的有关规划和指引；

5）组织拟订本市法规、规章在综合保税区特别适用规定，并提请市政府按法定程序通过；

6）负责综合保税区土地管理和土地储备工作；

7）负责综合保税区土地开发及基础设施、公共服务设施建设、运营和管理；

8）承担综合保税区开发建设投融资任务，参与重大项目战略投资；

9）负责综合保税区内除金融类产业项目以外投资项目（含国有资产投资项目）的审批、核准、备案或特级管理；

10）负责综合保税区招商引资和招商模式创新试验；

11）负责综合保税区对外合作与交流，在具备条件前提下，围绕建立有利于科学发展和深化两岸交流合作的机制，先行试验一些重大经济改革措施；

12）负责综合保税区公共服务和社会服务创新试验；

13）负责协调口岸单位开展相关业务；

14）负责综合保税区国有企业、国有资产管理；

15）组织制定和实施综合保税区人事、薪酬和绩效管理等内容制度；

16）市政府赋予的其他职责。

综合保税区法定图则由管委会和市土地、规划部门共同组织编制，报市政府批准实施。管委会负责综合保税区内土地收储，组织编制综合保税区年度土地供应计划、年度整备用地计划，按规定程序报市政府批准后组织实施。管委会按照科学管理、精简高效、公开平等、竞争择优的原则，制定薪酬管理、年金管理、人员招聘、岗位竞聘、绩效考核等人事管理制度，报市政府通过后实施。管委会实行市场导向的薪酬机制，按照工作目标导向和奖惩结合的原则，在市政府确定的薪酬总额内，建立绩效考核与激励机制。

（3）驻区机构。建议市政府积极协调厦门海关、检验检疫、外汇管理、边检、海事、港口等监管部门在综合保税区设立统一的监管机构；工商、税务、公安等部门在综合保税区设立统一的管理服务机构。

4．积极争取法律及其他配套措施支持

（1）争取尽快制定自由贸易区条例。厦门市出席全国两会代表、各民主党派要充分发挥参政议政的作用，以人大议案、政协提案方式呼吁尽快着手制定自由贸易区条例或特殊区域条例。可以现行的海关保税港区的管理暂行办法为基础，吸收合并现行各类特殊区域的监管办法、法规，由国务院着手准备制定自由贸易区条例。条例要明确我国特殊区域的法律地位（境内关外）、性质、功能、管理体制，及中央和地方政府的职责关系，并明确在国家层面设立一个专门管理机构，对全国特殊区域的设立、建设和发展实行统一规划，统筹安排，制定统一管理体制，整合统一法规，解决现存的条块管理、政出多门的现象。

（2）建议海关总署、检验检疫部门取消对检测范围符合国产出口货物的限制，扩大检测维修业务范围，允许非国产与非直接出口货物在综合保税区内开展检测维修业务；改变以往比照加工贸易进行管理的方式，制定研发、检测维修业务的操作规范和工作程序。

（3）建立高层次协调机制。鉴于综合保税区发展涉及产业创新、体制改革、法律适用等重大问题，建议借鉴广州南沙新区、深圳前海合作区成功经验，争取国务院明确建立由国家发改委牵头，国务院各部门、福建省、厦门市等各方参加的协调机制，即"9+2"部门联席会议，对厦门港落实《综改方案》和厦门综合保税区整合发展的重大问题进行指导、协调。

（4）统一厦门综合保税区的海关编码。目前厦门海关特殊区共有5个海关编码，即：3714象屿保税区、3717象屿保税物流园区、3709海沧保税功能区、3708海沧口岸作业区、3702火炬（翔安）保税物流中心（B型）。建议厦门市政府积极协调厦门海关统一综合保税区海关编码。

（5）积极争取中央有关部门在财政税收、口岸服务等方面给予厦门综合保税区政策支持。

1）注册在厦门的保险企业向厦门综合保税区内的企业提供国际航运保险业务取得收入，免征营业税；

2）注册在综合保税区内的企业从事离岸服务外包业务取得收入，免征营业税；

3）注册在综合保税区内符合规定条例的现代航运物流企业享受物流企业按差额征收营业税；

4）注册在综合保税区内经认定的技术先进型服务企业按15%的优惠税率征收企业所得税，职工教育培训经费按不超过企业工资总额的8%据实税前扣除；

5）新办加工贸易企业经认定为国家新兴技术企业享受"两免三减半"的企业所得税优惠；

6）争取境外企业和高层次人才优惠政策，包括企业营业税减按3%、企业所得税减按15%、高层次人才个人所得税超出20%部分先征后补的特殊政策；

7）将综合保税区内的企业所得税、营业税、增值税改为统一的综合税收制度；

8）支持厦门早日实施启运港退税的政策。

（6）构建统一的信息化管理平台，实现货物便捷流转，探索试点保税加工工单核销模式，达到海关监管与便利企业双赢。

（7）出台鼓励政策（财政给予设施改造补贴、场租补贴和税收优惠），吸引港澳台现代服务业和新兴产业行业运营商到综合保税区开展现代服务业和新兴产业专业运筹、运营，加快推动综合保税区产业转型升级。

(8) 出台优惠政策，对经认定在厦门港新开通国际航线或增加集装箱航班挂靠的船公司给予启动资金支持；积极拓展腹地货源，对选择从厦门综合保税区国际中转的货主给予 100～200 元/TEU 的财政补贴。

(9) 重视高端人才培养。人才是竞争的制高点，是事业成败的关键。厦门要把知识作为综合保税区发展的核心竞争工具，创造条件吸引一批熟悉自由贸易区业务的高端精英人才加盟。

(10) 探索设立两岸合作的特殊区域。结合当前厦门全面落实《综改方案》的良好机遇，充分发挥厦门对台"血缘"优势，以合作、创新和服务为主题，围绕两岸现代服务发展重点，加强台湾产业对接，积极承接台湾现代服务业转移，全面拓展两岸金融合作，扩大对外贸易，探索设立两岸现代服务业和新兴产业合作示范区，实行类似深圳前海、广州南沙、珠海横琴的优惠特殊政策，将合作示范区打造成两岸合作先行区、两岸合作特殊监管区。

(11) 尽快制定厦门综合保税区管理条例。条例必须明确厦门综合保税区的定性、定位，明确综合保税区管委会的管理体制、管理职责。

(12) 加强特殊区域发展的理论研究，为实战探索提供良好的理论指导。重点开展对特殊区域（包括其内涵、外延、规律）、国际贸易（包括产业间贸易、跨国公司、产业内贸易、产品内贸易）等理论的深入研究。探索一、二线差异化管理、区内管理自由便利化模式、特殊区域的税制改革。

借鉴台湾科学工业园区管理模式和经验创新台商自主建设高新产业园区的研究[*]

黄慧玲

一、台湾科学工业园区的发展现状和建设经验

当今世界正处在信息和高科技发展时代,高科技工业园对带动整个国家和地区的技术进步、促进产业升级具有重大作用,已成为新的经济增长点。20世纪80年代以来,我国台湾新竹、台南、中部三个工业园和台北科技走廊等一批专业小型科技园的建设,有效推动了台湾高新技术产业发展,对台湾地区产业经济的贡献功不可没。

(一)新竹科学工业园

新竹科学工业园于1980年12月成立,是全球仿效美国硅谷的最成功科学工业园之一,已成为台湾地区高新技术产业发展的核心基地。新竹科学工业园的建设与发展完全以政府为主导,是台湾地区经济由"出口导向"向"科技导向"转变的重要实践[①]。

1. 发展历程

(1)背景和目的。20世纪70年代以后,台湾工业面临由劳动密集型产业转向升级为高科技产业的紧迫问题。台湾决定借鉴美国硅谷科学工业园的经验,

---

[*] 成文时间:2012年9月。
① 李晔,王舜. 台湾新竹科学工业园区的发展模式及启示. 科学管理研究,2006(3):118-120.

建设台湾科学工业园区，愿景是引进和培育科学工业人才，抢占经济发展制高点，带动整个台湾工业技术的研究与创新，促进经济的转型和升级。

（2）选址。科学工业园最终落户新竹，是因为其具备了创建科学工业园的一些基本要素。新竹具有良好的工业经济基础，基础设施较为完善，并且交通十分便捷。更重要的是，园区周围集聚了很多高等院校，为园区及园区内设的工业技术研究院提供了科技支撑，这一区位优势使新竹成为创建科学工业园的首选之地。

2. 管理模式

新竹科学工业园一直是在当地政府的主导下，有政策、有计划地发展。当地政府不仅是园区的组织和管理者，也是园区开发与经营的直接参与者。当地政府提供科学规划和优惠政策、完备的基础设施建设，以及有效的高级别行政管理，为园区的成功发展奠定了基础。同时，当地政府适时制定和颁布30多项规章，从各方面对园区的运作和管理进行了规范，真正做到"依规治园"。

园区实行的是二级管理体制，在台湾科技主管部门内设立园区指导中心和管理局。指导中心的成员由台湾相关主管部门的副职及一些专家学者共同组成，形成一个跨部门的最高领导机构，管理局则负责日常行政事务，两级管理机构各司其职。

在当地政府的主导下，园区一直坚持"官产学研"通力合作的模式，建立政府引导发展和市场自主配置相结合的良性互动互促体制。当地政府在园区的开发与建设中将重点放在基础环境建设上，而未直接参与高科技研究，长期以来一直支持和鼓励多种成分人才进驻创新技术开发，坚持竞争的多元化[1]。

3. 成功的因素

新竹科学工业园成功地将台湾地区推向信息产业全球第三、半导体产业全球第四的地位，其成功可归纳为以下几点[2]。

（1）政府的服务型管理和研发支持。园区的管理有三大特色：一切行政管理都以为厂商提供高速、优异服务为前提，一切变革都以为投资者提供合理便

---

[1] 钟坚. 台湾新竹科学工业园区的制度分析. 台湾研究·经济，2005（3）：26-30.
[2] 廖建锋，李子和，夏亮辉. 新竹科学工业园的发展状况和成功要素分析. 科技管理研究，2004（5）：84-86.

利为依据，一切管理规章的制定都以有利于园区的发展为基础。

行政部门通过大量的资金和服务的投入为园区创新网络构建了良好的物质基础。行政部门通过设置大量的科技奖项和科技基金，激励园区企业加大研发投入和增强产品创新，形成以行政资本为主导的多元化投资体系。

（2）保持与美国硅谷的联系。不同于以新产品设计和前沿技术开发为取向的硅谷，新竹集中从事半导体芯片和电脑元件的制造与产业化。园区的成功一部分得益于与硅谷建立制度化、不断升级的联系，主动融入硅谷的跨国生产体系之中并成为其重要支撑点，两者分工协作、互为补充。

（3）各种优惠政策。为促进园区发展，当地政府在投资、税收、鼓励研发与创新等方面制定了一系列与保税区无异的优惠政策。一是税收优惠。园区企业进口的自用机器设备、原料、能源、半成品、物料及货物等均免征税；园区货物或劳务外销者免征营业税；在园区内购买厂房及有关建筑物免征契税；园区内企业正式营业头5年免税，头9年内免缴所得税，以后按优惠税率缴纳所得税。二是资金扶持。为发展某些重要产业，新竹以直接投资或优先给予长期优惠贷款等财政金融手段对园区企业予以扶持。此外，园区还拿出大量资金资助企业进行技术创新，资助额最高可达开发所需经费的一半。三是土地厂房让利。园区内建设了规划完备的设施和厂房，并以低廉的价格出租给厂商。被认定为对科技有特殊贡献的工业投资可减免土地租金5年。

（4）大学和研究机构提供了可靠的知识和技术支持。高科技产业成功的关键因素，不仅要有密集的创业基金，还需要知识和技术的支持。在新竹科学工业园内有多所高校、工业技术研究院以及6个高级实验室。它们为新竹科学工业园注入了研究的活力，提供了丰富的科研成果，成为园区向前迈进的主要动力之一。特别是1973年成立的工业技术研究院，通过联合开发或被授权进口关键共性技术，与新竹科学工业园内的企业进行合作，吸收、消化新技术，最终带动产业的升级。并且，工业技术研究院陆续将研发成果、实验室、研发团队等移植到公司，进一步促进了园区的发展。

（5）吸收岛内外优秀人才到工业园内创业。新竹科学工业园大力引进高技术人才，特别是吸引留学生等回岛创业。园区内制定了积极的人才政策，如允许科技人员以其专利技术作为股份投资，其作价最高达投资的25%。为留住人才，园区较早地吸收并采取了美国员工持股制度。正是这些高素质的人才，托起了新竹科学工业园发展的高起点、高速度和高效益。

（二）南部科学园

20世纪90年代中期，南部科学园（简称南科园）成立，作为新竹科学工业园的延伸与发展，形成了南北相对应的两大工业园。南科园的最大特点是成功打造产业聚群，而产业聚群的形成又离不开当地政府的支持与积极干预。目前，南科园已初步形成了半导体、光电、生物以及绿色能源等产业聚群[①]。

通过旗舰企业进驻引发产业群聚效应是南科园产业群聚的主要方式。主轴产业的龙头公司或大型旗舰企业入驻，带动周边产业以及供应链或卫星工厂的进驻。例如，南科园的光电产业最早是由奇美电子开始，带动康宁光学玻璃进驻，投资兴建玻璃熔炉，使南科园光电产业获得有利的发展基础。之后，奇美积极洽谈日本厂商来台投资，日系厂商如日东国际、顶正科技、协臻光电等先后进入南科园，同时也吸引岛内其他光电企业前来投资，使南科园光电产业在短短两三年内产生了群聚效应。

（三）中部科学园

中部科学园（简称中科园）于2002年成立，园区分布于台湾中部的台中市、彰化县及云林县三地。初期有友达光电等国际性科技大厂进驻，目前已达150多家厂商。园区采用公共工程与自建厂房同步开发、同步营运的建设模式。

台湾将科学工业园区作为促进产业升级与区域发展的工具，南科园和中科园延续新竹园区成功的经验，对台湾地区产业经济的贡献功不可没。

（四）专业小型科技园

以台北科技走廊专业科技园为代表的大量专业小型科技园，也是台湾科技园区体系的重要组成，其中不乏"小巨人"园区[②]。

1. 典型园区

（1）台北南港软件园。园区采用BOT（建设—经营—转让）的运作模式，

---

① 彭莉. 台湾南部科学园区的产业群聚及其经济效益分析. 中国科技论坛，2010（11）：92-97,135.

② 丁明磊，刘秉镰，庞瑞芝. 台湾新竹与内湖科技园区发展模式比较研究及经验借鉴：基于区域创新网络视角. 中国科技论坛，2011（5）：91-96.

其中一期由开发商直接将土地连同建筑物出售并在半年内销售完毕，二、三期采用租售并行，土地租金实施"006688"（前两年免租、后两年六折、再后两年八折），20年后完全拥有土地、房屋产权，并由专业物业管理公司负责园区的全方位维护与服务。

（2）台北内湖科技园区。这是台湾地区第一个由民间资本投资建设、行政部门发挥产业杠杆调控和进驻政策扶持而快速发展起来的高科技园区。园区目前已有全球知名的光宝、仁宝、明基等26家企业营运总部和12家研发中心入驻，共计进驻厂商超过3 300家，从业人员达9万多名。园区近5年的营业额以每年近130%的速度增长，是台湾企业营收最高的科技园区。其产业发展重点为企业营运总部和资讯、通信、生物技术研发设计中心。

内湖科技园区是地方行政部门与厂商共同合作，带动内湖周边地区发展的典型。内湖科技园区原始规划目的是集中市内违建工厂以减少城市发展的障碍，但由于区位与成本的优势，吸引了许多科技企业总部与厂商进驻。台北市行政部门因势利导，利用都市计划方式，弹性开放土地使用分区，使得企业在发展过程中获得充分的支持，从而聚集了制造业、信息、通信、生物科技等高附加值的产业，促进了区内产业发展。

（3）高雄软件科技园。由台湾经济主管部门与开发商签订开发契约及土地租约，由开发商建造，并由经济主管部门负责招商，进驻企业向房产商购买房产（约每平方米5万元新台币），向政府交纳土地租金（约每月每平方米22元新台币）。入驻企业除可以享受经济加工出口区租金和税收的优惠外，还能得到高雄市的多功能经贸园区奖励政策扶持。

2. 园区特点

（1）小规模的科技园区一样能有大的产出。三个重点科技园区规模都不大，但其单位产出却是惊人的。其中南港软件园2007年产值达1 774亿元新台币，单位产出达14.4亿元新台币/亩；内湖科技园2007年产值达27 078亿元新台币，单位产出为10亿元新台币/亩。

（2）选址很关键。南港软件园和内湖科技园区处于台北科技走廊的核心区，位于台北中心城区的边缘，高雄软件科技园则在高雄的市中心，这些园区的商业服务、文化教育、交通网络、基础设施配套都十分完善，生活成本又低于中心城区，适宜人居与工作，容易集聚人才。

(3) 社会投资与政府投入相结合。台湾的建设投入机制十分灵活，内湖科技园由当地政府和民资共同投资建设，南港软件园由东元集团投资建设，高雄软件科技园则是由台湾经济主管部门与开发商合作共享的创业载体。其灵活的投资方式，完全消除了政府投入的障碍，降低了当地政府投入成本，取得了良好的产出效果；其前端的产业规划，充分挖掘、利用社会力量，高品质、高起点的规划建设，创造出高质量的硬件设施，提供人性化的先进的管理服务，从而集聚高品质的入驻企业，大大提升了园区的单位产出；其房租、土地、税收等方面的优惠政策，进一步优化了地区投资软环境，使企业"愿意来、留得住、发展好"。

（五）台湾科学工业园区建设经验总结

纵观台湾科学工业园区的建设、发展情况，可归纳为九点成功经验，其对厦门高新技术产业园区建设具有很大的指导意义。

(1) 政府服务型管理和研发支持，形成以官方资本为主导的多元化投资体系。

(2) 保持与美国硅谷的制度化、常态化联系，融入硅谷的跨国生产体系。

(3) 科学选址。与高校、产业集聚区、生活区距离适中，既便利，开发成本也较低。

(4) 各种优惠政策。与保税区无异的优惠政策，园区内企业正式营业头5年免税，头9年内连续免缴所得税，以后每年按优惠税率缴纳所得税。某些重要产业，新竹以直接投资或优先给予长期优惠贷款资助企业技术创新开发。

(5) 高校、工业技术研究院等提供知识和技术支持。

(6) 大力引进高技术人才，特别是吸引留学生和华侨科学家回岛创业。允许科技人员以其专利技术作为股份投资。吸收并采取了美国的员工持股制度，极大地调动、挖掘了高技术人才的积极性。

(7) 借鉴硅谷经验建立了完善的法律体系，保护创新创业。

(8) 不仅有综合性、大规模的园区，而且重视建设小规模的专业科技园区，形成互补，实践证明小规模的科技园区一样能有大的产出。

(9) 社会投资与政府投入相结合，灵活的投资方式降低了政府投入成本。

二、台湾科学工业园区的成功建设的启发

(一) 政策环境方面

台湾新竹科学工业园之所以能取得成功，主要是在政策规范方面做得较好。台湾在科技产业发展过程中，特别是在技术转移和知识产权保护上进行了大量的政策调整，如制定专利权及专门技术作为股本的投资办法、制定促进产业升级的条例等。在科学工业园区的建设上能够做到适时制定和完善有关规定，做到"依规治园"。良好的政策环境是台湾科学工业园区成功的基本保障。

(二) 产业生态方面

台湾科技产业经过几十年的发展，在IC、光电等领域处于世界先进水平，在先进应用技术研发和专业制造上优势明显，为世界第一的芯片代工地。近年来台湾加强原创研发设计，进军产业链的高价值环节，而制造业则积极转移以降低成本。新竹在晶圆代工以及个人电脑产业的突出表现得益于产业发展初期硅谷厂商的技术转移。台湾在技术上具有优势的产业一般都先在岛内发展，待成熟与利润下降后，才逐渐向其他地区转移，在岛内又开始新一轮产品升级换代。

台湾拥有众多高校、行业发展中心和行业协会，尤其是工业技术研究院，金融、研发、物流等生产性服务业极为发达。科技园区成功集聚了各方科技资源，为科技产业发展营造了良好的生态环境。

科学、合理、优异的生态环境是台湾科学工业园区成功的关键。

(三) 管理模式方面

1. 管理机制

台湾科学工业园区管理机制的主要特点是：高规格，组织结构合理、高效，建设与管理体制形式多样化，明确规定园区由科技组织主办，通过政策与计划来推动设立。台湾科技主管部门下设园区指导委员会，1980年成立了科学工业园区管理局，新竹科学工业园的工作由园区指导委员会和园区管理局共同筹划。园区指导委员会负责有关园区宏观重大问题的决策，并对园区建设和运行事宜

进行沟通和处理，园区管理局负责具体规划和日常业务管理。

台湾科学工业园区实行的线性垂直领导制是园区良好发展的重要支撑[1]。

2. 行业组织作用

台湾始终重视行业组织在园区管理中的作用。例如，新竹科学工业园同业公会成立于1983年，随着园区的发展，政府把越来越多的管理职能逐渐转移到园区同业公会等行业组织，从园区同业公会提供的服务项目来看，同业公会已有"协助拟定特定工业区之工业政策及规章，协助防止工业公害，协助工业区之规划与筹建，持续办理各项专业教育训练及讲座，关于园区内外工业之调查、统计、研究、改良及发展事项，关于原料来源之调查及协助调配事项，关于技术合作之联系及推进事项，关于会员业务状况之调查事项"等职能。台湾园区行业组织的作用发挥，有效提高了园区的规范化管理，建立了产业之间、企业之间的协同工作制，进而提高了效率。追求实效的管理模式是台湾科学工业园区成功的基础。

三、台商在厦自主建设高新产业园区的关键要素探讨

遵循《厦门市深化两岸交流合作综合配套改革试验总体方案》的精神和部署，厦门先行先试引入台商在厦自主开发建设高新产业园区（简称厦门台商高新产业园区）。通过创新高新技术载体建设模式，推动新一轮的两岸科技产业合作，汇集两岸科技力量，探索两岸互动、优势互补、相互促进、共同发展的两岸科技合作新模式；依托产业园区，打造两岸产业深度对接集中区；通过更合理的制度设计、更宽松的环境营造、更有效的资源配置，吸引更大范围的资金与技术的流入，引入先进的管理理念和经验，将厦门台商高新产业园区建设成为产业生态环境优异、体制机制灵活、文化交汇融合、创新活力强、可持续发展的两岸合作的科技园区的成功典范。为此，本文对产业园区建设的关键要素进行探讨[2]。

---

[1] 谢兵，毛小岗. 我国台湾新竹园区与我国大陆政府主导型管理模式比较. 中国科技论坛，2003(5).

[2] 徐天真，阮如舫. 创意园区经营模式探讨：以我国台湾地区为例. 中国房地产，2011(12)：52-56.

（一）独特的对台区位

厦台一水之隔，两地文化一脉相承，方言、习俗相同，经贸、旅游、文化交流、人员往来十分活跃，有近10万台胞在厦门工作生活。厦门是台商投资大陆最集中的地区之一，也是两岸经贸交流最密集的地区之一，还是台胞进出大陆最便捷和人数最多的口岸之一。厦门已成功举办"海峡论坛"，打造了"文博会""图交会""农渔业论坛"等重要两岸交流合作平台，先后获批两岸冷链合作试点城市、国家级对台科技合作与交流基地等对台科技、农业交流合作基地，先行先试，着力建设对台创业创新载体。厦门财政投入科技专项资金3.3亿元建设"厦门台湾科技企业育成中心"，目前在孵企业250余家。厦门两岸贸易中心累计进驻台湾商协会及企业96家（其中台湾商协会19家、企业77家）。台湾水果销售集散中心吸引了约30家台商，台湾水果进口从无到有，2014年厦门进口台湾水果2万吨，连续7年成为大陆最大的台湾水果集散地。大嶝对台小额商品交易市场——台湾免税公园建筑面积约8万平方米，投资2.8亿元，入驻两岸商家500多家，经营台湾商品上万种。

随着《海峡两岸经济合作框架协议》（ECFA）的生效，中国（福建）厦门自由贸易试验区实施方案以及国务院批准实施《厦门市综合配套改革试验总体方案》，厦门作为两岸交流合作的前沿阵地，充分利用地理区位优势，以加快转变经济发展方式为主线，以深化改革开放为动力，积极打造两岸科技生产要素配置最优、协同创新最紧密、融合创业最活跃、直接往来最便捷、科技人员生活最温馨、生态环境最优美的高新产业园区。这将对两岸科技产业合作与深度对接起到更加重要的作用，产生更加深刻的影响。

（二）政府作用

1. 环境建设

正确处理政府力量与市场力量之间的"度"，既要充分发挥政府的引导作用，又不能牺牲个体的主动性和灵活性。政府的作用不可或缺。一是园区的规划、基础建设需要政府参与。二是园区发展需要良好的软环境，如优惠政策、金融环境、法制环境、智力环境等，政府在这方面的作用主要在于创造平等竞争的环境，制定鼓励创新、吸引人才和鼓励人才流动的政策，以及对知识产权切实依法保护，等等。同时，对基础科研、人才培养等方面增加投入。通过政府财政资金的引导，调动社会、民间的力量，制定更开放、宽松的资本市场管理制度，吸引鼓励金融、风险投资界，社会、民间资本投入高科技领域，形成多元化的科技产业投入体系。合理界定大学、科研机构、企业、社会中介、个人等的定位和角色功能，一方面推进两岸科技成果转移、交易，另一方面增强厦门对科技成果的承接和转化为生产力的能力，实现多方协作和共赢。

2. 机制建设

在政策支持上，"两岸合作"的战略定位客观上要求园区具有较高的自由度；在区域管理方面，可以借鉴台湾科学工业园区的成功经验，广泛引入市场化经营机制，并采用风险管理方式；在协同组织方面，推动建立制度化的联系，形成与台湾科学工业园区的产业分工合作机制，使得与台湾的信息沟通、知识技术传递畅通无阻。

此外，还要进一步营造促进高科技产业发展的法律环境，完善决策机制、执行机制、协调机制，形成有利于厦门台商高新产业园区超常规发展、相对独立的管理机制。

(三) 园区运作模式

厦门台商高新产业园区的运作模式应是两岸合作、有创新的特殊合作模式。

1. 运作模式选择

基于厦门台商高新产业园区开发建设的视角，同时立足现状，建议选择下列三种模式之一：

(1) 台商自主开发建设模式。由市政府提供一块"七通一平"的熟地，然后由入驻园区的台商自主开发建设园区内部的各项基础设施，建设各类厂房，包括通用厂房和量身定制的厂房，或由入驻的科技厂商自建厂房，并由入驻园区的台商自主招商、自行运营和管理，厦门方面提供园区外相关配套服务和政策支持。

(2) 台商自主招商运作模式。由市政府划拨一块特定的科技产业园区用地，然后由国有企业开发建设园区内部的各项基础设施，盖好通用厂房和量身定制的厂房，打包交给入驻园区的台商进行招商、运营和管理。

(3) 各行政区主导的运作模式。市政府指导并根据各个行政区的基础、产业、人才优势等因素规划各区重点发展的不同特色产业，各个行政区依据市政府的全局规划对台商高科技产业园区进行招商引资，形成各区不同特色的厦门台商高新产业园区，并提供相关配套服务和政策支持。

2. 运作模式的基本内容

厦门台商高新产业园区应在充分运用各种特殊政策的基础上，跨越体制上的障碍，真正向产业深度对接的方向发展。

（1）多元化的业务功能。作为与台湾高科技产业对接的重要创新载体的厦门台商高新产业园区，其功能应涵盖科技产品研发设计、生产、加工、装配、采购、分销、配送、检测、服务维修、展示等，在形式上接近台湾科技园区的功能模式。

（2）探索性的政策机制。产业园区的运作模式应可覆盖经济特区所有税收和外汇政策，并在政策机制上有所创新。

（3）创新型的管理体系。产业园区应以"运转高效，力求精简"为准则，无论是台商自主运营管理，还是各区自主招商管理，相关服务部门应形成统一、配套、协调、高效、精简的管理服务机制，以解决政策法规滞后的问题，逐步建立新型的管理服务体系。

（4）高科技产业的重要平台。厦门台商高新产业园区的目标应是发展成为综合性的生态环保、节能减排、绿色建筑、循环经济等技术创新和经济推广的平台，现代高科技生态型产业基地，"资源节约型、环境友好型"的宜居示范新区，并作为台湾高科技产业投资大陆的重要跳板。

（四）园区功能定位

厦门台商高新产业园区的开发建设，应进一步发挥比较优势，按照中国（福建）厦门自由贸易试验区实施方案以及《厦门市综合配套改革试验总体方案》的具体要求，紧紧围绕建设"集中区"、"先行区"和"示范区"的目标，通过完善政策和服务体系，在对台招商引资上先行先试，全力构筑两岸高新技术产业对接的集中区；在对台政策创新上先行先试，全力打造两岸生产要素交流合作的先行区；在深化改革和管理服务上先行先试，全力构建两岸制度融合的示范区，使其成为全国最具特色和活力四射的两岸科技人员的创业乐园、科技型中小微企业的聚集区、高新技术产业高地。

1. 主要措施

（1）加大招商引资力度，扩大利用台资规模。密切跟踪台湾高新技术产业发展动态，密切与台湾相关行业协会、企业的联系，着力引进台湾新兴的科技产业。

（2）完善科技服务机制，提高利用台资水平。注重引进台湾生产性服务业中的先进技术、管理经验和智力资源。加强对产业技术创新服务平台建设的指导，在资金、技术、人才等方面给予必要支持，切实增强服务功能。

（3）建设两岸产业合作的特别试行区。鉴于ECFA是两岸之间关于经济贸易合作与一体化发展的总体框架协定，双方在此框架下，除已完成投资保障协议外，还要分别进行争端解决机制、服务贸易、商品贸易等协议的商签，厦门台商高新产业园区作为两岸产业合作的一个特殊区域，可在此过程中，在某些领域进行先期探索和实施。如在台湾高科技产业市场准入等方面争取更多的政策支持。

（4）优化投资软环境。提高行政效能和办事效率，率先实行审批管理"零收费"制度，构建服务型行政体系。强化经济调节、市场监管、社会管理和公共服务的职责，营造亲商、安商、富商的良好氛围。进一步建立健全涉台法律法规，为台胞投资兴业、交流交往提供便利服务和法律保障。

（5）建设两岸技术交易和转移新机制。利用自贸区政策，成立两岸技术交易和转移中心，内设技术交易市场、技术评估中心等专业机构，建立多元的投融资体系，促进两岸技术、资本等创新要素自由流动、聚集和融合；引进台湾先进的技术成果来厦落地转化，创办科技企业；建立适用于两岸的知识产权保护管理制度，推动两岸技术创新成果商品化。

（6）全面实施两岸知识产权经济发展试点工作。出台《厦门市开展两岸知识产权经济发展试点工作方案（2015—2020年）》，深入开展全国唯一的两岸知识产权经济发展试点工作。围绕壮大知识产权经济市场主体、建强知识产权经济重点平台、优化支撑体系三个方面建设，创建知识产权金融服务体系、搭建专利流通平台、做强知识产权基地、实施专利创业就业工程、开展专利增量提质和运用专项行动，为产业园区入驻企业发展提供金融支持、专利流通转化服务。

2. 打造园内示范工程

(1) 打造"两岸青年创业创新创客基地"。以财政投入为引导，吸引社会资本在园区内设立创新创业空间，吸引两岸有志创业人员来厦创业。打造全国首个"两岸青年创业创新创客基地"，成为两岸青年交流合作的重要平台、两岸青年创业就业的一流基地、展现自贸试验区两岸交流合作成效的重要窗口。重点发展文化创意、电子商务和跨境电商、物联网和为自贸试验区航运物流、金融贸易配套服务的服务业新模式、新业态。

(2) 打造"新兴产业和现代服务业特区"。优先对台放宽新兴产业和现代服务市场准入，允许台商在厦门以独资或控股形式，投资会议展览、商贸服务、专业服务、文化服务、教育培训、社会服务等领域；允许台湾科技产业领域主体设立分支机构，支持台湾企业、高校、科研院所、行业协会及其投资主体创办各种形式的研发机构、实验室；举办两岸新兴产业创业投资论坛，营造两岸优势互补、联合创新创业的氛围，承接新兴产业和技术成果转化、落地。

四、厦门台商高新产业园区的产业选择

高科技产业是一个地区现代化程度的重要标志，是反映一个地区综合实力的重要内容，同时也是实现经济可持续发展的重要力量。根据台湾高科技产业的发展现状，结合厦门高科技产业的发展条件和未来规划，厦门台商高新产业园区应选择下列与厦门现有优势产业关联性强或市场潜力大和附加价值高的高新技术产业领域作为重点发展产业，形成两岸高科技产业优势互补的良性发展局面。

(一) 电子信息产业

电子信息产业是目前厦门市的支柱产业之一，也是企业最多、产值最高、配套设施最全的一个行业，形成了以计算机、通信、数字视听、手机、电器为主导的产品结构，较具优势的领域主要包括电脑、通信设备、家用视听设备与电子元器件，尤其是在通信设备与电子元器件方面优势明显。厦门市光电产业发展势头强劲，正向支柱产业迈进，以平板显示、太阳能光伏、LED（发光二极管）为主。其中，平板显示产业集中度高，有承接海外 TFT-LCD（薄膜晶体

管液晶显示器）产业转移的集群优势。台湾电子信息产业以半导体、光电和软件设计为主，有完整的 IC 设计、制造与封装测试的半导体产业链，在这些领域厦门与其相比相对落后，多数处于产业链的低端环节，且产值约有 80% 为台港企业和外资企业创造。因此，厦门台商高新产业园区可重点引进台湾半导体产业的设计、制造与封装测试，光电产业的高端制造部分，通信产业的核心部分，推进高可信计算、智能网络技术、云计算等技术应用，并大力发展信息服务业，形成以信息技术引领产业升级的重要基地。

（二）装备制造业

厦门装备制造业以装载机、叉车、发电机、电动机、输变电及控制设备、照明器具等产品为主，是厦门市的支柱产业。台湾装备制造业在模具、电子生产设备、塑料机械、木工机械、切削机床、成型机床等领域具有世界级水平，且民用装备制造业较为发达，食品加工、农产品加工、木材加工、塑料加工、纸品加工、纺织加工等轻工业相关机械装备发展迅速，在机械产业升级过程中，不但没有被淘汰，反而通过技术创新、改进工艺等方式焕发新的活力，使台湾轻工业相关装备制造在世界舞台上占有重要位置。但台湾市场狭小，发展空间有限，要保持在国际上的长期领先地位，必须向外扩张和转移。厦门台商高新产业园区可将台湾精密仪器制造业和与加工业配套的装备制造业作为引资重点。

（三）绿色产业

从绿色产业生命周期理论推论，目前，太阳光电、LED 和风力发电产业处在高速成长期，其他产业大多在产业生命周期的导入期，包括绿色农业、绿色建筑、生物燃料、新型燃料电池、智能电网及新能源汽车产业等。台湾在 LED、绿色农业、节能设备、水处理等方面的发展具有一定的优势。随着国际绿色产业的市场规模日益扩大，绿色产业的发展潜能将得到不断释放，两岸绿色产业的发展展现出美好的前景。

厦门台商高新产业园区引进台湾绿色产业具有地域优势、政策优势，有实现深度整合、共同发展的充分条件。厦门台商高新产业园区能够为台湾提供广阔的市场腹地和纵深的生产基地，可作为台湾绿色产业进入大陆市场的跳板。

（四）生物医药产业

台湾生物医药产业主要有生物技术、制药、医疗器材三大类，扩及农业、食品、医疗保健、环境资源和材料化工等领域。目前无论企业规模还是技术水平，都离岛内支柱产业相去甚远，发展前景也充满变数。厦门生物医药产业经过"十五""十一五"的培育发展，2013年累计实现工业总产值210.12亿元。同时，成功研制了一批具有民族特色、拥有核心自主知识产权的创新产品，为未来发展储备了力量。两岸生物医药产业发展各有优势，双方合作前景非常广阔，尤其是医药产业。大陆中药材资源丰富，基础研究工作扎实，而台湾在中药材科学、企业管理方面具有优势，具备一套完整的源头管理机制和产品追踪制度，严格量化重金属含量等标准。因此，双方可充分发挥各自优势，将资源优势和管理优势相结合，协同创新，集聚发展，形成产业链，使厦门台商高新产业园区成为引领生物医药产业发展的重要平台之一。

（五）工业设计及研发服务业

研发是科技产业高值化的核心。台湾的工业设计、研发服务、技术开发等高科技服务业具有一定实力。台湾原是世界最主要的代工地之一，后来代工模式逐渐由OEM（代工生产）发展成ODM（委托设计代工）甚至OBM（自有品牌生产），推动了台湾工业设计水平的提高。特别是在工业品后期设计，包括外形、细部设计等方面，台湾具有较强实力和价格优势。为了节约成本，世界上不少大厂都将工业品的后期设计委托给台湾公司完成。工业设计业是厦门"十二五"规划中重点发展的领域，也是厦门相对薄弱的行业，以厦门台商高新产业园区为载体引进台湾优质的工业设计企业来厦将为其带来巨大的发展空间。

台湾研发服务业发展有一定基础，每年申请的专利数都名列前茅。随着两岸经贸关系的加深和厦门引进研发机构扶持政策力度的加强，台商已经表现出对在大陆设立研发机构的极大兴趣和初步动向。

事实上，两岸在研发资源上各具优势。台湾在累积丰富生产经验与管理技能、互动良好的产研（产学）合作关系、市场信息、科技管理人才等方面表现较优；而大陆在基础研究能力、相对低成本的研发人才等方面较具优势。台商在其两岸产品研发布局中，本岛的研发活动倾向于外围产品、针对国际市场的产品和处于发展阶段的产品，在大陆的研发活动则偏向于传统产品、针对大陆内需市场的产品和成熟阶段的产品,也就是说两岸逐渐建立起新的研发分工关系。

以厦门现有的产业基础和科技实力,要吸引台湾企业到厦门台商高新产业园区设立研发中心,首先应选择适宜的产业切入口。厦门在光电产业和生物医药产业两大领域具有一定的实力,而这两大产业也是台湾的优势产业,应作为吸引台商投资研发服务的重点领域。一方面,要加强这两大领域的人才培养和招揽,扩大与台湾高校和科研机构的交流与合作,设立专门研究机构,培养专业人才,并将这两类人才作为急需人才重点引进;另一方面,对投资研发中心的服务企业给予奖励,如按投资额的一定比例抵扣税费。

五、厦门台商高新产业园区的政策建议

厦门台商高新产业园区的具体政策,就是要积极探索新路径,努力打造新模式,建立一整套适应科学发展、体制创新和两岸区域合作的全新政策机制。

按照厦门市岛内外一体化发展的规划,编制厦门台商高新产业园区的总体规划,通过科学合理的规划,进一步优化园区的空间布局,引导科技企业向园区集聚,促进资源有效配置和高效利用。在推动产业园区开发建设中,应创新理念,建成台湾在大陆自主开发建设科技产业园区的典范。厦门台商高新产业园区的政策建议主要包括准入政策和优惠政策两方面。

(一)准入政策

1. 符合国家和园区的高科技产业政策

进入园区的高科技企业应具有下列条件之一:(1)获得生产发明专利、实用新型专利、先进科技成果并具备转化能力的科技企业,或有志创业的台湾科技人员;(2)拥有高新技术产品的科技企业;(3)台湾三大科技园区内的科技企业;(4)环境友好型、资源节约型和高新技术领域的科技企业;(5)产品附加价值高的科技企业;(6)新产品出口创汇、替代进口量大(或潜力大)的科技企业。

2. 符合园区投资技术水平含量标准

厦门台商高新产业园区应突破制约生态科技产业园发展的技术瓶颈,不断

提高单位资源消耗产出水平，完善循环经济产业体系。因此，园区的投资技术水平含量应包括：有普遍推广意义的资源节约和替代技术、能量梯级利用技术、延长产业链和相关产业链接技术、"零排放"技术、有毒有害原材料替代技术、回收处理技术、绿色再制造技术以及降低再利用成本的技术等。

产业园区要创新发展科技服务，鼓励在园区内建设技术转移平台和创业投资平台，设立技术评估、产权交易、成果转化等各类专业化服务的科技服务机构，而且支持其开展研发及工业设计、分析试验等服务，加快产业技术转移和创新成果转化。同时，支持企业组建各种形式的战略联盟，在关键领域通过技术攻关研发具有自主知识产权的核心专利和确立技术标准。

3. 符合园区投资强度和产值规模的规定标准

厦门台商高新产业园区的企业每万平方米投资强度要达1 000万美元以上，包括土地费用、自建厂房、机械设备、流动资金等总投资；每万平方米产值规模在正式投产后初期达到5 000万美元，远期达到1亿美元。

4. 符合园区环保和安全标准

厦门台商高新产业园区应按生态科技产业园的标准建设。从生态系统的角度看，园区应是一个生物群落，存在着资源、企业、环境之间相互依存、相互作用关系。同时，园区企业群落中还应伴随着资金、信息、政策、人才和价值的流动，从而形成一种类似自然生态系统的生态产业园区。一方面，区内企业要按照循环经济的理念和生态工业的要求进行投资，以形成上下游企业的相互依存关系；另一方面，要部署"静脉产业"，即园区产业链应包括资源回收利用以及废弃物无害化处理的分解产业，使园区形成"自然资源—产品—再生资源"的循环经济闭合环路，并为园区中的制造企业提供可再生的原材料，以解决内部信息不对称的问题，搭建起连接供需双方之间的信息桥梁。

（二）优惠政策

1. 健全投资开发建设机制

对入驻厦门台商高新产业园区的开发商或运营商，提供更加优惠和便利的投资环境，形成有利于园区开发建设的投资机制。

（1）财税支持政策。市区政府对园区建设给予专项补贴，由政府建设园区内交通、电力、通信等基础设施，对带宽达到100Mbps以上的互联网接入，按照年宽带资费的50%标准给予补贴。鼓励园区建设商、运营商或区内企业建设提供研发集成、采购商务、国际贸易、加工制造、检验检测、仓储物流、增值分销、供应链金融服务等的集成服务公共平台，市财政按平台年度实际运营成本的40%予以奖励，单个平台奖励最高可达500万元；对平台运营机构出资购置提供公共服务的软件、开发工具和单台（套）价格2万元以上的设备给予50%的补助，进行更新改造、购置服务设备和设施的项目，按项目投资额的30%给予补助，单个项目补贴额最高可达500万元；平台经认定获得国家级、省级公共服务平台的分别一次性奖励50万元、30万元。

（2）融资支持政策。广泛利用各类媒体、座谈、培训等形式，对园区内企业进行政策解说、咨询互动，提升其对政策的知晓率。实施靠前服务，升级网上申报系统，设置双重提示和优惠校验，让符合条件的园区企业自动享受税收优惠。开展动态跟踪，在每个征期对未享受优惠政策的企业进行电话、短信或面对面温馨提醒，确保每家企业"应享尽知"。对园区投入给予政府引导基金扶持，按照运营公司资本额的30%进行阶段参股，同时，对银行的资金扶持给予3年的融资贴息补贴。提高国有政策性投资资金风险容忍度至20%。依托厦门市两岸股权交易中心，支持创投、众筹、咨询、中介、创业辅导机构等进驻为园区内企业提供融资、融智、融资源服务，鼓励非上市企业特别是上市后备企业到区域性股权交易市场挂牌、登记。支持符合条件的园区建设商、运营商等成立小额贷款公司，并支持其在境内外资本市场上市，或在区域性股权交易市场挂牌；监管评级合格的小额贷款公司可开展同业拆借、资产收益权转让、发行私募债等业务；小额贷款公司呆账核销、抵债资产管理、风险准备金提取等财务行为执行金融财务管理制度。给予小额贷款公司贷款服务风险补偿，以上一年度小额贷款公司贷款余额为基数，对年度新增的贷款额予以最高可达0.3%风险补偿。

（3）土地优惠政策。赋予灵活的土地政策，增强载体功能，为吸引台湾科技项目的落户创造条件。厦门台商高新产业园区的建设用地指标由市政府单列解决，一次性下达，封闭运作。对于园区用地实施优惠价格政策，在现有工业用地价格的基础上，给园区开发商七折优惠，或采取五年税收返还地价和建设成本的政策。

（4）项目鼓励政策。简化台资项目审批内容：涉及国家产业政策持股比例要求的，放宽为允许台商控股；对台湾大企业在区内投资的项目给予倾斜；对于不需要国家宏观调控的项目由地方主管部门自行审批，如涉及国家宏观调控的项目，可采取个案审批，优先安排；台资企业由经营地相关管理部门审批后，在当地工商部门登记即可执业，进入其他城区执业无须再次审批。

2. 提供一流的经营环境

（1）增强园区综合服务功能。企业可享受园区公共技术平台提供的专业服务，包括研发、小试、中试等。放宽园区服务业领域的市场准入条件，吸引台湾企业来园区内设立地区总部、配套基地、采购中心、物流中心、营运中心和研发中心。台湾经济行业公会以及公司、企业和其他经济组织，经批准可在园区内设立办事机构；台湾科研机构、大专院校经批准可以设立科研分支机构和科研示范基地；台湾同胞投资者在企业内部设立研发中心，可按增设分支机构或增加经营范围的形式予以核准登记。

（2）实行优惠的商品贸易政策。对区内高新技术产品出口率先实行全额退税，逐步扩大全额退税产品范围；将对台贸易人民币结算试点扩大为国际贸易人民币结算试点；对厦台贸易实行税率优惠，对双方商定的商品，只要符合原产地规则，可享受比规定更加优惠的低关税甚至零关税；对互补性较强的商品项目适当减免关税，试行部分科技产品进口零关税政策措施；鼓励、促进台资企业产品返销台湾，或利用台湾、金门等地区进行简单加工、包装，出口至国际市场；对台湾出口至高新产业园区的产品采取直通放行，即经产地相关机构检验检疫合格后，直接签发通关单，企业无须在口岸二次申报。

3. 创新园区人才工作机制

（1）吸引台湾专业人士政策。台湾地区专业人士来厦门台商高新产业园区创业的，享有一定的优惠待遇：台胞以其拥有的专利、专有技术等科技成果作价出资入股的，科技成果作价金额占注册资本的比例不受限制；进入园区创业的台湾科技人员享受各项优惠待遇和一定面积的经营场地租金减免，获得创业扶持资金的股权投资支持；设立研发中心、企业技术中心、工程研究中心等技术研发机构，经认定可以按当地相关规定给予补助；进入区内企事业单位博士后科研工作站从事博士后科研工作的台湾博士，经当地人事行政部门核准享受一定的补助；从事科研、高新技术成果转化的产业化活动，以及鼓励发展的新兴产业、具有技术领先和良好市场潜力的项目，可以获得科技创新等专项资金支持；符合当地急需紧缺人才引进目录条件的台湾专业人士，按照当地引进人才政策规定享受优惠；将台湾专业人士纳入厦门"海纳百川"人才计划，大力引进台湾高层次人才；两岸学历和技能人员职业资格在园区内均认可，促进两岸人才互相流动。

（2）建设两岸同胞融合示范区。实行台胞享受居民待遇政策，鼓励台湾同胞自由置产置业、就学就业、居住，享受与本地居民同等的待遇，包括社会待遇和政治待遇，鼓励常住台胞融入社区生活，参与社区服务，支持在当地投资、工作、生活的台商、台湾专业人士和优秀人才担任人大代表或政协委员；在园区投资就业的台湾同胞可按照当地城镇职工标准参加社会保险；在园区投资就业的台湾同胞及其家属在医疗、卫生和保健等方面享有与当地居民同等待遇。

两岸交流合作背景下的厦门市创意设计产业集群发展策略[*]

尚光一

文化创意产业是当今世界最具前景的朝阳产业之一,不同国家对其有着不同的界定,例如英国、新西兰、新加坡等称之为创意产业,美国、加拿大、澳大利亚等称之为版权产业,法国、德国倾向称之为文化产业,日本、韩国则称之为内容产业。在我国,《中共中央关于制定国民经济和社会发展第十个五年计划的建议》正式提出了"文化产业"这一概念。2012年,国家统计局发布了《文化及相关产业分类(2012)》,从所列出的文化及相关产业可以看出"创意"是其必不可少的核心元素。在实践中,为了强调当代文化产业所负载的"创意"特质,一般在具体使用时将其称为"文化创意产业"。各国都高度重视文化创意产业的发展。正如英国文化创意产业学者霍金斯指出,全世界文化创意产业每天创造产值达220亿美元,并每年以5%的速度递增,在一些国家,增长的速度更快,美国年增长率达14%,英国为12%[①]。我国也高度重视文化创意产业的发展,党的十八大报告提出,要使文化产业成为国民经济支柱性产业。特别是,我国非常重视文化创意产业集群的发展,党的十八届三中全会审议通过的《中共中央关于全面深化改革若干重大问题的决定》指出,要推动文化企业跨地区、跨行业、跨所有制兼并重组,提高文化产业规模化、集约化、专业化水平。

就厦门市创意设计产业集群的发展条件而言,一方面,福建省、厦门市文化创意产业的整体状况为厦门市创意设计产业集群发展提供了良好的业内氛围。

---

[*] 成文时间:2012年10月。

[①] HOWKINS J. The creative economy: how people make money from ideas. Anen Lane: Penguin Press, 2001.

福建省提出，2016 年实现文化产业增加值占 GDP 比重 8% 的目标，使文化产业成为支柱性产业[1]。厦门市自身的文化创意产业也有着良好的发展基础。厦门市统计局数据显示，2014 年上半年厦门市文化创意产业实现主营业务收入 387.82 亿元，拥有资产 827.72 亿元，吸纳就业人员 20.52 万人[2]。另一方面，厦门市地处闽南，毗邻台湾，具有天然文化区位优势。特别是，台湾文化创意产业十分发达，其创意设计产业近年来发展尤为迅速。有学者指出："经由对文化产业营业产值的比较发现，设计产业与数字休闲娱乐产业的营业额虽非最高，所占台湾地区文化产业比率仍低，然而其成长性极高，此可谓其逐渐扮演起台湾地区文化创意产业发展的主流角色。"[3] 因此，外部环境为厦门市创意设计产业集群的发展提供了良好的经验借鉴和广阔的合作空间。鉴于上述有利条件，厦门市理应成为创意设计产业集群发展的重镇。

总体上看，文化创意产业是发展前景广阔的朝阳产业，而创意设计产业在整个文化创意产业中又具有举足轻重的地位，代表着文化创意产业的发展水平，对整个文化创意产业的发展具有高端引领作用。厦门市外向度高，受国际、国内经济形势变化的影响较为明显，在两岸交流合作背景下，厦门市创意设计资源丰富、创意设计产品消费潜力巨大，创意设计产业如果形成成熟的产业集群，将有着广阔的发展空间，并将有力带动整个厦门市文化创意产业又好又快发展。

一、关于创意设计产业集群

创意设计产业是指以创意为核心竞争力的设计产业，其外延比较广泛，涵盖了形态设计、设计服务、市场营销推广的全过程，一般包括产品设计、室内设计、景观设计、软件设计、广告设计、数字设计、服装设计等领域。从意义上看，创意设计产业是文化创意产业的高端组成部分，对国民经济和社会发展起着十分重要的推动与支撑作用。关于产业集群，美国学者波特的观点被学界普遍接受，即产业集群是同处或关于一个特定的产业领域的企业和机构在地理

---

[1] 石建平. 从改革创新的高度推进文化强省建设. 福建日报，2013-12-13.
[2] 厦门市统计局. 2014 年上半年文化产业运行情况简析.（2014-09-12）. http://www.xm.gov.cn/zfxxgk/xxgkznml/gmzgan/tjfx/201409/t20140912_965285.htm.
[3] 马群杰. 台湾地区文化产业与文化营销. 北京：科学出版社，2011：148.

上靠近并存在产业联系的产业空间组织形式[①]。以此观之，创意设计产业集群就是创意设计产业领域中众多相互独立又相互关联的创意设计企业和相关社会机构，为了达到资源共享、减少风险、降低成本、提高收益，而在某一个地理空间上集聚，并结成相互分工、相互合作、相互竞争的网络结构。

作为一种产业组织形式，创意设计产业集群具有互惠共生、竞争协同、资源互补、优势放大等特征。《福建省国民经济和社会发展第十二个五年规划纲要》提出要加快文化产业基地和区域性特色文化产业群建设，打造一批在全国乃至世界有一定知名度的文化品牌，促进文化产业提升和发展。《厦门市"十二五"文化发展规划》也提出要加大文化资源整合和结构调整力度，发展重点文化产业，加快文化产业园区和文化产业集群建设。它们都高度强调了培育壮大文化创意产业集群的重要性。由于创意设计产业涵盖了文化创意产业的所有高端环节，厦门市发展创意设计产业集群，将对海峡西岸经济区文化创意产业的发展起到独特的引领作用，同时对于厦门市未来打造"世界设计之都"意义深远。根据厦门市的具体情况，《厦门市"十二五"文化产业发展专项规划》将工业设计产业、数字设计产业、建筑设计产业和时尚设计产业纳入了创意设计产业集群涵盖的门类范围。目前厦门市主要的创意设计产业集聚区见表1。

表1　厦门创意设计产业集聚区

门类	涵盖领域	集聚区
工业设计产业	工业设计、平面设计、软件设计、环保设计、广告设计、产品设计、服装设计、工艺美术品设计等	灿坤生活设计产业园、海沧油画及工艺品产业区、东孚玛瑙产业园、唐颂古玩城、裕鑫古玩城、东镀古玩城、友丰文化创意产业园
时尚设计产业	概念设计、服装设计、广告设计、品牌企划、时尚沙龙、时尚传媒等	鼓浪屿艺术岛、五缘湾艺术展示区、集美学村艺术创意产业集聚区
数字设计产业	数字设计、体验设计、网络游戏、数字娱乐、网络服务等	厦门软件园
建筑设计产业	建筑设计、景观设计、装饰设计、室内设计等	枋湖文化旅游产业园（惠和石雕等）
综合设计产业	产业门类特色不明显	筼筜街道创意设计街区、龙山文化创意产业园、宏泰文化创意产业园、悦兴文化创意产业园

---

① PORTER M E. Clusters and the new economics of competition. Harvard business review, 1998 (6).

需要说明的是,目前厦门市一些创意设计产业集聚区综合性倾向比较明显,难以按照明确的产业门类特色予以区分,只能认定为综合设计产业集聚区,例如筼筜街道创意设计街区涵盖工业设计、服装设计、数字设计、广告设计、品牌企划等创意设计领域;宏泰文化创意产业园则涵盖演艺、影视音乐后期制作、动漫设计等创意设计领域。同时,一些专业性较强的创意设计产业集聚区也在不断扩展相关业态,例如灿坤生活设计产业园虽以打造"世界上第一大的油画园"为目标,但也在逐步拓展,向设计中心、艺术会馆、设计培训学校、养生保健庄园等领域延伸。

二、创意设计产业集群的优化效应

厦门市文化创意产业的发展已初具规模。2014年上半年全市文化创意产业实现增加值107.55亿元,比上年同期增长9.2%,占GDP的比重为7.9%[1]。另据台湾知名文创机构对两岸36个城市的文化创意产业竞争力进行排名,厦门市位列第九[2]。厦门市具有艺术院校密度较高、设计企业较多等先天优势,拥有市工业设计中心、合道设计、翰卓路桥景观设计、天诺设计等一批创意设计企业。另外,厦门市创意设计产业集聚区建设已有初步发展,包括龙山文化创意产业园、根深智业文化创意产业园、宏泰文化创意产业园等创意设计产业集聚区。在创意设计产业发展态势良好的形势下,发展厦门市创意设计产业集群,促进创意设计产业优化组合、集聚发展,能产生巨大的集聚效应和规模效益。正如美国学者波特的钻石模型所显示的那样,地理上的集聚,能够对产业的竞争优势产生广泛而积极的影响[3]。可以说,创意设计产业集群的形成是创意设计产业发展过程中质的飞跃。创意设计产业集群形成之后,一般将有利于形成规模效益和节约成本,集中提供优质服务,获得政府的优惠政策和缩短创意设计产业链条。

第一,有利于形成规模效益和节约成本。产业集群依靠共性和互补性形成

---

[1] 厦门市统计局. 2014年上半年文化产业运行情况简析. (2014-09-12). http://www.xm.gov.cn/zfxxgk/xxgkznml/gmzgan/tjfx/201409/t20140912_965285.htm.

[2] 许向明. 重点发展八大产业 厦门文化产业渐入发展佳境. (2011-12-02). http://www.ccnt.gov.cn/sjzznew2011/whcys/whcys_dfcyxx/201112/t20111202_206323.html.

[3] PORTER M E. Competition and economic development: local clusters in a global economy. Economic development quarterly, 2000 (1).

纵横交织的聚合状态，以获得产业竞争优势。它的形成是文化创意产业发展的巨大飞跃，有利于聚合资源、形成规模。例如，北京市文化创意产业集聚区包括市级集聚区、区级集聚区和自发集聚区，现已发展到200余个，构成文化创意产业发展的重要载体。在其支撑下，创意设计产业发展尤为迅速，形成了创意设计产业集群，产生了巨大的规模效益。因此，2012年6月15日，北京市被联合国教科文组织认定为"设计之都"[1]。再如，上海市泰康路艺术街聚集了与时尚设计相关的众多企业，包括画家工作室、设计室、画廊、摄影室、演出中心、陶艺馆、时装展示厅等，逐渐形成了创意设计产业集群，激发了规模效益，显著提高了竞争力。可以说，创意设计产业集群是创意设计产业发展新阶段的产物，处于创意设计产业发展模式的高端，具有高知识性、高附加值、强融合性等特征。通过形成创意设计产业集群，将有利于实现规模效益、节约成本、明显提升集群内创意设计企业的竞争力。

第二，有利于集中提供优质服务。形成创意设计产业集群后，有利于集中资源为集群内的创意设计企业搭建良好的公共基础设施、提供优质的公共服务，包括集群内共享的餐厅、展厅、会议中心、活动室等；有利于吸引银行、投资机构、交易机构等辅助行业机构进驻集聚区，为集群发展提供各项专门业务；有利于集中引进外部智力支持和教育培训服务；有利于吸引各类设计研究所、设计工坊、创意设计沙龙等专业研究机构参与集群发展。从国内众多案例可以看出，创意设计产业集群对优质服务的吸引十分明显。例如，2010年1月12日，中国工商银行北京市分行与北京市创意产业促进中心举行了战略合作签约仪式，中国工商银行北京市分行承诺每年为文化创意产业企业贷款提供100亿元的授信额度，优先支持创意设计产业项目建设，生动体现了产业集群在集中提供优质服务方面的优越性。

第三，有利于获得政府的优惠政策。政府通过优惠政策促进创意产业集群发展是亚洲各国的普遍特点，"在亚洲很多国家和地区，像韩国、新加坡、我国的台湾和香港地区等，集群的形成以政府主导为主，政府对集群的建设起决定作用。政府提供了包括土地、资金、基础设施等各类硬件要素的支持，出台各类优惠政策和措施，吸引企业来'扎堆'。政府的作用贯穿集群形成、发展的整

---

[1] 张硕. 文创产业渐成北京支柱产业. 北京晨报，2012-06-27.

个过程，集群对政府有较强的依赖性"①。基于这一背景，创意设计产业集群形成后，将更容易得到政府政策上的支持和保护，也更容易获得决策层面的优先指导和照顾，这对于创意设计产业领域里占多数的中小企业尤为有利，在很大程度上降低了这些企业的经营风险，帮助这些企业平稳快速成长。例如，上海市为了打造昂立设计创意园、设计工厂、工业设计园、时尚产业园等创意设计产业集聚区，采取了"三个不改变"的优惠政策，即老厂房、老仓库、老大楼的房屋产权关系不变，房屋建筑结构不变，土地性质不变，从而兼顾了多方利益，降低了开发成本，调动了各方面的积极性，使创意设计产业集群得到了快速发展。2010年2月10日，上海市被联合国教科文组织认定为"设计之都"。

第四，有利于缩短创意设计产业链条。由于创意设计产业的自身特性，往往一个创意设计产品的不同工序会由不同企业分别完成。形成产业集群之后，大量联系密切的创意设计企业及相关支撑机构会在特定的空间内聚集，从而有效缩短了创意设计产业的链条，同时也有利于产业链上游、中游、下游的创意设计企业协同创新，缩短创意转化为生产要素的时间，以及加快企业的升级换代。例如，北京DRC工业设计产业基地，占地2万平方米，包括100多家工业设计企业，由于集聚效应的发挥，有效地缩短了工业设计产业链条，现已发展成为集技术条件共享平台、设计企业孵化器、设计人才培训基地、创新设计助推器、国际化资源中心等功能为一体的工业设计产业集群。

在两岸交流合作的背景下，厦门市创意设计产业集群的形成还有利于加强与台湾创意设计产业的交流。由于厦台之间"地缘相近、血缘相亲、商缘相近、文缘相承"，厦台间文化创意产业的交流具有天然优势。近年来，在厦门市成功举办的海峡两岸文化产业博览交易会、海峡两岸图书交易会等活动，已成为两岸文化创意产业展示、交流和交易的重要平台。厦门市形成创意设计产业集群后，将更加有利于吸引相对成熟的台湾创意设计企业来厦门考察、入驻、合作，为双方创意设计企业创造大量接触机会，加强两岸创意设计产业的交流，从而为厦门市创意设计产业集群的发展提供新的视角与理念。1973年台湾成立了工业技术研究院，为企业提供各项创新服务和技术转移，有效促进了台湾产业的转型升级，《厦门商报》对此提出"厦门打造设计之都可借鉴台湾'工研院'"

---

① 张京成，李岱松，刘利永. 文化创意产业集群发展理论与实践. 北京：科学出版社，2011：124.

的建议[①]。通过交流来借鉴台湾创意设计产业的先进经验,对厦门市创意设计产业集群的发展影响深远,将推动厦门市成为两岸文化创意产业合作的示范区和区域性创意设计之都。而且,厦门市创意设计产业集群的发展,除便于引进聚集台湾知名的创意设计企业和个人工作室外,还将有利于借鉴台湾知识产权保护方面的经验,打造惠及两岸的创意设计产权交易平台,为两岸创意设计产业的合作保驾护航。

三、审慎选择厦门市创意设计产业集聚区的建设模式

要加快厦门市创意设计产业集群的发展,需要重点建设厦门市创意设计产业集聚区。创意设计产业集聚区是形成创意设计产业集群的客观基础,厦门市可借鉴以下四种模式:

(一)创意设计园区模式

由政府主导建立创意设计园区是当前打造创意设计产业集聚区的重要途径,也有不少成功案例。例如,"中关村科技园区雍和园"在北京市政府的主导下,聚集了北广传媒集团、歌华文化集团、北京演艺集团、中青旅控股、中华版权代理总公司等多家知名总部型企业,以及当当网、光线传媒、版权交易中心、鼎视传媒、地铁电视、城市电视、移动电视、中文在线、网尚文化等 1 700 家文化创意企业,被认定为"北京市文化创意产业集聚区"和"国家版权贸易基地"。基于这一集聚模式,创意设计产业园区可由政府整体规划,单独划定区域建设并提供配套设施。

厦门市在发展创意设计产业集群时可优先考虑采用这种模式,加快建设湖里灿坤生活设计产业园、龙山文化创意产业园、宏泰文化创意产业园、枋湖文化旅游产业园、凤飞服装设计园、集美集文创园、悦兴文化创意产业园等创意设计园区。不过,当采用园区这一模式时,要十分注意入驻企业间的产业关联性。否则,入驻企业"集而不群",产业关联性不强,将无法实现产业集群的协同效应。

---

① 陈怀安. 厦门打造设计之都可借鉴台湾"工研院". 厦门商报,2012-04-23.

(二）创意设计街区模式

创意设计街区的形成一般先是自发汇聚，接着商业机构和配套设施跟进，随后政府予以扶持，从而在某一街区内形成创意设计产业集聚区。台湾的莺歌陶瓷艺术街区、北京的798艺术区就是创意设计街区的典范。其中，莺歌陶瓷艺术街区位于新北市文化路以及尖山埔路一带。该街区是莺歌制陶业最早的聚集地，早期窑厂林立，迄今已有200年的历史，形成了以陶瓷创意产品为中心，包括工厂直营陶瓷商店、陶瓷博物馆、陶瓷艺术中心、大宗餐具专卖店、陶艺家工作室等机构在内的陶瓷创意设计街区。北京的798艺术区原为798厂等国营工厂的厂区，在原厂迁出后由于厂区规划有序、交通便利、建筑具有独特的包豪斯风格等优势，吸引了众多艺术机构及艺术家前来租用闲置厂房并进行改造，逐渐形成了集画廊、艺术工作室、文化公司、时尚店铺于一体的创意设计街区。

厦门市也具有创意设计街区的基础，例如筼筜街道创意设计街区。筼筜街道创意设计街区是由体育路旧工业园区发展而来，包括武夷工贸创意设计园、宏泰文化创意园、滨北国际文化创意城、文化艺术中心、SM新生活广场等，涵盖了工业设计、服装设计、数字设计、广告设计、品牌企划等创意设计领域。仅其中的武夷工贸创意设计园就入驻了20家设计企业，包括七匹狼服装营销、厦门浪漫宣言制衣、都林工程设计、典华建筑景观设计等。因此，创意设计街区模式可作为厦门市发展创意设计产业集群的辅助策略。在推动创意设计产业集群发展的过程中，厦门市可结合街区优势，因地制宜，在原有基础上推动筼筜街道等创意设计街区不断发展，实现设计产业进一步升级，从而更好地发挥创意设计产业集群的集聚效应和规模效益。

(三）创意设计集聚区联合体模式

由于政府规划和自然形成相互交错等原因，创意设计产业集群可能并不完全集中在一个特定的区域内，而是由几个相邻的创意设计集聚区构成一个联合体。例如伦敦的创意设计产业集聚区不仅存在于伦敦市中心，而且分布在哈克尼、伊斯林顿、卡姆登城、布里斯顿、哈默史密斯等近郊区，以及泰晤士河南岸到绍斯沃克和德普特福德，这些创意设计集聚区组成了伦敦创意设计集聚区联合体。再如北京市海淀区的"西山文化创意大道"，自2006年以来，坦博艺术中心、中间建筑创意园区、中关村多媒体产业园等创意设计集聚区陆续在杏石口路沿线自发集聚，海淀区政府据此提出了"西山文化创意大道"的概念，其以紫竹院路、杏石口路为轴，东起昆玉河，西至西五环，长约7.2千米，往南北辐射500~700米，规划范围约7.34平方千米。目前，"西山文化创意大道"以中关村多媒体创意产业园为源头，包括了元艺术中心、坦博艺术中心、中间建筑创意园区、创意北京基地等一大批创意设计集聚区，构成了一个巨大的创意设计集聚区联合体。其中仅中关村多媒体创意产业园一个集聚区即已聚集了上百家多媒体创意企业，涵盖了网络游戏、体验设计、数字娱乐等多媒体领域，有着比较完整的数字设计产业链。不过，这种创意设计集聚区联合体的模式需要产业链不断延伸，实现起来难度较大，投入也较高。建议厦门市在创意设计产业链发展到一定程度时，再将邻近的集聚区组合成一个集聚区联合体，以推动集群进一步发展。

（四）政产学研结合的超级创意设计集聚区模式

由于历史条件和现实机遇等综合作用，有些地区还形成了政产学研相结合的超级创意设计集聚区。在这样的超级创意设计集聚区内，政府、高校、研究机构、创意设计企业能够很好地优势互补、形成合力和加快产业升级。例如澳大利亚的昆士兰创意设计产业集聚区，位于澳大利亚布里斯班中央商务区，是昆士兰科技大学和昆士兰州政府、创意产业集聚区有限公司及与之相关的企业中心、澳大利亚创意产业与创新国家重点研究中心、大洋洲互动设计合作研究中心、La Boite专业戏剧演出公司等产业界和研究界机构合作的结果。可以说，昆士兰创意设计产业集聚区是政府、教育界、产业界、研究机构等参与和推动而成的一个典型的政产学研结合的产物。厦门市具有创意设计学科的高校，如厦门大学、福州大学工艺美术学院、厦门理工学院、集美大学等，在形成超级创意设计集聚区方面还不具有足够的影响力，集美学村艺术创意产业集聚区也还在起步阶段。在今后一个较长时期内，厦门市应因势利导，为实现这一模式逐步创造条件。

四、努力扩大厦门市创意设计产业集群的投资主体

要加快厦门市创意设计产业集群的发展，必须保证有充足的资金，而扩大

投资主体可从以下四个方面入手:

(一) 加大政府投资

政府投资是众多创意设计产业集群在初创阶段的重要资金来源。例如,为形成产业集群,昆士兰创意设计产业集聚区总投资达 6 000 万澳元,其中 1 500 万澳元由昆士兰省政府资助;北京工业设计产业基地则由北京市科委、北京市西城区政府共同发起建设,总投资近 2 500 万元。考虑到厦门市的现实情况,在厦门市创意设计产业集群发展的初期,政府需要进行前期投资,奠定基础,以确保创意设计产业集群稳定成长、逐步做大做强。具体可通过由政府下属的国有企业投资创意设计产业集聚区的硬件、配套设施、服务机构等方式,为厦门市创意设计产业集群的成长搭建良好平台。

(二) 积极引进外资

由于创意设计产业与出版产业、影视产业、动画产业等文化创意产业门类不同,其较少涉及国外文化渗透、国家文化安全等方面的政治风险和相关法律法规的限制,因此可以把引进外资作为创意设计产业集群建设资金的重要来源。尤其是在两岸交流合作的背景下,厦门市应有效利用与台湾交往密切的优势,积极吸引台资。第五届海峡两岸文博会开幕首日即有 87 个项目现场签约,总金额达 275 亿多元[①],显示了大量台湾文化创意产业资金也急需投资项目。

(三) 鼓励社会资本介入

加快厦门创意设计产业集群的发展,要积极鼓励社会资本介入。在这方面,国外的先进做法可供借鉴。例如为促进文化创意产业的发展,英国 1998 年成立了社会机构——英国创意产业局,下设风险投资机构和咨询评估机构,从成立至 2005 年,创意产业局在英国培育了 12 万家文化创意企业。厦门市应降低投资准入门槛,通过政策杠杆来撬动社会资本。具体形式上,可通过支持社会力量建立创意设计产业发展基金、创意设计产业融资平台等方式,来鼓励社会资本介入创意设计产业集群的发展。

---

① 连仁福. 第五届海峡两岸文博会昨在厦门开幕. 海峡都市报,2012-10-27.

（四）采用混合型投资

鉴于发展创意设计产业集群具有高风险、高回报的特点，为了降低投资风险并扩大投资主体，厦门市也可考虑采用混合型投资的方式，包括政府资金引导、银行贷款筹资、社会资本投资等。特别是，可考虑运用 PPP 投资模式。PPP 模式是 public、private、partnership 的首字母缩写，通常被称为"公共私营合作制"，即"公私合作"，由政府和社会资本组成的项目公司，针对特定项目或资产，与政府签订特许经营合同，并由项目公司负责项目设计、融资、建设、运营，以降低各方风险，达到快速融资与风险分担的效果。

五、合理规划厦门市创意设计产业集群的空间布局

（一）厦漳泉一体化的视角

福建省大力推进厦漳泉同城化进程，涉及基础设施、信息服务、基本公共服务、要素市场建设、产业融合发展五个方面，"厦漳泉同城化等海峡西岸经济区一体化进程将有利于在海西形成一个区域性的文化创意市场体系，从而弥补单个城市在文化创意产业链条方面的缺陷"[1]，同时也为三地创意设计产业集群的发展营造了产业协作、优势互补的良好环境。从宏观上来看，厦漳泉作为海西文化创意产业的核心区域，地域相连、传统相近、文化资源丰富、文化特色鲜明，在创意设计产业领域各有优势，有着创意设计产业集群协同发展的天然基础。厦门市在进行创意设计产业集群布局时，要基于厦漳泉一体化的视角，充分考虑三地创意设计产业集群的互补性，立足于各自优势，"根据创意产业发展的现状和基础条件，构建不同区域层次的空间链"[2]，促进三地创意设计产业集群的有机结合，实现优势互补。

从三地创意设计产业集群的发展趋势来看，泉州市主要依托区域内的产业优势，整合区域内的创新、创意资源，致力于形成一批以工业设计、数字设计为特色的创意设计产业项目；漳州市提出建设"田园都市、生态之城"，鼓励和

---

[1] 尚光一. 海西文化创意产业的挑战与机遇. 厦门理工学院学报，2012, 20 (1)：38-42.
[2] 杨永忠. 创意产业经济学. 福州：福建人民出版社，2009：259.

引导社会资金兴办文化创意产业项目，发挥闽台农业合作园、闽台文化影视城以及工业园区的作用，加快环保设计、工业设计、数字设计等领域建设；厦门市则具有强大复合优势，主要致力于推进工业设计、数字设计、时尚设计等领域创意设计产业集群的发展，但是同时面临着地域狭小、外向度高等不利条件。鉴于三地发展创意设计产业集群的不同形势，整体上，创意设计产业链上游"设计研发"领域的产业集群应由厦门市、泉州市重点打造；中游"加工生产"领域的产业集群应由泉州市、漳州市重点发展；下游"营销体验"领域的产业集群则主要应由厦门市来建设。同时，鉴于经济辐射效能在一小时车程外会迅速递减，在空间上还要确保厦漳泉三方的创意设计产业集群尽可能分布于"一小时经济圈"以内，以产生"同城效应"。

（二）确保产业集群分布紧凑

创意设计产业集群在空间上应保持紧凑，这是集群本身的特性所决定的，"集群本身就有空间的概念，构成集群的各主体在特定的地域内柔性集聚。经济全球化、更快捷的交通运输和通信系统并没有阻挡产业发展的地区集中化倾向"[1]。创意设计产业集群空间上的紧凑，可以促使产业集群内部竞争加剧，增强创意设计企业的竞争力；可以促使产业集群内互相协作和成功经验的传播；可以促使产业集群形成以区域为基础的品牌，使产业集群内所有创意设计企业受益；可以促进基础设施的建设和优质服务的集中供给；可以更为有效地吸引外部投资。当然，空间上的紧凑只是创造和保持创意设计产业集群优势的一个方面，如果产业集群内的企业无法形成产业合作和有机联系，集聚效应也就无法显现。因此，除了空间上的靠近，还应确保产业集群内的创意设计企业具有内在关联度和产业互补性。

（三）引导关联企业集聚，科学规划集聚区

为加快创意设计产业集群发展，厦门市要引导关联企业集聚，科学规划集聚区，提高集群内的产业关联度，加强集群内不同企业的互补合作，发挥集聚效应，以形成互为基础、互相依存的完整产业链，尤其是要强化产业链上游"设计研发"和下游"营销体验"两个高利润区域，以呈现出创意设计产业链的

---

[1] 张聪群. 产业集群升级研究. 北京：经济科学出版社，2011：3.

"微笑曲线"。以时尚设计产业链为例,通过集群的整合效应,可形成如下"微笑曲线"(见图1):

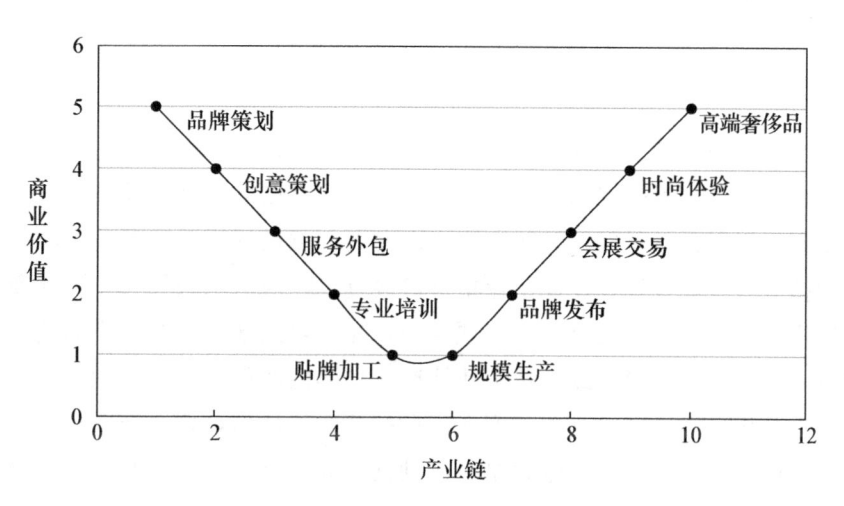

图1 创意设计产业链"微笑曲线"

从图1可以看出,一条比较完整的时尚设计产业链,上游包括品牌策划、创意策划、服务外包、专业培训等环节,中游包括贴牌加工和规模生产等环节,下游包括品牌发布、会展交易、时尚体验、高端奢侈品等环节。在商业价值方面,上游的设计研发领域和下游的营销体验领域商业价值较高,从而呈现出一条"微笑曲线"。因此,厦门市应根据实际情况,基于地域特点,高标准打造创意设计产业园区,做好园区的规划和配套,重点引进"微笑曲线"两端的创意设计企业入驻。

同时,要在已有基础上规划、引导现有的创意设计产业集聚区进一步发展。例如杭州的LOFT49创意设计产业集聚区,原为杭州蓝孔雀化纤厂的旧厂房,在文艺群体自发行为的基础上,经由政府规划和推动,现已成为拥有19家艺术室和设计公司、330多个设计创作人员的创意设计产业集聚区,涉及工业设计、数字设计、时尚设计等多个创意设计领域。厦门市要利用自身条件,强化现有创意设计产业集聚区内关联企业的聚合,重视对集聚区的规划与引导,促进现有创意设计产业集聚区做大做强,比如进一步规划篔筜街道创意设计街区的格局,引导其实现产业升级、更好地发挥集聚效应。

六、发展厦门市创意设计产业集群的具体措施

(一) 优化扶持政策，增大优惠力度

为发展厦门市创意设计产业集群，厦门市要强化扶持力度，制定各项优惠措施。首先，要积极落实国家、福建省有关厦门市创意设计产业集群的各项优惠政策和扶持资金。其次，要制定厦门市发展创意设计产业集群的各项优惠政策，包括进一步加大创意设计产业集群建设资金在政府财政预算中的比重，建立厦门市创意设计产业集群发展专项基金，在集聚区地价租金等方面给予企业优惠等。再次，通过退税或补贴来扶持产业集群内的创意设计企业，以税收杠杆来调动其积极性，鼓励其参与产业集群的建设。最后，要对产业集群内企业的创意设计产品出口实行奖励政策，鼓励其扩大对外贸易，参与国际创意设计产业的竞争。

(二) 创新集聚区管理体制

要加快创意设计产业集群的发展，进一步加强集聚区的建设是最直接的方式，但要发挥出产业集群的优势，仅仅靠投资硬件是不够的，还应高度重视集聚区管理体制的创新。为此，厦门市应充分考虑集聚区内创意设计企业的利益，努力提供完善的设施租用制度、专业的融资管理体系、高效的运营机制和常态的政策指导；简化审批手续，建立完善的进入机制和退出机制；鼓励集聚区内的创意设计企业形成各自的特色，凸显专、精、特、新的企业特色。

在具体管理模式上，首先可由政府派出机构进行管理。采用政府派出机构来管理集聚区是一种常见的方式，例如，北京成立了中关村科技园区雍和园管理委员会来管理雍和园文化创意产业集聚区。这一模式的优点在于能更为直接有效地落实相关优惠政策，但要注意防止干预过多，影响企业的主体地位和创造性。其次，可由投资主体管理或由集聚区内的企业联合管理。这一模式的优势在于能更好地发挥集聚区本身的自我管理功能，不过在制度建设上要避免权责不清，以保证管理的效率。最后，可委托中介机构或专业协会来进行管理。这一模式有利于为集聚区发展提供专业化的管理与服务，缺点是费用较高。总

之，要在政府引导的基础上积极发挥企业主体的作用，不断创新集聚区的管理体制，因地制宜做好集聚区的制度建设和日常管理，降低集聚区内企业的交易成本，为创意设计产业集群的发展提供管理保障。

（三）多渠道优化集聚区的服务功能

集聚区服务功能的完善，是影响创意设计产业集群发展的重要因素。通过多渠道优化集聚区的服务功能，可以有力推动创意设计产业集群的发展。这一方面，香港数字设计产业集群的代表——香港数码港可作为借鉴的典范。为了推动集群的发展，香港数码港按香港中小企业可承受的标准优化各项服务功能，包括出租光学动作捕捉系统、立体影像扫描器、数码音像工作室、虚拟实景系统和实景渲染服务器、激光记录仪、游戏测试区等先进数码制作设施，提供包括 9 000 册刊物、125 000 套音像制品、各类市场资料、在线数据库在内的创意设计信息服务，开展数码娱乐培育、培训中心课程、数码创意大本营等创业项目，有力地推动了创意设计产业集群的发展。

厦门市可借鉴香港数码港的成功经验，统筹利用区域资源，通过多种手段、方式、渠道来优化集聚区的服务功能，高标准地为集聚区内各创意设计企业提供所需的各种功能性服务，例如，为入驻集聚区的创意设计企业物色风险投资、进行项目咨询、提供专业知识培训等。通过调查，厦门市创意设计产业集聚区主要需要两大类服务，见表2。

表2　厦门市创意设计产业集聚区所需服务

服务类别	主要项目
基础服务	公共交通、网络通信、餐饮购物、热力中心、物流服务、呼叫中心、人才招聘、劳动保障、公寓出租、财务代理、营销服务、论坛沙龙、休闲娱乐、法律咨询
专业服务	项目筛选、产业咨询、专利申请、风险投资、天使基金、研发外包、产权交易、改制上市、融资担保、孵化空间、小额贷款、专业知识培训、专业信息共享、专业设备共享

对厦门市创意设计产业集群发展而言，只有建设高效的集聚区服务体系，促使集聚区内形成包含研发、投资、孵化、制作、培训、交易在内的完整创意设计产业链条，才能充分释放创意设计产业集群的集聚效应。

（四）建设创意设计产品进出口港

国际化是产业发展的重要趋势，国际化所带来的巨大市场空间也已成为推动产业发展的强大动力。当前，创意设计产业的国际化趋势越来越明显，创意设计产品的生产、制作和消费出现了跨地区、跨国界的合作态势，尤其是对厦门市而言，创意设计产业的发展还面临着两岸交流合作日益密切的区域背景。在这一形势下，厦门市要提升创意设计产业集群的国际竞争力，将厦门市逐步打造为"世界设计之都"，进出口平台的建设必不可少。这一方面，厦门市有着将厦门港打造为创意设计产品进出口港的天然优势。厦门港是我国沿海主要港口之一，是我国综合运输体系的重要枢纽、集装箱运输干线港、东南沿海的区域性枢纽港口、对台航运主要口岸。港湾由大小金门等岛屿形成一道天然屏障，港内水域宽阔、水深浪小、不冻少淤。目前，全港共有生产性泊位122个，深水泊位33个，53条国际集装箱班轮航线通达全球各主要港口。为发展创意设计产业集群，厦门市应有效利用厦门港作为天然良港和国际大港的优势，适应国家"文化走出去"战略，将厦门港打造为创意设计产品进出口港，为厦门市创意设计集群搭建便捷的进出口平台。

同时，为与创意设计产品进出口港建设相配套，厦门市还应制定和完善鼓励厦门市创意设计企业出口的相关政策，加大对创意设计企业出口的支持力度；在不违反WTO规则的前提下对创意设计企业出口提供财政扶持，表彰奖励有突出贡献的创意设计企业；促进银行等金融机构为创意设计企业出口提供贷款担保等融资支持；制定针对不同创意设计企业特点的出口退税政策；为相关设备、产品的引进提供便利；等等。

（五）推进海峡两岸创意设计产业的合作与联动

台湾的创意设计产业起步较早，形成了比较成熟的理论策略、运营模式和人才培养方式，产业链条相对完整，形成了一批有实力和有影响力的创意设计企业。而且，台湾近年来提出了"设计产业发展旗舰计划"，涵盖了产品设计企划、产品外观设计、机构设计、原型与模型的制作、流行设计、CIS企业识别系统设计、品牌形象设计、平面视觉设计、广告设计、网页多媒体设计、工业包装设计、商业包装设计等领域，并具体出台了"台湾设计产业翱翔计划""世界设计大赛暨设计年推动计划""装修松山烟厂暨台湾创意设计中心进驻计划"

"创意生活产业发展计划"等执行计划[①]。鉴于台湾创意设计产业发展迅速、模式成熟,在两岸交流合作的背景下,厦门市应注重借鉴台湾创意设计产业的发展经验,利用厦台间交通便利的优势,积极引进台湾知名创意设计机构、工作室进驻厦门,带动厦门市创意设计企业的发展;引进台湾创意设计培训机构来厦门市培训专业人才;推进海峡两岸创意设计产业的合作与联动等,以促使厦门市创意设计产业集群更快发展。

(六) 加强创意设计产业人才的培养和引进

从长远来看,制约创意设计产业集群未来发展的最重要因素已不是资本和制造力,而是将创意设计转化为商品的相关专业人才。正如20世纪初德国经济思想家熊彼特所声称的那样:"现代经济发展的根本动力不是资本和劳动力,而是创新,而创新的关键就是知识和信息的生产、传播、使用。"[②] 就国际文化创意产业发达城市而言,文化创意产业从业人员占就业总人口的比重,纽约为12%,伦敦为14%,东京则达15%[③]。而就厦门市而言,专门人才的缺少已成为影响创意设计产业集群长远发展的短板。据统计,厦门市文化创意产业全部人才只有约56 200人[④],其中的创意设计产业人才更为稀少。同时,这些创意设计产业人才又大多集中在产品制作的技术层面,缺少高端原创人才和创意设计产品的经营管理人才。《厦门市文化产业人才队伍建设调研报告》指出,厦门市"各企业对人才的引进与需求主要集中在专业技术人才尤其是创意设计人才,占调查企业的64.1%;其次是经营管理人才,占调查企业的33.7%"[⑤]。专业人才的缺乏,导致厦门市不少创意设计企业沦为了"代工"企业或"加工车间",严重影响了厦门市创意设计产业集群的长远发展。为此,厦门市要加强创意设计产业人才的培养和引进。从培养方面来看,虽然高端原创人才需要天赋与资质,难以大批量培养,但创意设计产品的经营管理人才却可以规模化培养。因此,厦门市应统筹市内与创意设计产业有关的高校、科研院所、协会社团等,完善人才培养体系、明晰人才目标定位,既要积极引导高端原创人才的成长,

---

[①] 李兆翔. 台湾文化创意产业政策回顾与展望(2002—2010)//胡惠林,陈昕. 中国文化产业评论: 14卷. 上海: 上海人民出版社, 2011: 112-113.
[②] 金元浦. 创意产业的全球勃兴. 社会观察, 2005 (2): 22-24.
[③] 李宇红, 赵晶媛. 文化创意的人文理论和产业研究. 北京: 中国物资出版社, 2010: 86.
[④] 林起. 2012年厦门文化改革发展蓝皮书. 厦门: 厦门大学出版社, 2012: 169.
[⑤] 同[④]172.

又要重点突出加强对经营管理人才的培养。同时，除自身培养人才之外，还应提供各项优惠待遇，以吸引海内外专门人才参与厦门市创意设计产业集群的发展，尤其是在两岸交流合作日益紧密的时代背景下，厦门市要积极吸纳台湾创意设计产业的各类人才。

七、结论

文化创意产业是当今世界发展最为迅猛的朝阳产业，而创意设计产业涵盖了文化创意产业的所有高端环节，代表着文化创意产业的发展水平，对整个文化创意产业的发展起着引领作用。同时，形成产业集群将进一步推动创意设计产业纵深发展，是创意设计产业发展过程中质的飞跃，将产生巨大的集聚效应和规模效益。厦门市拥有丰富的创意设计资源、巨大的创意设计产品消费潜力以及良好的区域政策环境，理应成为创意设计产业集群发展的重镇。发展厦门市创意设计产业集群，不仅对海峡西岸经济区文化创意产业的发展有着巨大的引领作用，也对厦门市打造"世界设计之都"有着深远的影响。鉴于创意设计产业集群巨大的优化效应，厦门市要努力推动创意设计产业集群的发展。为此，厦门市应根据实际情况审慎选择集聚区建设的具体模式，通过多种方式扩大创意设计产业集群的投资主体，从厦漳泉一体化的区域前景和自身特点出发，合理进行创意设计产业集群的布局。在具体举措上，厦门市应从优惠政策制定、集聚区管理体制创新、集聚区服务功能优化、创意设计产品进出口港建设、海峡两岸创意设计产业联动、人才培养和引进等方面入手，抓住时代赋予厦门创意设计产业的机遇，推动创意设计产业集群又好又快发展。

网格化管理与共同缔造：社区治理创新的厦门实践 *

毛万磊

党的十八届三中全会提出，"推进国家治理体系和治理能力现代化"，现代化成为国家治理的应有之义。社区是社会治理的基本单元，社区治理[①]现代化是社会治理创新的战略目标，也是国家治理现代化的重要内容之一。厦门市政府高度重视社会治理创新，经过多年努力，在加强城市社区建设、推动社会治理创新方面，取得了显著的成效。目前，厦门市在推进社区治理体系和治理能力现代化过程中，初步形成了具有中国特色、厦门特点和普遍意义的社区治理模式。

一、引言

厦门市城市社区治理创新大致可以分为两个阶段。第一阶段，以厦门综合配套改革试验区成立为契机，全面推进社区网格化建设。第二阶段，以《美丽厦门战略规划》为统领，开展共同缔造"美丽社区"活动。2011年12月，《厦门市深化两岸交流合作综合配套改革试验总体方案》（以下简称《总体方案》）获国务院批复，提出要建立完善新型高效的社会管理体系，建立和完善网格化的联动管理机制。2012年4月，厦门市在思明区鼓浪屿街道和湖里区康乐社区同时进行社区网格化管理试点。同年8月，厦门市开始在全市全面推行

---

* 成文时间：2014年10月。
① 本文会涉及"社区治理"和"社区管理"两个相近概念。为避免歧义，有必要做出简单的使用上的区分。社区管理对应我国社会管理创新阶段，社区治理对应十八届三中全会提出"创新社会治理体制"之后的阶段。本文行文时主要使用范畴更广泛、新近讨论更多的"社区治理"，但在部分地方会使用"社区管理"。

社区网格化管理，以此作为加强城市管理能力建设的重要工作。

2014年厦门发布《美丽厦门战略规划》（以下简称《战略规划》），开始在全市推进"美丽厦门·共同缔造"行动。根据《战略规划》，建设"美丽厦门"，要通过全面深化改革，完善体制机制，实现治理体系和治理能力的现代化。而建设"美丽厦门"的路径是"共同缔造"，"核心在共同，基础在社区"，即充分发挥群众的积极性、主动性、创造性。《战略规划》强调，共同缔造关键在发动群众参与、凝聚群众共识、塑造群众精神，让人民群众更多更公平地共享发展成果。厦门市城市社区治理创新经历了社区网格化和社区居民共同参与两个阶段，而这两个阶段的实质是以行政权为核心的社区管理强化和以公民参与为核心的社区共治。从两个阶段的发展可以看出厦门市社会治理模式由行政权主导向市民权利主导的变迁历程。这是全国社区治理模式转变的缩影，更是社会管理创新到社会治理创新理念更迭的具体体现。因此，分析厦门城市社区管理实践，总结厦门模式和厦门经验，就显得十分有意义。

本文的研究思路是借助厦门市鼓浪屿街道的实践，具体分析厦门市近年来城市社区管理的发展历程，同时分析共同缔造"美丽社区"的主要项目。然后采用"创新类型特征–运作逻辑"作为对比分析框架，即通过管理式创新与可持续创新、行政权主导与市民权利主导两个层次的对比，研究社区网格化管理和共同缔造"美丽社区"。研究发现，驱动具有管理主义倾向的社区网格化管理和以市民参与为导向的共同缔造"美丽社区"二者之间的协同发展，是厦门协调社区治理中行政权与市民权利之间张力的解决之道，也是厦门在社区治理现代化方面的重要经验。

二、厦门社区网格化管理及其评价

鼓浪屿街道是厦门市最早进行社区网格化管理试点的街道之一，也是厦门全面推行社区网格化管理的蓝本。因此，本部分以鼓浪屿街道的社区网格化管理为例，具体分析厦门市社区网格化的相关情况。厦门市社区网格化管理按照管理方便、界定清晰的原则将社区划分为若干网格，然后通过利用一系列组织再造技术和现代信息化手段建立起灵活高效的社区网格化管理组织对其进行管理。

(一) 社区网格化管理的具体操作

鼓浪屿社区网格化管理是对基层社区治理中的行政权的优化重组，是社区管理组织和管理流程的再造。其中组织人员调整和工作机制创新，是鼓浪屿建设社区网格化管理的核心内容。

1. 组织再造与人员调整

社区网格化管理最重要的改革任务之一是组织再造，它构建了一个虚拟的管理单元——"网格"，并以网格为基础建立新的组织结构。按照社区网格化管理的基本要求，鼓浪屿街道将下辖的每个社区划分为3个网格，每个网格划分为2个小组，每个小组划分为3个网格单元，如图1所示。以社区网格划分为基础，鼓浪屿街道建立"工作分块、责任到人、街道协调、全面覆盖"的管理方式。

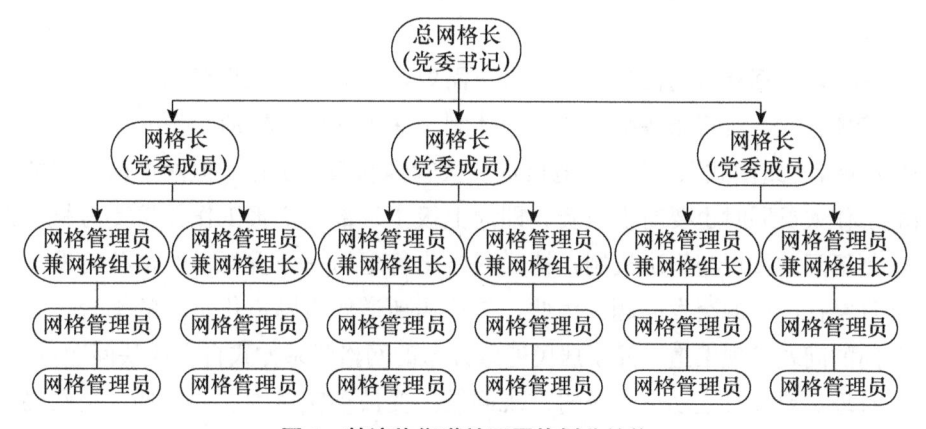

图1 鼓浪屿街道社区网格划分结构

资料来源：毛万磊，吕志奎. 厦门综改区"社区网格化"管理的优化：以鼓浪屿社区为例. 东南学术，2013（4）：77-83.

社区单元格的工作人员按照"7＋N"的原则进行配置。其中，"7"是指下派到网格中的7名工作人员，即网格长、网格管理员、社区民警、司法调解员、消防员、城管、市环卫。"N"是指在管理过程中积极引入的社会力量，如技术专家、社区督察员、志愿者。总网格长由社区党委书记担任，网格长分别由其他党委成员担任，网格管理员由社会工作人员担任，其他人员主要是区级政府职能部门的工作人员。网格管理员独立负责各自网格内综合性管理工作，同时注重彼此之间的工作连续性和协同性，促进社区管理资源整合与共享。

2. 工作机制学习与创新

鼓浪屿街道建立新的组织机构和工作流程的同时，对工作机制进行创新以适应新的变化，主要有以下三个方面。

首先，将常规化的工作制度移植到网格化管理中。主要包括：第一，责任机制。明确从总网格长、网格长、网格组长到网格管理员的职责。第二，联动机制。加强管理组织和人员之间的沟通与协调，特别是由街道办负责与区级层面的协调工作。第三，绩效考核机制。制定《网格化管理督查考核办法》，依照考核结果决定工作人员的奖惩和任免。第四，公示制度。建立责任公示牌，使居民对所属网格的范围、负责人、服务电话等信息一目了然。第五，例会制度。通过例会汇总和共享网格内的社情民意，并及时进行分析处理，确保有效解决社区问题。

其次，根据社区网格管理的特点与需要，建立新的工作机制。第一，创新人员管理方式，实行条块结合的管理体制。深入基层网格的工作人员通过建立网格团队，"组团式"、整体性地负责社区管理和服务工作。但网格内的职能部门的工作人员同时也要对上负责，即向上级主管部门汇报工作并接受考核。第二，创新问题发现与解决机制。社区网格化管理的一个重要目的是及时发现并处理日常社区中的突发问题。为此，鼓浪屿街道凭借网格化管理的平台，开辟了双向的问题发现渠道。除了居民通过公布的网格联系方式自主反映问题以外，网格管理员要每日主动巡查及时发现问题。变被动应对为主动发现，是网格化管理提升社区管理绩效的关键。在社区问题处理上，一般性问题由网格管理员负责在网格单元内解决；网格内不能解决的问题，上报网格长、总网格长解决；社区不能解决的问题，由街道办负责与区级职能部门下派到网格的工作人员协调解决。

最后，创建信息化管理平台。信息化建设是社区网格化管理的基础。鼓浪屿街道办与电信运营商建立网格管理信息平台，具有网络管理、业务办理、工作台账、社区证明、综合查询、统计分析、居民互动、社区微信等八大功能。网格管理员可以通过配发的移动信息终端，实现网格信息的实时采集和反馈。街道也可以通过信息平台及时了解网格管理员的位置信息和反馈的问题。此外，鼓浪屿街道也十分注重网格信息的收集、整合与共享。结合社区网格化管理工作的新要求，建立涵盖社区管理和服务对象基本信息的数据库，同时注重信息的及时更新和日常维护。

（二）社区网格化建设的全市推进路径

社区网格化管理是《总体方案》的内容之一，也是厦门市在社会管理领域具体实施的重要举措。2012年8月15日，在经过鼓浪屿等街道的前期试点工作形成初步经验后，厦门市委办公厅、市政府办公厅印发《关于全面推进城市社区网格化建设的指导意见》，社区网格化管理建设开始在厦门市全面实施。在空间上，社区网格化管理由试点社区和街道扩散到全市所有社区，形成了一套自上而下的推行机制（如图2所示）。

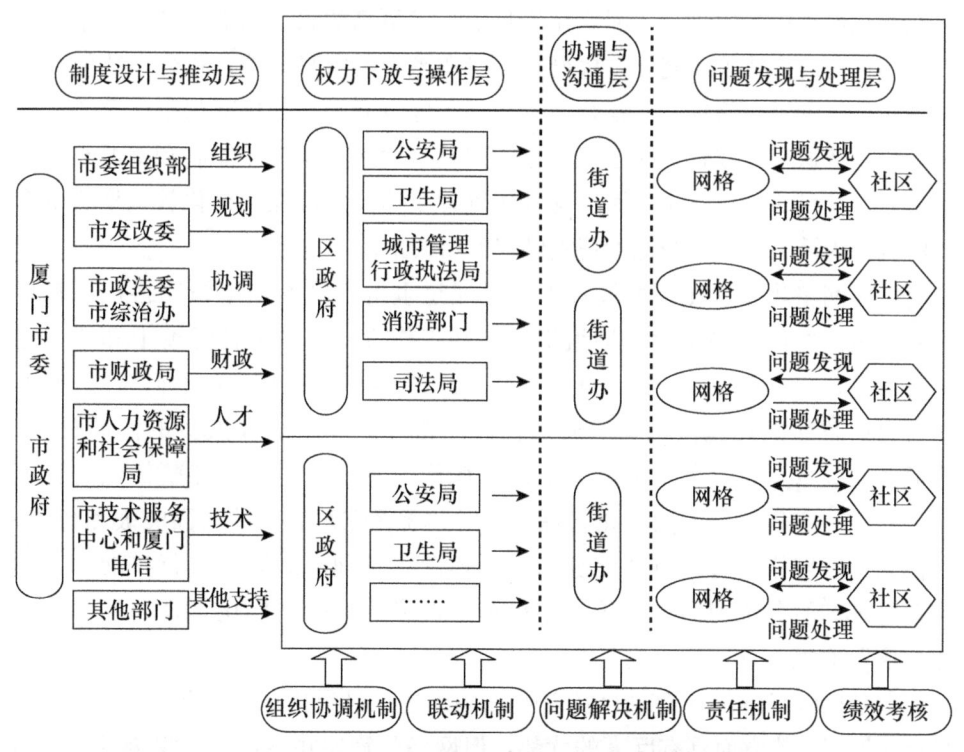

图2 厦门市全面推进社区网格化管理的组织架构

资料来源：毛万磊，吕志奎. 厦门综改区"社区网格化"管理的优化：以鼓浪屿社区为例. 东南学术，2013（4）：77-83.

从图 2 可以看出，社区网格化管理的制度设计和推动由市政府负责，社区网格化建设主要由市政府进行制度安排和改革环境的营造，市职能部门为社区网格化管理和推动提供组织、规划、协调、财政、人才、技术等支持。在实际操作上，区级政府职能部门向辖区内的所有网格单元下派网格管理员，即权力下放与操作层。街道办负责区政府与基层社区之间的协调与沟通工作，扮演着协调与沟通的角色。社区具体负责网格划分与人员配置工作，是网格化管理的问题发现与处理层。

（三）简评

从厦门市社区网格化管理的实践来看，网格化管理是一场社区管理中的"科学管理运动"，具有明显的管理主义倾向。通过严密的组织分工和权责明确，以及社区治理资源的整合，网格化管理实现了更高的管理绩效。社区网格化管理利用现代信息技术，充分发挥网格的资源整合与共享功能，将分散化的社区管理权力、资源和信息进行整合，也实现了区政府职能管理部门工作重心的整体下移。从这个角度看，社区网格化管理是一种跨组织协作体制和资源整合共享机制，其目的是把原先分属不同社区管理主体的资源在网格化管理模式下实现整合，为社区全面精细化管理提供基础和载体。

社区网格化管理在制度设计上，是通过重构社区管理组织完善社区管理模式。厦门社区网格化的管理组织再造和工作方式，在某种程度上和"无缝隙政府"（seamless government）是一致的。"无缝隙政府"以一种整体的而不是各自为政的方式提供服务。通过社区网格建立起组织和人员的协同机制，协调条块关系，整合各层级和各部门的职能，实现全面覆盖和整体化的管理服务。在一定程度上，网格化管理也是对"无缝隙政府"的全面突破和超越，鼓浪屿社区网格化管理将"无缝隙"的理念向管理组织以外进行扩展，力求实现管理和服务范围的全覆盖。这也正是鼓浪屿社区网格化管理超越"无缝隙政府"的地方。

但是社区网格化管理也存在着严重的问题，最突出的是忽视了公民参与。虽然在管理效能方面具有巨大的优势，但网格化管理并不是一种完全意义上的社会治理创新。治理过程的基础是协调，而不是控制。社区网格化管理本质上是基层行政权力在社区管理中自上而下的强力下沉，它更多地体现了管控，而非治理，这与当前强调多元主体参与的社区治理理念相悖。因此，具有强烈管理主义倾向的社区网格化管理作为一种基层社会治理创新存在适用性和持久性的问题。

三、厦门共同缔造"美丽社区"及其评价

2013年，厦门市针对社会改革发展的新情况和新形势，提出"美丽厦门·共同缔造"行动计划。2014年发布《战略规划》，对"美丽厦门"的内涵、目标、战略、行动计划等内容做出细致阐释，特别是对"共同缔造"做出重点部署。《战略规划》指出，美丽厦门的基础在社区，核心在共同。为此，2014年7月，厦门市制定了《美丽社区共同缔造行动指导意见》，对建设"美丽社区"做出进一步的规划和实施。共同缔造"美丽社区"是厦门创新社区治理的新理念和新举措。

（一）共同缔造"美丽社区"的核心理念

当前厦门市社区治理创新的核心理念是通过政府引导公共参与，充分调动社区居民参与社区公共事务的积极性和自觉性，最终形成"共商共治共享"的社区治理格局。根据《战略规划》的精神，共同缔造"美丽社区"将坚持"以群众参与为核心，以培育精神为根本，以奖励优秀为动力，以项目活动为载体，以分类统筹为手段"，以完整社区建设为基础。

以群众参与为核心，坚持走群众路线，发挥群众主体作用，尊重和激发群众首创精神，努力做到决策共谋、发展共建、建设共管、效果共评、成果共享。以培育精神为根本，勤勉自律、互信互助、开放包容、共治共享。以奖励优秀为动力，补贴启动、奖励先进、树立标杆、典型示范。以项目活动为载体，群众自愿、村居实施、政府资助、以奖代补。以分类统筹为手段，区分类型、突出特色、统筹资源、协调推进。以完整社区建设为基础，围绕建设具有完善的设施、开放的公共空间和有认同感的文化的完整社区，从房前屋后的小事实事做起，营造良好社区氛围，培育和增强认同感和归属感。

（二）共同缔造"美丽社区"的主要工作

厦门市共同缔造"美丽社区"主要工作有舆论发动、共商共治、项目实施、统筹推进等四项。

1. 舆论引导，充分发动

共同缔造"美丽社区"的核心在于充分调动居民参与积极性。居民参与度是衡量社区治理成败的基本指标。为调动社区居民参与积极性，提高社区居民对共同缔造"美丽社区"的认知度和认同度，市政府制定《美丽社区共同缔造行动宣传发动工作指引》，协助街道制定具体宣传发动方案，塑造良好的舆论环境与参与氛围。

2. 共谋共商共治，培育合作精神

共同缔造"美丽社区"的基础合作治理，需要培育良好的合作精神。厦门市通过发动居民参与，培育合作参与精神；通过精神培育，促进参与共治。共谋共商共治，培育合作精神，就是对社区发展共同谋划、对社区决策共同协商、对社区事务共同治理，培育"自律自强、互信互助、共建共管"的精神，激发社区居民自主、自强、合作的内生动力和自治精神。

3. 以项目为载体，以激励作保障

厦门市制定了《美丽社区共同缔造行动"以奖代补"项目操作指引》，通过完善社区设施、社区服务、互帮互助、文体娱乐和志愿服务等项目，让居民具体参与共同缔造"美丽社区"的行动，激发居民主人翁意识。以激励典型作为实施共同缔造的保障。建立有效激励机制，奖励居民参与度高、项目活动推动效果明显、各方评议满意的小区、单位或组织，激发和提高各方参与的积极性和创造性。

4. 统筹推进，共同评议

加强社区治理创新，共同缔造"美丽社区"是一项系统性的工作。厦门市制定了《美丽社区共同缔造行动实施方案（示范文本）》，统筹协调分散化的社区治理资源，形成社区治理合力，共同服务于美丽社区缔造的全过程。广泛收集小区居民对共同缔造"美丽社区"行动的意见建议，同时引导社区居民参与社区工作和项目的评议工作。

（三）简评

共同缔造、广泛参与、共商共治，符合社会治理创新的基本理念。厦门市

共同缔造"美丽社区",是政府引导公民参与社区治理,推进社区治理体系和治理能力现代化的有益探索。通过行政权提升市民权利在社区治理中的地位和作用,并逐步淡出不必要的社区事务,把社区公共事务的管理空间还给社区居民。行政权让位于市民权利,让本应该发挥主体性作用的社区居民,重新在社区治理中发挥自我管理、自我服务的作用,这是共同缔造"美丽社区"的目的所在。

共同缔造"美丽社区"目前的工作还存在一些问题。例如当前工作的重点侧重于社区的"外在美",居民参与的范围重项目轻事务。社区治理更重要的是使居民参与广泛的社区公共事务,而不仅仅是狭义上的社区项目。另外,这种自上而下的推动方式,能否真正得到社区居民的认同和认可,社区居民是否真的有足够的积极性参与社区治理,也有很大的疑问。政府是真的为了实现多方参与的社区治理,还是由于政社关系的依赖性加强而不得不"吸纳"居民参与?如果是后者,是否有"新瓶装旧酒"之嫌?目前,共同缔造"美丽社区"还在持续进行,其对社区治理提升的真实效果仍有待继续观察。

四、整合式分析框架:类型特征与运作逻辑

本文采用"创新类型特征-运作逻辑"作为对比分析框架,对厦门社区网格化管理和共同缔造"美丽社区"的社区治理创新活动进行对比分析。关于创新的类型划分,借鉴弗雷德里克森的研究成果;关于运作逻辑的对比,在行政权与市民权利的维度下进行。

(一)对比分析框架

弗雷德里克森关于真正的公共管理创新的相关研究认为,公共管理创新可以分为自上而下的强调传统的战略规划、模仿、目标清晰、控制和领导的管理式创新,以及强调尝试和实验,践行高度分权、高度民主和注重沟通的领导力的可持续创新。管理式创新与可持续创新的比较见表1。

表1 管理式创新与可持续创新的比较

项目	管理式创新	可持续创新
组织	设计、有序、等级分明	宽松、松散
重组	设计与规划	自发、自主发展

续表

项目	管理式创新	可持续创新
领导决策	建筑师、改革家、梦想家	园丁
规划	传统战略管理的目标设定和结果测量	在一致同意的方向上进行创新
创新倾向	短期、快速、表面的创新循环	长期、缓慢、深层的创新循环

资料来源：弗雷德里克森，李文彬，裴祖军. 公共管理与真正的创新. 中国行政管理, 2015（4）：127-133.

弗雷德里克森的研究是限于组织内部的。为超越组织内部创新的分析，本文将管理式和可持续作为公共管理创新的特征来分析，具体比较分析网格化管理和共同缔造"美丽社区"两种社区治理创新活动的特征。关于创新类型特征的具体比较，从价值观、创新路径、创新方式三个子维度进行。不同的社区治理模式，其背后有不同的运作逻辑。在我国的社区管理中，一直存在两股力量，即基层政府的行政权力和社区自我管理、自我服务的自治力量。二者之间存在明显的张力。如何协调二者的关系，是目前社区治理的难题。对二者关系的处理方式的不同，直接决定了社区治理模式的差异。本文认为社区治理中主要有两种运作逻辑，即以行政权为主导和以市民权利为主导。关于运作逻辑的具体比较，从理念基础、核心主体和控制程度三个子维度进行。

（二）比较分析

理论上看，社区网格化管理和共同缔造"美丽社区"是两种不同类型的社区模式，具有不同的运作逻辑。按照"创新类型特征-运作逻辑"的对比分析框架，分两个层次六个子维度，具体对比分析厦门社区网格化管理和共同缔造"美丽社区"，如表2所示。

表2 社区网格化管理与共同缔造"美丽社区"比较

项目		社区网格化管理	共同缔造"美丽社区"
创新类型特征	价值观	管理、引导、愿景	协商、自然、共享
	创新路径	自上而下	基层自发
	创新方式	学习创新	民主管理而激发创造力
运作逻辑	理念基础	管理	治理
	核心主体	管理层或权威	管理或服务对象
	控制程度	控制度高	相对宽松

1. 创新类型特征的比较

网格化管理是具有显著管理式特征的社区治理创新活动，而共同缔造"美丽社区"则是一种可持续的创新活动。社区网格化管理是科学管理精神主导的一次改革，具有明确的战略目标设定，追求管理结果的可测量，是一个短期的、快速的创新活动。共同缔造"美丽社区"是要引导社区居民主动参与社区公共事务管理，为社区治理创造宽松的制度环境。社区治理中的主体是多中心的，共同规划、平等协商、合作治理，是行政权力逐步淡出社区治理的过程。共同缔造"美丽社区"并不设定明确的改革目标，而是为社区治理创造宽松的参与环境，寻求通过协商达成一致，因而是一种长期的、缓慢的但却是深层次的创新。与弗雷德里克森的观点相似，博克斯强调社区治理中的理性原则，但这并不要求"官员以简洁的、充满秩序的、无情感色彩的或预先规定的方向来思考和行动"，而是需要一定时间的审慎的思考，需要公民表达自己的观点并彼此尊重。

在价值观上，社区网格化管理有明确的改革愿景，即提高社区管理效率和提供整体性无缝隙的社区服务，还隐含着一个特定背景下的目标——维护社会稳定。它是通过管理方式的变革，如组织结构重构、人员配置调整、工作流程再造，以实现创新。社区网格化管理明确社区管理中区域分工和权责主体，使政府在社区中发挥主导作用，是基层政府的行政权力向社区的深入。共同缔造"美丽社区"，坚持参与协商、共治共享的原则，让居民自主决定社区发展方向与目标，追求社区治理形态的自然发展。

在创新路径上，社区网格化管理是中央政法委在全国社区积极推行的一个社区治理项目，从厦门市的试点运行和推广实践来看，社区网格化管理的制度设计完善，在网格管理上等级分明，在推行上自上而下有序推进。与之相反，共同缔造"美丽社区"坚持创新的自下而上而不是自上而下的原则。它希望能够调动基层社区居民的参与积极性，通过发挥社区居民的主人翁精神，创新社区治理体制机制。

在创新方式上，厦门市社区网格化管理是创新扩散的结果，包括领域和空间的扩散。网格化管理最初由北京东城区应用于城市市政管理，由于其管理效率和质量上的显著成效，随后被应用于社区管理领域，并扩散到其他地区，直至中央政法委在全国推广。共同缔造"美丽社区"，就其激发市民参与的核心理念来说，并不是什么真正的创新。但是通过民主管理，发挥居民的主动性和创造性，能够为社区建设带来新项目、新思路、新方法，这是网格化管理无法比拟的。民主管理是社区治理持续创新的不竭动力，"寄托了人们道德的或伦理的期待，即在社区生活中应赋予公民拥有更多选择和决定其社区未来的机会"。

2. 运作逻辑的比较

社区网格化管理是以基层政府行政权力为主导的创新活动，是行政权力向社区的下沉；共同缔造"美丽社区"则是引导公民参与社区事务的改革，是市民权利向社区治理的回归。二者运作逻辑的差异与整个国家社会宏观背景有密切的关联。2004年十六届四中全会提出，"加强社会建设和管理，推进社会管理体制创新"，由此社会管理创新开始成为地方政府的施政重点。2007年十七大报告进一步强调"完善社会管理，维护社会安定团结"，建立健全党委领导、政府负责、社会协同、公众参与的社会管理格局，健全基层社会管理体制。在此背景下，厦门市于2012年底全面实现社区网格化管理。十八届三中全会提出"创新社会治理体制"，这是我国社会治理理念的重要转变。2014年7月厦门开始实施"美丽厦门共同缔造"方案，突出强调社区公共事务治理中的公共参与。

显然，在理念基础上，社区网格化管理是管理，共同缔造"美丽社区"是治理。因此，社区网格化管理的运作逻辑是，通过合理分工（网格划分）、协调配合（组团式服务）、工具创新（信息技术）等管理式的改革创新，提高管理绩效；共同缔造"美丽社区"的运作逻辑是，引入多方参与特别是身兼"管理与被管理""服务与被服务"双重身份的社区居民的参与，通过治理架构的创新，提高社区治理的满意度。

在社区治理的核心主体上，网格化管理模式下的社区主导力量是伴随行政权力下沉的区级政府的管理者以及其他权威。这些管理者或权威是社区网格化管理的推动者与实施者，承担着社区事务的管理工作和社区公共服务的供给工作。共同缔造"美丽社区"的核心主体是原先被管理或服务的对象。当行政管理人员或权威逐步退出具体事务的管理时，社区居民实现变被动为主动，积极参与、共同协商、合作治理成为社区治理的核心力量。

两种运作逻辑相异的社区治理模式，对社区的管控程度也不同。社区网格化管理有加强社会管控的目的，在某种意义上，就是要通过管理改革强化政府对社区的控制，一定程度上压缩了自治空间，成为一种"数字管理"，体现了对效率的追求，造成了对人性的压抑。共同缔造"美丽社区"强调弱化管控力度，营造相对宽松的社区环境，为激发社区居民参与创新社区治理提供良好的氛围，是向人本管理的回归。

五、结论与建议

从"社会管理创新"到"社会治理创新"，虽然一字之差，但却是政府与社会关系逻辑的深刻变革，即由政府行政权力主导向市民参与的转变。目前，厦门社区网格化管理建设已经完成，共同缔造"美丽社区"正在推进。二者是否兼容，如何对待国家治理现代化背景下的政社关系，协调好行政权与市民权利之间的张力，是厦门社区治理创新面对的核心问题，也是全国社会治理创新面临的普遍性问题。

实现社区治理现代化的一个重要前提是确立恰当的政府和市民的角色定位。值得注意的是，在当前的政治环境和社区自治能力的约束下，忽视政府的行政力量，空谈社区自治是不现实的。社区治理现代化必然需要一定程度的政府介入，问题的关键在于政府要在社区治理中扮演合适的角色。从理论分析与现实实践来看，政府在社区治理中的角色定位应该是制度供给者和冲突仲裁者，以及社会秩序和社会稳定的最终维护者。把社区能够进行自治的事务交给社区居民共同决定，为社区治理创新和发展、实现社区治理现代化营造良好的制度环境和宽松的社会环境。社区居民要在社区治理中担当起"所有者"和"主人翁"的角色，共谋共商共治，参与社区事务的全过程，包括决策、执行与评估。在社区治理中，行政力量发挥引导性和规范性的作用，市民力量发挥主体性的作用，消解行政权与市民权利之间的冲突，实现二者的协调配合，为推动社区发展形成合力。

通过比较分析发现，社区网格化管理与共同缔造"美丽社区"两个创新项目能够优势互补。社区网格化管理作为一种管理式创新，具有很高的管理效率，但是自上而下流程再造，忽视了市民参与，创新的有效性和可持续性存在问题；而共同缔造"美丽社区"作为一种可持续的创新活动，具有很好的民主效果，满足了居民的参与需求，提升了居民满意度，但可能面临效率不足、执行力不强的问题。因此，驱动社区网格化管理与共同缔造"美丽社区"的协同发展，有利于实现管理式创新与可持续创新的互补性，也有利于化解行政权与市民权利之间的冲突。驱动二者的协同发展，在实际运作上就是"将公共政策制定与执行过程尽可能放在贴近那些被政策影响的民众的位置上，这样既可以保证公民直接参与，创造富有意义的自主治理，同时，也可以保证政府的公共项目更富有弹性，能够回应变化，即时、理性地达成项目创立的目的"，从而建立起具有高度民主性、高效性和回应性的社区治理模式。

因此，厦门市社区治理创新的发展方向是，逐步确立政府引导下以市民参与为核心的社区治理模式，兼容共同缔造"美丽社区"和社区网格化管理两项创新实践，将共同缔造"美丽社区"与社区网格化管理工作有机结合起来。共同缔造"美丽社区"的优势在于人本价值，可同时应用于决策与执行；网格化管理的优势在于工具理性，侧重于管理与执行。一方面，发挥共同缔造"美丽社区"的民主优势，共商共治，让社区居民在社区日常公共决策中发挥主导性的作用，参与社区公共事务管理和项目实施。另一方面，发挥社区网格化管理的工具性优势，提高社区政策执行和项目管理的效率和质量。同时利用网格化管理提高社区基本公共服务供给效率，有效整合和充分利用处于碎片化状态的社区服务资源。

在社区治理现代化过程中，厦门市不断完善社区网格化管理，同时坚持共同缔造"美丽社区"，积极引导居民参与，既实现了工具创新带来的绩效提高，又满足了居民融入社区公共事务管理的需求，是工具理性与民主价值的有机结合。通过治理理念和思路的转变、体制机制的创新，协调政府管理与公民参与之间的张力，实现行政权与市民权利的良性互动，是社区治理"厦门模式"的成功经验，也是对社会治理体系和治理能力现代化的有益探索。

提升开放型经济水平 推进厦门自贸区建设[*]

黄格成 等

党的十八届三中全会通过的《中共中央关于全面深化改革若干重大问题的决定》（简称《决定》），提出构建开放型经济新体制，在推进现有试点基础上，选择若干具备条件的地方发展自由贸易园（港）区。2014年10月27日，习近平总书记在中央全面深化改革领导小组第六次会议上强调："上海自由贸易试验区取得的经验，是我们在这块试验田上试验培育出的种子，要把这些种子在更大范围内播种扩散，尽快开花结果，对试验取得的可复制可推广的经验，能在其他地区推广的要尽快推广，能在全国推广的要推广到全国。"同时，中央支持福建加快发展政策中保留福建自贸区建设的内容。2014年12月12日，国务院决定设立中国（福建）自由贸易试验区（简称福建自贸区）。福建自贸区包括福州、厦门和平潭片区。福建自贸区着重进一步深化两岸经济合作。2015年4月21日，福建自贸区厦门片区在厦门国际航运中心揭牌，厦门由此开启了新的历史篇章：迈入自贸区新时代。应对当前"新形势、新任务、新要求"，厦门如何抓住机遇，充分发挥独特的对台区位优势，乘势而为，统筹谋划，大胆先行先试，全力争取中央批准设立厦门自由贸易区，全面提升厦门开放型经济水平，对厦门市、福建省乃至整个海西经济区构建开放型经济新体制具有重大的现实意义。

---

[*] 本文作者为黄格成等组成的农工党厦门市委课题组，课题组成员为：黄格成、胡汉坯、王军、张新、方素兰、李友华、刘焱军、汤序俭、杨军、高毅、叶星宏。成文时间：2012年10月。

一、必须深刻认识我国建立自贸试验区的战略意义及加快推进厦门自贸区建设的紧迫性

（一）严峻的国际经贸形势要求我国积极探索对外开放的新模式

随着 WTO 多边交涉陷入僵局、双边以及区域自贸区的快速发展，美国等发达国家积极推动跨太平洋伙伴关系协定（TPP）、跨大西洋贸易投资伙伴关系协定（TTIP）和多边服务业协议（PSA），这三大协议将使经济全球化向更高标准、更高层次的服务贸易和跨境投资转变，形成新的世界经济规则。在投资贸易这种新的趋势下，如果我们没有及时跟上，积极主动适应变化，在未来的全球经济发展格局中将存在被排挤和边缘化的风险。加快自贸区建设，大力推进投资环境国际化，是适应新的世界经济规则的迫切需要。

（二）中美双边投资协定谈判对中国意义重大

中美双边投资协定（BIT）谈判，从 1982 年开始至今已历经三十余年谈判 26 轮，因此 BIT 谈判被称作国际投资领域的"世纪谈判"，也被称作中国的"第二次入世"。如果在 BIT 谈判中不能有实质性的突破，对中国而言就不能算是真正融入世界。因此，BIT 谈判对中国意义重大。

BIT 谈判的主要分歧包括投资准入、公平竞争和权益保护三大领域，涉及准入前国民待遇、负面清单、竞争中立、业绩要求、环境条款、劳工权益、外汇转移、金融服务、征收补偿、税收、最低待遇、透明度、投资授权、政治分支机构和仲裁裁决执行等多项议题。2009—2012 年，因美国单方面修改双边投资协定范本，谈判暂时中止，2012 年重启谈判。2013 年 7 月因中国同意将"准入前国民待遇和负面清单"纳入谈判而使 BIT 谈判取得实质性突破。中美双方在经济对话联合成果情况说明中直接提出了一项重大决策，就是"中方正积极研究进一步主动扩大服务业开放的措施，包括建立中国（上海）自由贸易试验区，该试验区将试行新的外资管理模式，并营造各类国内外企业平等准入的市场环境"。

《决定》指出，"建立中国上海自由贸易试验区是党中央在新形势下推进改革开放的重大举措"。建立自贸试验区是我国主动的对外开放。通过实施更加开

放的政策措施，在坚持世界贸易体制规则前提下，在市场准入（如准入前国民待遇）和管理模式（如负面清单管理模式）等方面自主进行改革和试验，为我国积累参与双边、多边以及区域合作的经验，逐步适应、熟悉国际经贸规则，从而增强国际经贸规则修订、制定的话语权和主导权，可为我国与主要经贸伙伴谈判提供重要依据，为我国探索和完善开放型经济新体制提供借鉴。

（三）实施自贸区战略，是以开放促改革，为贯彻落实全面深化改革提供新动力

我国改革开放取得了举世瞩目的成就。同时，"我国发展进入新阶段，改革进入攻坚区和深水区"，必须以更大的决心、勇气和智慧，不失时机推动重要领域深化改革。建立自贸试验区作为全面深化改革的试验田，首要意义是"通过先行先试，使试验区形成与国际经贸通行规则相互衔接的基本框架制度，成为我国进一步融入经济全球化的重要载体"，根本目的是以扩大开放来推动转变观念和转变政府职能，创新政府管理模式，推动体制机制创新和审批制度改革，扩大服务业和金融领域进一步开放，形成可复制、可推广的经验，为全面深化改革提供新的强劲动力，形成改革开放的新格局。

从这种意义上来说，自贸试验区的建立是可以与经济特区设立、启动浦东新区的开发、加入WTO相提并论的重大举措，标志着中国经济进入"以开放促改革"的新阶段。

（四）国内深化改革的浪潮要求加快设立厦门自贸区

中国（上海）自由贸易试验区的设立在全国掀起新一轮改革开放浪潮，全国有多个省（区、市）积极申报设立自由贸易区。2012年国务院已批准在深圳前海深港现代服务业合作区实施系列优惠政策，2013年7月中国人民银行正式批复同意在昆山试验区开展跨境人民币业务试点，长三角和珠三角改革开放力度前所未有。2014年1—9月上海自贸区新设企业约1.2万户，超过上海综合保税区过去20年企业存量，其中新设外资企业数量同比增长10倍。厦门如果不能抓住机遇，统筹谋划，全力争取设立厦门自由贸易区，以进一步扩大开放来推动观念和体制创新，推进行政审批制度改革，加快转变政府职能，创新政府管理模式，努力构建开放型经济新格局，那么在未来经济发展格局中就存在被边缘化的风险。

（五）构建两岸经贸合作最紧密区域需加快厦门自贸区建设

随着《海峡两岸经济合作框架协议》（ECFA）签订，大陆和台湾将逐渐实现产业对接和市场整合。台湾划建设以"六海一空一农技"为核心的自由经济示范区，目标是实现全台湾经贸自由。为推动自由经济示范区建设，台湾修改了一批规定，出台112项措施，进一步消除两岸深化经贸合作的制度性障碍。ECFA也提出了多项允许福建省先行的单边对台优惠政策。《厦门市深化两岸交流合作综合配套改革试验总体方案》（以下简称《综改方案》）提出了多项对台先行先试的产业对接、人员往来优惠政策。在此背景下，积极争取设立厦门自贸区，可以推动两岸贸易自由。把厦门作为深化两岸贸易、服务合作的试验区，实行更加积极的开放投资、服务贸易、金融合作政策，有利于促进两岸经济深度融合和发展。

二、厦门申报设立自贸区的优势

（一）厦门经济特区的成功实践

在厦门经济特区建设30年间，厦门广大干部群众以"敢为天下先，爱拼才会赢"的精神，始终走在改革开放前列，在经济体制改革进程中发挥了重要试验田作用，在对外开放进程中发挥了重要窗口作用。成功实践充分证明，如果中央能批准设立中国厦门自由贸易区，厦门完全有信心、有能力在我国扩大开放和深化改革中更好发挥"排头兵、先行看"的作用。

（二）党和国家对厦门经济特区的殷切期望

1984年2月，邓小平同志亲临厦门视察，题词"把经济特区办得更快些更好些"，并提议和推动厦门经济特区范围从2.5平方千米扩大到全岛，实行了自由港等特殊政策。胡锦涛同志两次视察厦门并强调"厦门完全有条件在对外开放中取得更大成绩、发挥更大作用"。中央领导的这些重要指示为厦门的扩大对外开放和深化改革指明了前进的方向。

（三）有门类齐全的海关特殊监管区域运作的实践经验和较好的理论研究基础

厦门和上海是全国获批设立海关特殊监管区域门类最多的市，共有五类特殊监管区域。厦门象屿保税区和象屿物流园区的功能拓展及监管模式的许多先进经验获得海关总署肯定和推广，如出口集拼业务、区港联动业务。2014年象屿保税物流园区获评"全国优秀物流园区"。丰富的海关特殊监管区域运作实践经验，可以为自贸区成功运作打下坚实的基础。

厦门象屿保税区管委会从1998年以来一直非常重视理论研究，在海关特殊监管区域发展、自由贸易区发展理论研究方面，取得了许多研究成果，成果转化的建议有的获国务院领导批示，有的被国务院相关部门直接采纳应用，解决了诸多制约我国海关特殊监管区域发展的重点和难点问题。较好的理论研究基础，将为今后探索、建设具有时代特征、国际水准、区域特色的厦门自贸区提供必要的理论保障。

同时，厦门经济特区具有地方立法权优势，可为厦门自贸区建设和发展提供必要的法律保障；厦门还有侨乡经济对东南亚华人聚集区的向心力优势。

三、厦门申请设立自贸区面临的问题

（一）经济总量、货物吞吐量、集装箱吞吐量无法支持福建在当前条件下设立并成功运行多个自贸区

根据赫希曼"不平衡增长"理论，设立自由贸易区有利于保障充分就业，保证实际收入与有效需求的增长，扩大范围内资源的有效配置和市场深度融合。在当前国际国内贸易大环境下，自由贸易区设立并成功运行必须同时具备一定的软硬条件。硬件方面要有较好的基础设施和区域枢纽港、较高的货物吞吐量和集装箱吞吐量；软件方面要有快速通关环境、成熟的市场和高素质的专业人才队伍。

但是，2013年上海市与福建省相关指标对比数据（见表1）表明：2013年福建进出口总额1 693.5亿美元，仅为上海的20.85%；货物吞吐量4.55亿吨，仅为上海的58.63%；集装箱吞吐量1 169.39万标箱，仅为上海的34.78%；保税货物进出口总额66.83亿美元，仅为上海的7.08%。而上海只是在原有海关特殊监管区域基础上设立了28平方千米自贸试验区。分析表明福建的经济总量、港口货物吞吐量、集装箱吞吐量无法支持福建在目前同时设立并成功运行多个自贸区。

表 1　2013 年上海市与福建省相关指标对比

地区	进出口总额（亿美元）	货物吞吐量（亿吨）	集装箱吞吐量（标准箱）	保税货物进出口总额（亿美元）
上海	8 121.37	7.76	3 361.68	944.3
福建	1 693.5	4.55	1 169.39	66.83
厦门	840.94	1.91	800.79	64.9
福州	314.29	1.05	197.79	1.93

（二）海关特殊监管区域整合优化工作滞后

海关特殊监管区域整合优化是大势所趋，也是申报自贸区的前提。2005—2008 年，国务院领导先后对海关特殊监管区域整合工作做出重要指示。2005 年吴仪副总理提出要继续深化保税加工和保税物流监管制度政策，对各类特殊监管区域和场所进行功能整合，实现各类海关特殊监管区域优惠政策叠加。2006年温家宝总理强调要推进海关特殊监管区域功能整合，充分发挥海关特殊监管区域的示范、导向和辐射作用。2008 年王岐山副总理要求继续做好海关特殊区域整合工作。2012 年国务院专门出台了《关于促进海关特殊监管区域科学发展指导意见》（国发〔2012〕58 号），提出了海关特殊监管区域建设和发展的方向与具体要求。《决定》提出"加快海关特殊监管区域整合优化"。

2009 年 3 月，农工党中央将黄格成同志撰写的《中国海关特殊监管区域功能整合及转型建议》作为全国政协大会提案上交，提案得到王岐山副总理批示，海关总署领导邀请黄格成到北京协商提案办理事宜，提案提出的建议被采纳。总署领导提出由于厦门经济总量太小，缺乏代表性，建议首先在上海进行海关特殊监管区域整合试点。上海 2010 年完成海关特殊监管区域整合优化工作，深圳、天津、苏州、大连、广州、宁波、青岛等地也在 2009—2011 年先后完成海关特殊监管区域整合优化工作，目前已有 20 多个申请设立自贸试验区的省（区、市）完成海关特殊监管区域整合工作。

2009 年，黄格成向市政协大会提交《整合海关特殊监管区域建议》提案，2012 年黄格成再次向市政协大会提交《整合厦门海关特殊监管区域、构建厦门综合保税区的建议》提案，两次提案都被选为当年市政协主席重点督办提案。国务院批复《综改方案》也明确提出：支持厦门整合海关特殊监管区域和保税监管场所。但是，由于种种主客观因素影响，厦门海关特殊监管区域整合工作一直"只议不整"。2013年9月上海自贸区正式成立，此事触发市委市政府对厦门海关特殊监管区域整合工作的重视，对厦门海关特殊监管区域整合和自贸区建设工作做出了指示，成立专门工作小组。但是，一年过去，厦门海关特殊监管区域整合工作没有取得实质性的突破。2014年8月印发的《厦门自贸区建设工作实施方案》，仍然把推进厦门海关特殊监管区域整合作为首要工作任务。

四、提升开放型经济水平，加快推进厦门自贸园区建设的建议

（一）抓紧修改完善厦门自贸区建设的总体方案

适应经济全球化新形势，坚持世界投资贸易体制规则，加快自贸区建设是党中央、国务院做出的重大决策和国家战略。厦门市委、市政府以及厦门海关特殊监管区域整合和自贸区建设工作组成员单位必须认真学习党中央、国务院领导指示及福建省委、省政府领导讲话精神，特别是习近平总书记2013年三次听取关于上海自贸试验区筹建工作、2014年5月23日听取上海自贸试验区建设总体推进情况、2014年10月27日在中央全面深化改革领导小组第六次会议关于自贸区建设的重要指示精神，把推进厦门自贸区建设作为贯彻落实中央和省委赋予厦门的重大使命以及实施《美丽厦门战略规划》的头等大事。工作小组各成员单位要明确工作职责、工作内容，各司其职，密切配合。首先，要密切跟进上海自贸试验区建设工作推进情况及制度创新、政策创新的动态；其次，要进一步与国家发改委、商务部、海关总署等国家部委密切联系，强化向上沟通汇报，做好相关工作衔接；最后，组织市政府相关部门、驻厦中央单位和专家学者组成专题调研组，针对厦门自贸区建设的总体目标、实施范围、功能定位、开放领域、体制创新、制度改革、管理模式等一系列重大问题和原则进行深入细化研究。总体方案必须尽快确定两个方面的问题：总体目标和实施范围。

1. 总体目标

厦门自贸区建设总体目标确定的原则：首先，贯彻落实习近平总书记2014年5月23日考察上海自贸试验区的重要讲话精神，按照"先行先试、风险可控、分步推进、逐步完善"的原则，把扩大开放同改革体制结合起来，把培育功能同政策创新结合起来，大胆闯、大胆试；切实把制度创新作为核心任务，努力创造更加国际化、市场化、法治化的公平、统一、高效的营商环境；切实把防控风险

作为重要底线，建设全过程努力排除一切可能和潜在的风险因素；切实把企业作为重要主体，重视各类企业对制度建设的需求，鼓励企业积极参与自贸区建设。其次，以《关于中国（上海）自由贸易试验区工作进展和可复制改革试点经验的推广意见》为指导，学习借鉴上海自贸区先进理念和成功经验。最后，从厦门实际出发，突出厦门经济特区区位优势和对台特色。通过"21世纪海上丝绸之路"加强与东盟对接，功能上形成全方位对外开放。

厦门自贸区的总体目标：全面落实中央和省委赋予厦门的重大使命，加快实施《综改方案》和《美丽厦门战略规划》，发挥厦门对台特色和区位优势，加快转变政府职能，积极推进制度创新、政策创新，加快推进投资贸易管理体制改革，积极培育新功能和新型贸易业态，深化两岸产业、贸易、服务、金融、文化等合作，加快探索资本项目可兑换和金融服务业扩大开放，积极推动构建两岸人民币结转和清算中心，加快推动"一区三中"和开放式跨境电子商务平台建设，积极推进"关港贸"一体化的监管模式，努力构建国际化、市场化、法治化的公平、统一、高效的营商环境，力争用3~5年努力建成具有国际水准的投资贸易便利、货币兑换自由、监管高效便捷、法治环境规范的厦门自由贸易区和两岸交流合作的示范港。

2. 实施范围

借鉴上海自贸区的经验，从厦门的实际出发，并考虑厦门自贸区今后拓展的需求，厦门自贸区的实施范围可考虑小、中、大三种方案。

（1）小自贸区范围方案（简称方案一）。具体包括厦门象屿保税区、厦门象屿保税物流园区、厦门海沧保税港区、机场空港物流园区（象屿保税区三期）、厦门火炬（翔安）保税物流中心（B型）、大嶝对台小额商品交易市场等区域，面积约14.45平方千米。该方案的优点是获中央批准的可能性最大，缺点是未来的拓展空间受限。

（2）中自贸区范围方案（简称方案二）。具体包括方案一加上厦门两岸新兴产业和现代服务业合作示范区，面积约78平方千米。该方案的优点是为未来自贸区的拓展留下合理的空间，特别是有利于推进两岸新兴产业和现代服务交流合作，缺点是获中央批准的难度较大。

（3）大自贸区范围方案（简称方案三）。具体包括方案二加上厦门岛全岛，面积约200平方千米。该方案的优点是自贸区未来发展空间巨大，可以促进厦门的全方位扩大开放，缺点是很难获得中央批准。

下面通过比较分析（见表2）来选择厦门自贸区实施范围方案。

表2　2014年上半年上海自贸区与厦门海关特殊监管区域运转情况指标比较

地区	面积（平方千米）	新设立企业（家）	新引资额（亿元）	进出口额（亿美元）	物流营业收入（亿元）	资金池收支（亿元）	区内跨境人民结转（亿元）
上海	28	7 040	1 023.60	604.72	6 350	78	800
厦门	6	247	23	47.81	43.58	0	0

从表2的数据可知：厦门已封关运作的海关特殊监管区域面积约6平方千米，为上海自贸区面积的21.43%；海关特殊监管区域新设立企业247家，为上海自贸区的3.51%；新引资额23亿元，仅占上海的2.25%；进出口总额47.81亿美元，为上海的7.91%；物流营业收入43.58亿元，仅为上海的0.69%；上海自贸区内资金池收支78亿元，厦门没有资金池收支；上海自贸区内跨境人民币结转800亿元，厦门海关特殊监管区域内的跨境人民币结转量却很小。

通过上述对比分析，厦门自贸区实施范围应采用方案二。一方面中央希望福建省在2020年实现GDP总量超过台湾，经过积极努力争取，该方案有可能获得国务院批准。另一方面，该方案划定的面积已能满足今后厦门自贸区发展对空间的需求。

（二）加快推进厦门自贸区建设

1. 加快厦门海关特殊监管区域整合优化

2014年8月29日，海关总署召开全国加快海关特殊监管区域整合优化工作会议，研究部署整合优化的重点工作，并通过了《加快海关特殊监管区域整合优化方案》的重点内容。

加快海关特殊监管区域整合优化受到党中央和国务院的高度重视，是海关特殊监管区域健康发展的内在要求。因此，希望厦门市委、市政府坚持市场需求、问题导向，依靠改革，依靠制度创新，全力推进厦门海关特殊监管区域整合优化，明确各自特色定位和发展重点，实现错位发展、资源优化配置，要对各特殊监管区域进行分析、评估，加快形成管理规范、通关便捷、用地集约、产业集聚、绩效突出、协调发展的格局。进一步完善政策和功能，加快从以货物贸易为主向货物贸易和服务贸易并重转变，加快从以引进外资为主向引进外资和促进对外投资并重转变，加快从以在岸业务为主向在岸业务和离岸业务并重转变，加快从传统贸易、出口加工、仓储物流向销售管理中心、供应链管理中心、资金结算中心、跨境电子商务营运中心转变；促进加工贸易向产业链高端延伸，鼓励、支持、引导加工贸易企业向特殊监管区域集中，发挥特殊监管区域的辐射带动作用，使其成为促进产业转型升级、优化产业结构、拉动经济发展的重要平台。

整合优化后的象屿保税区和象屿物流园区功能定位：重点发展保税物流、启运港退税中转、商品展销、城市生活资料配送、海空转运物流、内支线中转、"一日游货物"、现代服务业（工业设计、建筑设计、电子信息、邮轮配套服务、厦台现代服务业合作）、金融服务业和境外投资等十大行业，将原来的保税加工贸易功能整合并入海沧保税港区。

海沧保税港区功能定位：重点发展保税出口加工、临港大宗原料集散中心、总部经济、销售管理中心、供应链管理中心、资金结算中心、离岸业务、口岸功能、高技术维修、现代服务业、金融服务业、启运港退税中转、港口基础服务功能、跨境电子商务等行业。

整合优化后的海关特殊监管区域管理服务要做到"五个统一"：统一行政管理机构，统一监管机构（海关、国检），统一关区编码，统一商事登记机构，统一招商。同时，加快推进东渡港搬迁工作，按照"港口作业区、港区道路、仓储区、集中查验区、临港加工区"的功能需求，加快对海沧保税港区的功能区规划和调整。加快对全市港区码头资源的整合，全力打造福建省第一个千万标箱大港。努力争取国务院批准厦门实施启运港退税政策。

2. 借鉴上海经验，积极探索制度创新

厦门自贸区建设"要切实把制度创新作为核心内容"，把扩大开放同改革体质机制结合起来，把培育功能同政策创新结合起来，形成与国际投资贸易通行规则相衔接的基本制度框架。

（1）管理制度创新。重点是按照《决定》的要求，借鉴世界投资贸易体制规则，简政放权、转变政府职能，深化行政管理体制政策，创新管理模式，减少行政审批，推进政府管理由注重事前审批转变为注重事中、事后监管，加快推进外商投资管理体制改革，营造各类投资主体平等准入的市场环境。上海自贸区经过一年的政策试验已形成了50多项制度创新经验，其中21项在全国或部分地区推广，另外还有33项具备了复制推广的基础。对已在全国推广的上海制度创新经验，厦门要加快全面推进落实，对只在部分地区推广和只在具备复制推广基础区域推广的创新成果，厦门要及时跟进研究，具备条件的尽快在海关特殊监管区域实施。同时，厦门应根据自身对台区位优势和特色，在借鉴的基础上进行制度创新。

一是商事登记制度改革。国家发改委在全国推广境外投资项目备案管理制度、外商投资项目备案管理制度；商务部在全国推广境外投资开办企业备案管理制度；工商总局在全国推广注册资本认缴制、统一营业执照样式政策，以及企业举报公示和经营异常名录制度。这些制度厦门应全面推广实施。厦门市政府公布《厦门市外商投资企业设立实行简化审批管理办法（试行）》，象屿保税区实行《厦门象屿保税区、保税物流园区外商投资企业设立和变更（备案）一口受理办法（试行）》。这些制度改革都还只是过渡办法，实施过程必须按照"负面清单＋备案制"模式运作，并且还需进一步简化操作流程，加快实施外商投资企业网上在线审批和格式化审批工作实施方案。商事制度改革下一步的重点是加快制定厦门版的"负面清单"，争取尽快在厦门海关特殊监管区域实施外商投资负面清单管理试点。负面清单管理模式要告诉外资哪些领域可以进入，哪些领域不能进入；要告诉政府哪些领域该管，哪些领域该让市场、社会管理。《综改方案》提出，对于拟推出的促进两岸合作的相关政策事项，厦门具备条件的优先在厦门先行先试，因此，负面清单应反映中央赋予厦门的这项特殊政策。

二是境外投资管理创新。对境外投资一般项目实行备案制，创新投资服务促进机制，完善境外投资事后监管和服务，营造跨境投资便利化环境，吸引国内跨国公司入驻自贸区。

（2）监管制度的创新。一是海关监管制度创新。核心是"一线放开、区内自由、二线安全高效管住"和货物分类监管模式。上海自贸区成立一年时，上海海关共推出23项改革政策，其中14项可以在全国复制推广。根据厦门海关通报，对于14项监管创新制度，厦门海关分三个阶段有序推进，第一批6项制度先在海关特殊监管区域推广，然后复制推广到区外符合条件的企业。下一阶段厦门海关监管制度创新的重点是：首先，加快辅助管理系统开发，尽快在厦门复制推广"先进区、后报关""加工贸易工单式核销""仓储企业联网监管"

"智能化关口验放"等4项创新制度。其次，积极争取相关部委批准和企业需求，复制推广"境内外维修""融资租赁""内销选择性征税""期货保税交割"4项创新制度。再次，根据厦门的产业结构及功能拓展需要，探索可在厦门自贸区复制推广的其他9项创新制度。最后，积极推进海西经济区通关一体化。

二是检验检疫制度创新。重点是研究分析将在全国国检系统复制推广的上海自贸区的8项检验检疫创新制度，包括：进口货物预检验制度、第三方检验结果采信制度、中转货物原产地签证制度、入出境特殊物品风险管理、全球维修产业监管制度、动植物及其产品检疫审批负面清单管理、检验检疫通关无纸化政策指导意见和检验检疫分线监督管理规定。厦门应加快上述制度在符合条件的企业复制推广。

三是其他监管制度创新。第一，按照快件监管的相关规定，尽快设定对台海运快件业务范围及快件标准，设立快件监管场所，审批快件经营主体，制定《厦门试点开展对台海运快件业务海关监管办法》。第二，探索出境加工方式出口业务海关、国检的便捷通关模式。第三，探索冷链物流进口冷鲜食品分拨海关、国检便捷通关模式。第四，探索通过"区与区对接"模式，加强两岸经贸合作，从具体项目（如：设备检测维修、农产品、医疗器械等）入手，争取探索出两岸通关最便捷模式。第五，推动厦门与台湾口岸公共信息平台对接，构建两岸"信息互换、资讯共享、执法互认"的信息对接平台，推动厦台关务检务合作、监管机制对接和执法结果互认。第六，加快厦门"关港贸"一体化信息平台建设，争取早日实现"一点接入、一次查验、一次放行"的通关模式，开展国际贸易"单一窗口"项目试点，提升口岸执法效能。第七，加快推动口岸、海关、国检、金融、外汇、税收等信息平台对接，实现公共资讯共享。第八，推动国税部门对海关特殊监管区域内企业一般纳税人资格核定。

（3）金融制度创新。创新的前提是金融服务实体经济；创新的核心是在风险可控的前提下，在资本项目可兑换、人民币跨境使用、金融市场利率市场化、人民币跨境结算和清算、离岸金融等方面先行先试，并建立与自贸区相适应的外汇管理体制；创新的重点和难点是有效建立风险防范体系，包括风险识别、风险监测、风险控制，在开放条件下自贸区必须建立"反洗钱、反恐怖融资和反逃税"的风险防范机制。

3. 积极推动功能拓展

（1）积极拓展贸易新功能和培育贸易新业态。加快推动传统贸易向服务贸易转型升级。鼓励境内外有条件的企业在区内建立区域销售管理中心、供应链管理中心、资金结算中心等实体性区域营运中心。支持区内企业发展离岸业务，推动服务外包业务发展，促进生产性服务区域合作。培育跨境电子商务服务功能，推动对台海运快件发展，加快开放式跨境电子商务平台建设。开展境内外高技术、高附加值维修业务。设立商品展示交易平台，支持企业开展进口大宗保税商品展示交易、物流运作、信息咨询、供应链金融一站式服务，开展"前店后库""分类管理"展示销售试点。加快发展大嶝对台小额商品交易市场，积极争取建立大嶝台湾商品免税岛。争取进行期货保税交割试点，开展文化产品、文化装备业务。

（2）扩大服务业开放。扩大服务业开放是实施自贸区战略的重要内容。依据《综改方案》，选择金融、航运、商贸、资讯、教育、旅游、文化等重点领域和行业扩大对外开放，取消或暂停投资者资质要求、股权比例限制、最低资本金限制、经营范围限制，实行类似负面清单管理模式，对负面清单以外的领域，对外商投资实行准入前国民待遇，对各类投资主体实行统一市场准入机制，最大限度实现投资便利化。

（3）深化厦台交流合作。厦门自贸区在功能定位上体现对台为主，应推进深化厦台在产业、经贸、金融、文化、人员往来等方面深化交流合作。在ECFA下，积极落实允许福建先行对台开放和合作的15项内容。对上述所列所有功能拓展业务，在法律法规允许的前提下，优先对台放宽市场准入。

4. 完善法制保障

（1）国家层面法制保障。努力争取在厦门自贸区获得批准前，针对厦门按照《综改方案》开展试点的内容，暂时调整实施相关法律及国务院和相关部门的行政法规。

（2）国家部委层面法制保障。在厦门开展扩大服务业开放、实施准入前国民待遇、改革外商投资企业管理政策，以及深化厦台产业、贸易、文化、金融、人员往来交流合作试点时，国家有关部委能出台文件及时解决试点过程中的制度保障问题。

（3）地方层面法制保障。加强本市地方立法。厦门市政府已发布实施《厦门市外商投资企业设立实行简化审批管理办法（试行）》，市政府应在此基础上，结合党中央和国务院拟在全国海关特殊监管区域复制推广或在全国复制推广上海经验的情况，着手拟定厦门版的负面清单，以便厦门自贸区获批后加快衔接实施。市人大应启动开展厦门自贸区条例制定的前期调研和准备工作。

5. 重视人才，加强培训

人才是竞争的制高点，是改革成败的关键。厦门要打造一个公平竞争的人才培养、选拔、使用、退出的用人机制，营造尊重知识、尊重人才的氛围，把知识作为核心工具，享受知识转化成果。要制定政策，创造条件吸引一批具有国际视野、精通自由贸易区业务的专业和管理精英加盟，为厦门自贸区建设贡献力量和智慧。

厦门海关特殊监管区域经过多年的发展，已培养了一支熟悉自贸区业务的人才队伍，但是人数太少，整体素质不高，高端人才特别是具有全面统筹谋划能力的人才十分稀少。因此，为提升厦门开放型经济水平、加快厦门自贸区建设，政府应加大投入，尽快制订出自贸区业务专业人才培养计划。

福建自贸区两岸文化创意产业深度合作[*]

杨 玲

一、引言

2015年4月20日国务院发布《中国（福建）自由贸易试验区总体方案》，提出"扩大对外文化贸易和版权贸易""探索闽台产业合作新模式"等支持深化两岸文化创意产业合作的意见，并且在金融、人才、税收等方面给予政策倾斜，在国家战略的高度，对福建省加强与台湾文化创意产业的交流与合作注入了新的活力。两地地理位置接近，文化资源类似，既有竞争又有合作。如何实现两岸的文化创意产业对接，以产业政策协调和构建产业协作平台来引导企业开展产业合作，通过政府治理模式的创新，实现产业分工和区域协调发展，最终实现共同利益，就成为一个十分迫切的课题。

19世纪，发达国家将文化产业纳入国民经济统计之中，学术界对其理论研究的兴趣也衍于此。弗里德里希·李斯特最早提出，生产力不仅包括"物质资本"形成的生产力，还应包括"精神资本"所创造的生产力。受其影响，法兰克福学派首次提出了"文化产业"这一全新概念。到20世纪80年代，文化产业理论由于研究路径的不同，发生了学院派与应用派的分流。

文化创意产业是文化产业发展的新阶段，丰富和完善了人们对于文化产业的理解。确切地讲，人们将"创意"作为产业发展来研究还只是近几十年的事情。1997年英国政府最早把文化产业扩大到相关的制造业中，并通过创意的"越界"和"融合"促进产业大发展。英国还着手成立了"创意产业专责小组"，

---

[*] 成文时间：2018年11月。

从产业政策和战略的角度，首次明确提出了文化创意产业的理念。其后，《创意产业专题报告》首次对"创意产业"进行了定义，即"源自个人创意、技巧及才华，通过知识产权开发和运用，具有创造财富及就业潜力的产业"[①]。

中国在政策层面第一次正式提出"文化创意产业"概念是 2006 年国务院出台的《国家"十一五"时期文化发展规划纲要》，把文化创意产业作为调整经济结构的重要举措。"文化创意"作为一种产业的提出，首先是政府政策意义上的概念，而不是学术概念。文化创意产业也曾经用过创意产业、版权产业、内容产业等不同概念名称，它本质上是一种源自创意、注重知识产权保护、高附加值的文化产业。

在文化创意产业的发展中政府要不要介入，介入的度与界限在哪里，政府的政策立场是什么，这些问题都扩展了文化创意产业理论的研究对象和研究范围，这样就出现了通过交叉学科视角对文化创意产业本身以及它与经济结构、文化政策、政府职能的关系的研究。与此同时，公共管理学凭借着不同于传统公共行政学和公共政策学的全新研究路径、研究范式和研究框架获得了巨大发展，并且陆续提出众多新颖的理论，其中"公共服务"和"电子政务"作为政府治理的理论被引入文化创意产业应用学派的研究框架中，该学派将"公共服务"和"电子政务"理论与加快发展区域文化政策及工具进行综合研究，提出发展文化创意产业的有效途径——构建文化创意产业公共服务平台或公共咨询平台。公共服务平台，又称公共信息平台或者公共资讯平台，作为一个全新的概念，它最早由布莱尔·康赖提出，随后众多学者将其引入教育、科技、地理、政府等领域。

最近几年随着经济的发展与产业经济结构的调整，国内也有学者开始关注文化创意产业的研究，研究对象主要是文化创意产业发展基础较好的一线城市，其相关理论、研究框架、研究范式还有待完善。就福建而言，方忠的《福建省文化创意产业对就业增长贡献实证分析》分析论证了福建省文化创意产业的就业弹性系数比较高；徐晓金、张惠珍的《福建省文化创意产业发展的路径选择》对福建省文化创意产业的现状、问题及路径选择进行了分析与归纳；蔡洪杰的《福建省文化创意产业现状与对策分析》也对福建省文化创意产业现状进行了分析；等等。然而，关于福建自贸区两岸文化产业深度合作这一具体问题的研究，

---

① DCMS. Creative industries mapping document，1998.

目前基本是空白。本文基于对福建自贸区的实证调研与分析，探索文化创意产业中政府治理的创新。

二、福建自贸区两岸文化创意产业合作的实证分析

笔者主要围绕福建自贸区两岸文化创意产业合作中的政府的政策工具、市场需求、相关从业人员对合作的认知等问题设计了闽台文化创意产业公共服务平台对接研究调查问卷，首先在省内以区域（闽南、闽西、闽北、闽东、省会）为单位进行第一次分层，对厦门、福州、龙岩、莆田、宁德5地进行抽样，并对该5地的文化产业园区进行实地调研与访谈。笔者针对"文化创意产业相关从业人员"，共发放问卷550份（厦漳泉共300份，龙岩、宁德、莆田等城市共250份），回收有效问卷497份，问卷合格率约为90%。该研究的抽样方案，采用分层与随机结合的抽样方法，先确定福建省文化产业园区的主要分布，然后选取了厦门、漳州、泉州、福州、龙岩、宁德等城市，对省内文化创意产业相关从业人员按比例发放问卷。在上述整群抽样的基础上采用随机抽样方法，根据企业人数随机发放相应数量的问卷。此外还对厦门、莆田、宁德、福州、平潭5市相关政府工作人员做深度访谈。通过政策解读、区位特点研究、田野调查来分析自贸区两岸文化创意产业合作中存在的主要问题。

(一) 两岸文化创意产业深度合作政策要点解读

推进自由贸易试验区建设，是我国经济发展进入新常态，为全面深化改革、扩大开放探索新途径而采取的重大举措。为促进闽台文化创意产业合作，从中央到地方出台了一系列相关政策，譬如，《海峡西岸经济区发展规划》《关于加快推进文化和科技融合发展的实施意见》《福建省加快推进文化和旅游融合发展的实施意见》等。在建设自贸区的大背景下，直接指导两岸文化创意产业合作与发展的重要文件有两个，一个是2015年4月国务院发布的《中国（福建）自由贸易试验区总体方案》（以下简称《方案》），另一个是2015年6月文化部发布的《关于实施中国（广东）自由贸易试验区、中国（天津）自由贸易试验区、中国（福建）自由贸易试验区文化市场管理政策的通知》（以下简称《通知》）。

《方案》明确指出，扩大对外文化贸易和版权贸易，发展知识产权服务业，

扩大对台知识产权服务，开展两岸知识产权经济发展试点。这对福建自贸区两岸文化创意产业深度合作给予了宏观方向上的指导，这也是福建与其他自贸区发展文化创意产业的不同特点。知识产权是文化创意产业良性发展的核心要素，这也是实地调研访谈中，台湾文化企业来闽发展最关注的问题之一。一个成熟、有序且可持续发展的文化市场，一定是知识产权保护完备、版权贸易占市场比重较大的市场。未来福建自贸区两岸文化创意产业的深度合作，知识产权保护相关工作必须先行。

此外，福建自贸区平潭片区将重点建设两岸共同家园和国际旅游岛。《方案》提出，在自贸试验区内，允许申请成为赴台游组团社的3家台资合资旅行社试点经营福建居民赴台湾地区团队旅游业务；允许台湾导游、领队经自贸试验区旅游主管部门培训认证后换发证件，在自贸试验区执业；允许在自贸试验区内居住一年以上的持台湾方面身份证明文件的自然人报考导游资格证，并按规定申领导游证后在大陆执业。

在台资准入上，《方案》先行放宽的行业门类里有"文化服务"，这也拓宽了两岸文化创意产业合作与发展的融资渠道。

《通知》放宽了演出娱乐场业的准入制度，给了台资在文化创意产业中极大的发展空间，这也是对两岸文化创意产业合作的利好消息。

总之，《方案》与《通知》是福建自贸区两岸文化创意产业加深合作的政策支持，勾勒了其未来的发展蓝图。

（二）两岸文化创意产业深度合作的区位特点分析

我国设立的自贸区本质上是以更大的开放促进更深入的改革。上海、广东、天津和福建四大自贸区在战略定位与区位布局上各有侧重。福建自贸区以对台湾全面合作为方向，进一步深化两岸经济文化交流与合作。在两岸合作方面，福建自贸区有地理位置优势、特区政策优势、同一亚文化圈的区位优势。

但相对其他自贸区，福建自贸区进出口贸易基数较小，如表1所示。福建自贸区的进出口贸易额远远低于上海自贸区和广东自贸区，贸易依存度仅0.48%，外商投资额低于其他三个自贸区，实际外资利用额也是四个自贸区中最低的。在与其他自贸区的进出口贸易横向对比中，福建自贸区并不占有突出的优势，甚至还落在后面。以此为基础可推论：福建自贸区中两岸文化创意产业的合作与发展有限，上升空间还很大。

表1 2013年上海、广东、天津、福建自由贸易试验区相关经济指标一览表

项目	上海自贸区	广东自贸区	天津自贸区	福建自贸区
进口贸易额（亿美元）	2 371.54	4 554.58	795.03	628.47
出口贸易额（亿美元）	2 042.44	6 363.64	490.25	1 064.74
贸易依存度（%）	1.27	1.09	0.55	0.48
政府财政收入（亿元）	4 109.6	7 081.5	1 309.9	2 119.5
外商投资额（亿美元）	246.3	363.13	207.33	83.36
实际利用外资额（亿美元）	167.8	249.52	168.29	66.79
外资利用率（%）	68.13	68.71	81.17	80.12
运作面积（km^2）	120.7	116.2	119.9	118.0

资料来源：上海市、广东省、天津市、福建省2014年统计年鉴。

福建自贸区两岸文化创意产业合作，有丰富的历史、文化资源，"两岸三通"的区位优势明显，平台地位和作用日趋突出。福建海关数据显示，2008—2013年，闽台海空直航共运送旅客突破千万，达到1 042万人次；其中，海上运送旅客745.35万人次，占两岸海上客运量的98%以上。我们必须深刻认识到福建自贸区的区位特点，进一步加强顶层设计与基层实践，促进两岸的文化创意产业合作与发展。

（三）两岸文化创意产业深度合作中存在的问题

2012年福建省实现文化产业增加值突破1 000亿元，占地区生产总值比重约5%，增速达到24%。福建省文化产业增加值从2005年的163.39亿元提升到2012年的1 000亿元，年均增速约为29.5%，高于同期GDP增长速度[1]，保持较快增长的态势。与此同时，福建省和台湾关于文化创意产业的交流也如火如荼，交流范围不仅有民间层次的交流，而且涉及政府、行业协会等层面的交流。但是通过实地调研与文献分析，我们发现自贸区两岸文化创意产业合作还有不少问题。

1. 福建省文化创意产业发展基础薄弱

自贸区两岸文化创意产业的深度合作，对各自产业的发展水平是有一定要求的。只有双方的产业发展水平相近，才能更好地进行资源整合，加深合作。

---

[1] 福建省统计局. 福建统计年鉴（2012）. 北京：中国统计出版，2012.

福建省总体经济发展水平、人均GDP低于发达省份,且省内区域经济发展水平严重不平衡,自贸区总体文化创意产业发展水平还较为落后,与台湾相比,需要做进一步的努力。

(1) 福建省闽台贸易进出口不平衡。

由表2可见,2010—2013年福建省的对台贸易进口额远远大于出口额,贸易逆差较大。福建自贸区两岸文化贸易以此为基础,任重而道远。自贸区除了吸引台湾的文化创意产业发展优势资源以外,更重要的是如何走出去,如何用好与台湾的"五缘"基础,扩大自贸区文化创意产业在台市场。

表2 闽台贸易基本情况

年度	指标	闽台进出口	福建向台湾出口	福建自台湾进口
2010	总规模(亿美元)	103.80	22.10	81.80
	占台湾贸易比重(%)	1.97	0.88	2.98
	占福建贸易比重(%)	9.54	2.38	21.94
	占两岸贸易比重(%)	9.20	6.15	10.63
2011	总规模(亿美元)	116.10	30.00	86.10
	占台湾贸易比重(%)	1.97	1.07	2.79
	占福建贸易比重(%)	8.09	3.23	16.99
	占两岸贸易比重(%)	9.10	6.88	10.25
2012	总规模(亿美元)	119.60	30.90	88.70
	占台湾贸易比重(%)	2.09	1.14	2.95
	占福建贸易比重(%)	7.67	3.16	15.27
	占两岸贸易比重(%)	9.83	7.55	10.99
2013	总规模(亿美元)	128.50	32.20	96.30
	占台湾贸易比重(%)	2.23	1.19	3.15
	占福建贸易比重(%)	7.59	3.02	15.32
	占两岸贸易比重(%)	10.33	7.56	11.77

资料来源:根据2013年台湾统计数据和2013年福建省统计年鉴整理。

(2) 福建自贸区辐射力有限,对台商吸引力有降低的趋势。

福建省在文化上与台湾相通,而与长三角、珠三角的联系较少。在与台湾的交流中,福建接受的台湾元素多,而对台湾的影响带动少,仅有宗亲、祖地、民间信仰等领域处于主动地位。

台商在大陆投资的地域分布,在过去几十年中发生了很大的变化,在20世纪80年代，由于受文化与地缘优势的影响，台商在福建、广东两省投资总额比重占到了70%，进入90年代，台商在福建省的投资比重大幅度下降，2000年，台商在福建省的投资比重降到3.82%。而以深圳、广州、珠海、东莞为核心的广东省，在整个20世纪90年代是台商投资的重点区域。2000年以后，江苏省以绝对的优势超过广东，成为台商投资最多的区域，超过台商对大陆投资额的一半[①]。

随着大陆开放程度的不断加深、经济腹地的不断拓展、市场辐射能力的提升和产业结构配套等因素的影响，福建对于台商的吸引力逐渐减弱，台商把投资重心转向珠三角、长三角地区是必然趋势。福建自身投资硬件和软件环境不足，未能营造良好的投资软环境也是重要原因。首先是观念比较落后，在引进台资的过程中，缺乏敢闯敢试的胆略与气魄；其次是行政效率低下，与投资软环境与引进台资后来居上的江苏、上海、浙江等地相比差距明显；最后是公共基础设施不够完善，相对于江浙、广东等经济发达省份，福建在公共基础设施、交通便利程度方面处于劣势。另外，受制于经济发展水平和人口数量，福建文化产业消费市场跟沿海发达省份相比相对狭窄。

（3）福建自贸区文化创意产业发展后劲不足。

导致福建自贸区文化创意产业发展后劲不足的因素主要有以下几个方面：一是产业人才，省内985综合性高校仅1所，普通本科教育和职业技术教育同样滞后，优秀毕业生向外省流失严重，留在省内的也集中在福州、厦门等中心城市；二是基础设施，福建省基础设施建设长期滞后于沿海平均水平，近年来加快建设又面临严峻的环保压力；三是公众文化需求，福建省人均收入在东部沿海省份排名靠后，制约了对文化产业的需求，限制了文化产业的市场空间。[②]

2. 两岸文化创意产业深度合作中政府职能需要转变

文化创意产业从业人员普遍反映政府的职能需要转变，需要更多地提供公共服务，尤其是在相关优惠政策的落实到位、信息共享、资金扶持等方面。

通过福建省文化产业从业人员对政府表现满意度的调查（见图1）发现，文化产业从业人员对政府在公共基础设施建设、知识产权保护、人才引进与培养、财政补贴等方面的评价总体上处于基本满意到不太满意的水平。

---

① 段小梅. 台商投资大陆的区域特征及未来走向. 亚太经济，2006（3）：72-75.
② 根据笔者课题组调研厦门市海沧区某政府部门工作人员访谈资料整理。

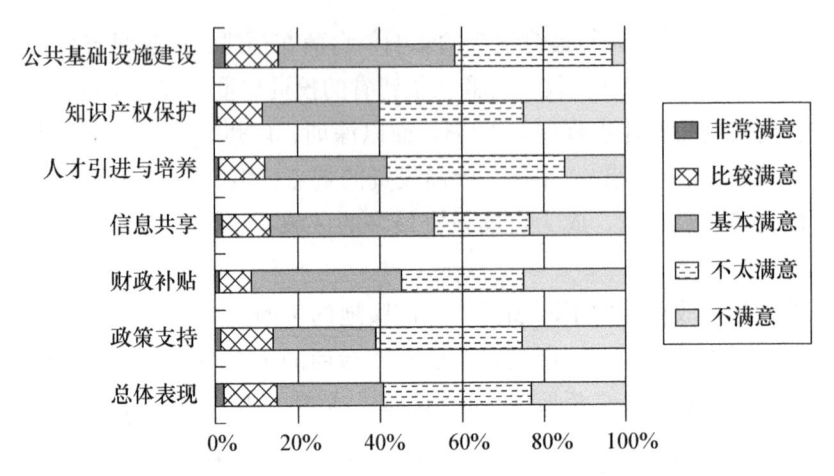

图 1　福建省文化产业从业人员对政府表现满意度的调查

此外,课题组在访谈中,发现不少地方政府第一线的工作人员对自贸区的认识与理解有限,对于未来自贸区内两岸文化创意产业合作缺乏主观能动性认识,且与自贸区内其他兄弟政府部门的沟通交流有限。职能部门之间条块分割,对文化创意产业企业缺乏基本的公共知识与了解,会导致文化创意产业建设资金分散以及人力和物力的浪费。

3. 福建自贸区两岸文化创意产业合作意向不对等

课题组在访谈中了解到,尽管自贸区的顶层设计比较完善,但在现实操作中,尤其是文化创意产业合作方面,福建对台湾较为积极主动。而台湾由于对大陆的交流合作选择面比较大,加上其他自贸区的对台政策倾斜程度也很大,对福建的交流合作态度不如福建自贸区积极主动。

4. "融资困难"是福建自贸区两岸文化创意产业合作中的突出问题

目前文化创意产业发展的局限首先就是金融形势对民营企业的制约,文化企业发展当前最紧要的就是融资问题[①]。当前,民企尤其是需要时间培育的文化企业面临融资困难。这对自贸区两岸文化创意产业合作起步来说是一个难题。

5. 消费者对自贸区两岸文化创意产业合作的认知程度低

民众作为闽台文化产业的消费者,在闽台文化创意产业合作过程中起重要

---

① 根据笔者课题组调研宁德蕉城区某政府部门工作人员访谈资料整理。

的作用。但是通过问卷调查以及实际访谈得知,民众对于两岸产业合作了解程度很低,而且很大一部分被调查者认为闽台文化创意产业合作目前处于初级阶段,合作水平和层次还很低。

根据调查可知,61%的文化创意产业从业人员表示从未听说过闽台文化创意产业对接,仅有39%的从业人员反映听说过(见图2)。文化创意产业的从业人员对两岸文化创意产业合作的认知程度都如此之低,可见普通消费者对自贸区两岸文化创意产业合作的认知会更低,而这不利于未来两岸市场的文化产业开发。

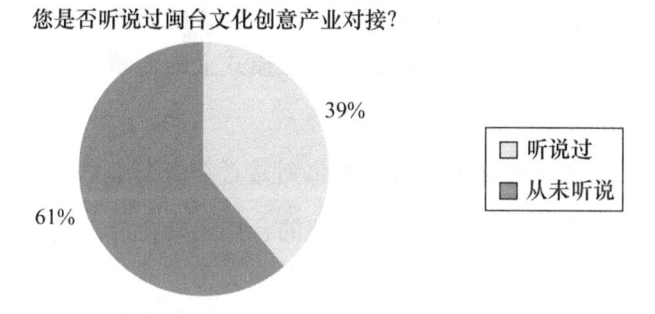

图2 文化创意产业从业人员对于闽台文化创意产业对接的了解程度

6. 自贸区顶层政策框架在基层实践中带来新问题

课题组在调研中发现,一线长期从事文化产业相关工作的政府部门工作人员的一些担心不无道理。譬如外来强势企业进入的门槛降低,使保留和培育具有本土特色但盈利能力薄弱的小微企业更加困难,部分非物质文化遗产可能随着小微企业倒闭而濒危。再如,台资文创企业已经接近饱和状态,没有看到更大的发展前景,在转移产业或是引进台资文创企业时应该有所筛选,不能只要有企业进来就一味地接受①。

三、文化创意产业发展中政府治理模式创新

在熊彼特看来,"创新"从来不是一个技术概念而是一个经济概念。创新不仅是发展和变化的原动力,更是一个动态的过程②。后来他的追随者们将创新

---

① 根据笔者课题组访谈资料整理。
② 熊彼特. 经济发展理论. 杜贞旭,郑丽萍,刘昱岗,译. 北京:中国工商出版社,2009.

理论拓展为以技术变革与技术推广为对象的"技术创新经济学"和以制度变革与制度创新为对象的"制度创新经济学"。自贸区这种新的体制本身就是一种经济制度上的创新,对政府的职能转变、角色定位、机构设置、治理方式及运行机制等提出了新的要求,这样政府的治理模式创新就势在必行。"创新"也是文化创意产业的核心要义与发展基石,福建自贸区两岸文化创意产业的深度合作,可以实现通过经济发展方式转变与政府治理创新二者之间关系的优化,最终使政府治理适应变化了的客观经济实际。

通过上述对福建自贸区两岸文化创意产业合作的实证分析,针对这种新的经济体制下合作中的种种问题,政府在治理模式上的创新可以从以下三个方面思考与入手。

1. 构建政府主导的自贸区两岸文化创意产业合作公共服务平台

客观地讲,自贸区两岸文化创意产业的合作还处在成长期,缺少公共服务平台制约了产业的进一步发展,急需通过构建文化产业公共服务平台来实现对整个文化产业发展的支持。构建公共服务平台能够整合各种资源,给中小企业提供其自身无法实现的功能,提升其可持续发展能力。就政府层面来说,构建公共服务平台可以促进政府职能的转变和治理模式的创新。

两岸文化创意产业合作应建设"创立以政府为主导、企业为服务对象、市场化为方向,多元参与的综合性、专业性"的文化产业对接公共服务平台,以共建共享、统筹管理、利益均衡、突出特色为总体建设思路。坚持以国家和福建省文化产业的相关法律法规为指导,突出闽台文化创意产业的特色,以市场化为导向,整合闽台现有文创意化产业资源,提高闽台文化创意产业的经济效益、社会效益。

福建省目前有"海峡文创网",它是"海峡两岸文化创意产业信息服务平台",仅承担了文化产业公共服务平台的一小部分功能,且由文化民营企业主办,主管单位是行业协会"福建省海峡文化创意产业协会"。不管从主办者的综合公共服务能力还是主管者的业务范围看,它都承担不起自贸区文化产业公共服务的职能。国内走在前列、可以借鉴的是上海的文化创意产业公共服务平台,由上海市委宣传部、市文创办主管,由东方网承建运营。平台内含上海市文化创意产业推进领导小组办公室信息发布平台和上海市文化产业园区数据统计服务平台等,主要提供文创产业政策的发布解读服务、文创产业资讯的媒体传播服务、文产园区信息的公共发布服务、文产园区数据的常态统计服务，以及文产园区、企业及项目的对接交流服务、考察研讨服务、数据信息服务等。这是目前四个自贸区文化产业公共服务平台做得比较好的，其经验值得福建自贸区学习。

2. 加强文化产业市场化程度，鼓励多元治理主体参与

参与治理就是将与政策有利害相关者（组织、人）纳入公共管理体系，使公共治理主体多元化，这是政府治理创新的一个方向。阿尔修·冯和赖特在《深化民主：赋权参与式治理中的制度创新》中提出参与治理的实践导向、自下而上参与、协商或审议解决三原则。在国内外已有的治理经验中，"参与治理"大多时候用于社区、财政预算等方面的治理①，其实践表明，通过转变治理的思维方式，创新政府管理模式，既强化了"参与治理"在公共行政中的作用，也促进了政府职能的转变。

我们可以借鉴"参与治理"的基本原则，提倡参与治理的主体多元化，打破目前福建自贸区在两岸文化创意产业的合作与交流中唱主角的仅仅是各级政府、行政效率有限的局面。应从实践出发，了解自贸区文化创意产业的需求，了解涉台合作的具体难点，给予其他参与主体人文关怀，邀请其参加相关政策过程的讨论，并请其对相关政策监督评估提出建议。

在有效依托政府投入的同时，出台引导社会资金投资文化创意产业的政策，形成投资主体多元化，运用市场力量吸引金融业、企业、民间资本、个人的资金投入，形成多渠道投入的"资金池"，通过适当引入市场化运作的机制，在充分发挥政府财政投入的同时，形成公共服务与市场化运作相结合的投入方式，为相关文化创意企业提供专业化、系统化、低成本化的服务，从而提高公共服务能力，实现治理模式的创新。

3. "有限政府"取向，把握好"政府"与"市场"的界限

福建自贸区两岸文化创意产业合作，是经济自身发展与产业结构调整的内在诉求。但是文化创意产业本身又对政策环境、知识产权保护、投融资杠杆、

---

① 巴西的参与式财政预算、美国的邻里社区参与治理都是国外常见的"参与治理"的重要实践。国内王敬尧的《参与式治理：中国社区建设实证研究》认为社区建设是基层参与治理模式；成德宁则认为城市治理模式的转变要将权力还于公民，实现新型的城市治理。

创意人才引进等有要求，而这些仅靠市场自发调节难以实现，还需要政府协调、服务、管理。此外，文化创意产业本身有一定的意识形态属性，与传统文化等密切相关，需要政府在宏观战略上把握发展方向。在福建自贸区的两岸文化创意产业的发展中，政府治理的出发点与定位为"有限政府"，才有利于促进合作。

"有限政府"就是相关各级政府清楚明确权力有限、责任有限、管理有限，权利义务一致。而这个边界最好由法律来划定，把"市场"和"社会"还给"市场"和"社会"。这样就能以最小的成本获得最有效的治理结果。

就自贸区的两岸文化创意产业合作而言，政府应该做的是：

(1) 部署知识产权战略，保障文化创意产业合作发展各阶段的创新。

在调研中我们发现，台湾的文化创意企业在福建自贸区的发展中最关注的问题之一就是知识产权保护问题。知识产权保护是文化创意产业发展不可缺少的核心要素，完善知识产权战略平台需要将知识产权保护意识贯穿整个产业价值链的开发、应用，而且针对各阶段的不同知识产权活动及其特点，提供的知识产权服务也应有所差异和侧重。此外，在提高全社会的知识产权保护意识的同时，还需要政府加大对侵权的打击、惩罚力度，不断健全、完善相关的产业组织环境和社会公共服务，如包括专利、已登记著作权信息检索在内的知识产权公共信息网络，以及知识产权价值评估体系和商务交易平台等，营造好福建自贸区两岸文化创意产业深化合作的软环境。而这些是不能完全依靠市场的，这是政府的基本责任。

(2) 自贸区文化创意产业投融资政策要先行先试。

调研中，政府部门相关工作人员和文化创意产业从业人员普遍反映，当前文化创意产业的发展与合作面临融资困难，资金来源渠道少，基金链条不全，不能覆盖文化创意企业从初创期到成长期、成熟期的资金需求。政府的财政政策的引导作用明显，尤其是在财政资金的投放、财政按比例配套、银行贷款贴息、保费补贴等方面，甚至是基金（种子基金、天使基金、创业引导基金、产业投资基金等多种形式）等方面，政府可以利用杠杆，引导信贷资金、资本市场和民间资本为文化创意产业提供投融资手段，满足企业发展不同阶段的资金需求。这也就要求福建自贸区尽快出台深化两岸文化创意产业合作的金融政策，先行先试，要把有限的财政资金支持主要用于支持内容创新的创意产品开发和生产，提供低成本的公共服务。应增加适合文化创意和设计服务企业的融资品种，拓展贷款抵（质）押物的范围；完善无形资产和收益权抵（质）押权登记公示制度，探索开展无形资产质押和收益权抵（质）押贷款等业务；支持金融机构选择文化创意和设计服务项目贷款开展信贷资产证券化试点；出台针对民间资本进入文化创意产业以及民间资金捐助文化创意事业的鼓励政策。

（3）培养人才，鼓励青年创业创新。

创意人才是开放的、流动的、具有多元化视角和思维的人，是整个文化创意产业的最重要的资源和灵魂。人的多样性带来文化的多样性，而文化创意正是在这种不同文化间的交流、碰撞中产生的，为文化创意产业的发展带来了活力和动力①。目前文化创意人才匮乏，特别是高端文化创意、经营和管理人才匮乏，因此，如何开放和吸引人才也是值得思考的课题②。

福建自贸区两岸文化创意产业深入合作，要充分利用双方的资源和条件，取长补短、优势互补，联合培养文化产业的专业人才，从根源上促进产业创新。福建省要加大文化产业人才引进力度，将文化产业相关专业人才纳入年度紧缺急需人才引指导目录，按照《福建省引进高层次创业创新人才暂行办法》，对引进的文化产业人才给予享受生活津贴、住房补贴、科研启动费等相关优惠待遇。具体而言，面对福建省文化产业专业人才稀缺的现状，省内高校应该开办文化产业相关学科专业，充分利用福建和台湾两地的高校优势，加强政府引导，要以文化产业需求为核心和培养方向，以高校教育为主、社会培训为辅，加快相关人才的培养。文化产业企业应该定期对本企业员工进行培训，提高员工整体素质，可向台湾的相关文化创意企业学习，借鉴其先进的用人机制和成熟的管理模式，不断培育和吸引人才。此外，高校和企业应建立长期的业务合作关系，共同培养文化产业的专业人才。政府应该鼓励福建省内高校与文化创意企业共同建立人才培训和实验基地，并引导培训机构开展文化产业人才的培训，按照现有的评审条件，对于具有认证资格的培训和实验基地给予相应的资金支持。

要特别对两岸文化创意青年给予指导和帮助，形成良好的创意与创业氛围。由这些文化创意青年主导的个人工作室能够给自贸区的文化创意产业发展带来不可估量的创意资源。2015 年 7 月，海峡西岸台胞青年夏令营走进湖里区，150 名台湾青年、50 名台湾人才与本地青年企业家一同分享两岸创新创业经历，

---

① 刘轶. 创意社群与人文积累：文化创意产业发展的两种可能性. 戏剧艺术，2008（1）：72-80.
② 厉无畏，王如忠，缪勇. 培育与发展上海的创意产业. 上海经济，2004（S1）：67-72.

共谋创业发展未来。这是一个非常好的开端。

（4）建立健全政策落实的监督机制。

在调研的过程中发现，相关文化产业政策在具体实施落实上存在问题，这就需要建立健全政策落实的监督机制。通过与文化产业发展迅速的国家对比可以发现，这些国家在中央层面都有一个专门的委员会负责相关的文化产业政策的制定与施行。福建自贸区需要一个专门委员会来监督政策的执行效力。调研中很多中小企业主反映，闽台文化创意产业对接中的很多政策没有得到真正的落实，企业很难拿到政府的财政补贴。自贸区两岸文化创意产业深入合作需要政府出台一整套的监督机制。

四、小结与展望

政府治理创新既能推动经济发展方式转变，又能推动经济社会良性发展。设立自贸区作为一种经济体制的创新，在其发展过程中一定会引起政府治理模式的创新。自贸区是一种崭新的经济体制，其在发展中一定会有瓶颈与问题，这些瓶颈与问题对政府职能转型、政府治理创新提出了挑战。

福建自贸区相对上海、广东、天津其他三个自贸区，基础较为薄弱，且对台优势正在一点点丧失，这个时候要加深两岸文化创意产业的合作，吸引创意人才，必须要进行政府治理模式的创新。政府需要搭建好公共服务平台，鼓励多元主体参与治理，重新梳理调整政府职能，减少对自贸区文化创意企业的直接干预，集中力量履行公共服务的职能。

"一带一路"倡议为两岸文化创意产业深度合作创造了重大历史机遇。福建自贸区是"21世纪海上丝绸之路"的起点，有着丰富的历史文化资源，与台湾有天然的"五缘"优势，所以更应该结合自身发展与特点，实现文化创意产业领域内政府治理的创新，合理制定政策，破除政策壁垒，从而对福建省的经济发展与产业结构调整产生良性影响。

总之，福建自贸区应结合自己的特色开展自主创新、自主实践，实现顶层设计与基层实践的互动，加强两岸文化创意产业深度合作的开放度与创新度，更好地服务"21世纪海上丝绸之路"建设。

从自贸区迈向自由贸易港：国际比较与中国的选择
——兼析厦门自由贸易港建设*

朱孟楠　陈　冲　朱慧君

一、引言

自由贸易试验区成立，是中国进一步改革开放的重要战略安排，也是"一带一路"建设的重要举措。2013年9月，国内第一个自贸区——上海自由贸易试验区挂牌成立；2015年4月，广东、天津、福建自贸区挂牌运行；2017年4月，辽宁、河南、陕西、四川、重庆、湖北、浙江自贸区也相继获批成立。各地自贸区依据当地经济特色而制定发展政策、强化机制体制改革，服务于"一带一路"建设，积极主动对接国际经贸新规则，取得了一系列制度创新成果。但自贸区建设也出现了区域范围小、机制体制创新不到位、协调发展效果有限等问题，再加上国内国际环境的变化与影响，诸如中国经济转型与结构调整的瓶颈仍存在、全球经济发展充满不确定性、贸易保护主义抬头、美国挑起贸易战等，这些都不同程度地对中国经济的健康、可持续发展产生影响。因此，如何适应新形势的变化，寻求改革开放的突破口，摆上了议事日程。而实现自贸区向自贸港转化，则是一个必然的选择。

自由贸易港，是中国改革开放40年后应对国内外新形势新变化而提出的新型经济特区发展模式，也是中国高水平改革开放的政策选择。2017年3月国务院批复上海自贸区全面深化改革开放方案，明确提出在上海率先试点建立自贸港。同年10月，党的十九大报告指出"赋予自由贸易试验区更大的改革自主权，探索建设自由贸易港"。2018年的全国两会也提出积极探索自贸港的建设，

---

* 本文原载于《金融论坛》2018年第5期。

打造全面对外开放新格局,在一些国家贸易保护主义抬头的情况下,引领全球自由贸易发展。2018年4月10日,习近平在博鳌亚洲论坛2018年年会开幕式上发表主旨演讲,进一步明确指出,"实行高水平的贸易和投资自由化便利化政策,探索建设中国特色自由贸易港";4月13日,习近平在庆祝海南建省办经济特区30周年大会上发表重要讲话,宣布党中央决定支持海南全岛建设自贸试验区,支持海南逐步探索、稳步推进中国特色自贸港建设,分步骤、分阶段建立自贸港政策和制度体系。可见,建立自贸港是国家战略,也是中国深化与扩大改革开放、创新体制机制与政策的重要"试验田"。

那么,如何建立自贸港?如何实现自贸区向自贸港转化?如何通过自贸区、自贸港建设为中国经济发展与对外开放、"一带一路"建设提供经验?下面,本文就国内自贸区发展现状及瓶颈进行分析,并梳理、比较世界自贸港发展模式及经验,在此基础上提出相应的对策建议。

二、国内自贸区发展的现状及瓶颈

(一)国内自贸区发展现状

国内现有的自贸区均位于区域优势明显、腹地广阔的交通节点地区,经济辐射与联动作用显著,成为"一带一路"建设的重要支点,各地自贸试验区将致力于中国区域经济乃至整体经济的可持续发展,也将助力打造包括地理毗邻国家和地区、覆盖"一带一路"沿线国家的高度开放的贸易网络。

1. 自贸区的数量、功能定位与重点培育产业

目前,中国已经建立了三批共11个自贸区。这些自贸区的功能定位与重点培育的产业如表1所示。

表1 各地自贸区功能定位与重点培育产业

批次	自贸区	功能定位	重点培育产业
第一批	上海	自贸试验区深化改革的试验场	金融服务、高端服务、制药业
第二批	天津	京津冀协同发展、离岸金融市场	金融租赁、跨境融资、现代服务业
第二批	福建	致力海上丝绸之路和两岸合作	高端制造、金融服务、旅游业
第二批	广东	粤港澳经济一体化	物流、科技服务、金融服务业

续表

批次	自贸区	功能定位	重点培育产业
第三批	辽宁	东北地区物流与航运中心	高端制造、金融服务、物流业
	浙江	东部重要海上门户、国际大宗商品贸易自由化先导区	海运相关的高端服务业、石油化工、制造业与物流业
	河南	现代交通与物流枢纽	高端装备及汽车制造、生物医疗、跨境电商、金融服务
	湖北	长江经济带交通枢纽和创新产业	高端制造、新能源汽车制造、现代服务业
	重庆	"一带一路"内陆国际物流枢纽	金融服务、高端服务、制药业
	四川	"一带一路"向西开放物流枢纽	贸易相关服务、高端制造、医疗服务业
	陕西	"一带一路"交通商贸物流中心	农业、国际贸易、现代服务业

2. 自贸区在吸引外资方面的积极作用

自贸区作为新型改革开放的平台，外资总量能够准确反映出各自贸区的营商环境、竞争政策等对外资吸引力的真实效应。由图 1 可知，上海自贸区得益于制度设计灵活以及产业集聚效应较强，在吸引外资入驻方面已经取得卓越的成绩，自挂牌成立以来共实现 17 304 户外资入驻，相应注册资本 2 436.9 亿美元。广东自贸区紧随其后，外资入驻 6 366 户，注册资本 750.8 亿美元，而且考虑到广东数据可得性，这一数字实际上是低估的。天津自贸区实现外资入驻 3 375 户，尽管约为广东自贸区的一半，但吸引的外资"含金量"较高，注册资本高达 731.4 亿美元。福建自贸区实现外资入驻 2 799 户，注册资本 221.3 亿美元。

3. 发展指数均有所提升，对区域经济的带动作用得以增强

2017 年 9 月第五届中国自贸区论坛上海财经大学自贸区研究院发布新一年的"中国自由贸易试验区发展指数"。该发展指数反映了自贸区对区域经济发展的影响，由图 2 可知，2017 年相对于 2016 年，各自贸区无论是综合指数、影响力指数、创新力指数均大幅度提升，其中上海、广东自贸区表现得更为突出。天津、福建自贸区紧随其后，也表现出色。

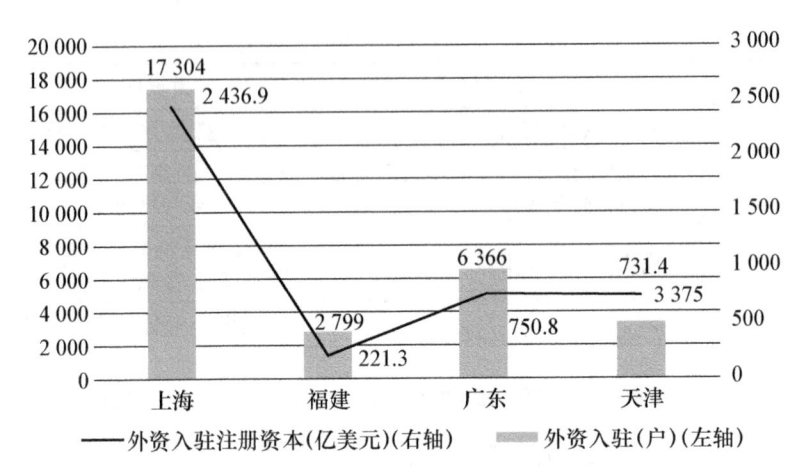

图1 前两批自贸区外资入驻情况（截至2017年9月）

注：广东数据由于有效性限制，只统计至2016年底，缺失新设立的自贸区数据。

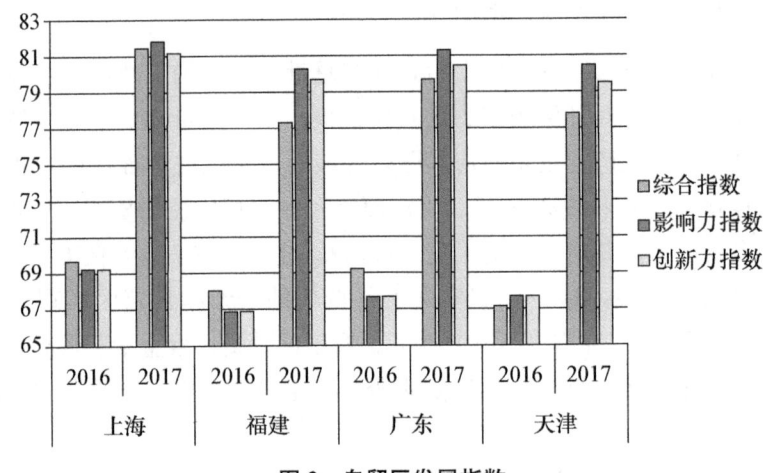

图2 自贸区发展指数

资料来源：上海财经大学发布的中国自贸区发展指数及相关数据。

（二）国内自贸区发展瓶颈

自贸区发展的核心在于围绕新一轮改革开放过程中的重点、难点和关键节点开展试验，并在税收制度、政府职能转变、金融开放、贸易监管和投融资管理等方面，与国际高度开放贸易准则对接，从而形成改革引领作用，带动区域经济协调发展。自贸区如果不能在税收优惠方面有所突破，不能在政府管理、制度设计、便利交易方面创新，那么与国际先进自由贸易港区相比，优势就不明显。从目前来看，中国自贸区建设在深度和广度上，与国际自由贸易港相比仍存在差距。

1. 税收制度

税收是企业经营者选择去留的最重要考虑，目前自贸区税制安排还不具有国际竞争力。以上海自贸区为例，区内企业离岸业务需缴纳25%企业所得税，高于新加坡17%。税收激励是调整产业结构的重要手段，但目前自贸区税收制度仍然是以鼓励制造和出口为主，在鼓励创新、鼓励服务和鼓励贸易方面的税制安排还比较滞后。

2. 政府管理

根据世界经济论坛（WEF）发布的《全球竞争力报告（2017—2018）》，中国世界排名第28位，在亚太地区处于第9位。世界银行2017年度《全球营商环境报告》显示，中国的营商环境全球排名为第78位，以办理施工许可为例，目前中国办理施工许可平均有22道程序、历时244.3天，相比之下，世界领先的标准只有5道程序、历时26天。负面清单方面，122项负面清单中涉及服务贸易开放的项目83项，需要进一步缩小服务贸易负面清单，促进中国自贸区在服务业开放中起积极作用。

3. 投资管理制度

虽然中国自贸区在积极对接国际一流标准，但目前存在的主要问题是：中国自贸区外资引入政策缺乏规范性；对外资审批未能形成统一的立法；外资审批程序复杂，并不能形成稳定开放的营商环境，这不符合国际化高度开放营商环境的要求。

4. 贸易便利化方面

中国自贸区进出口货物的合规成本较高，目前使用的平均关税约为11.1%。贸易通关成本较高，通关程序简化及标准化程度有待提高。从表2可知，中国在信息和通信技术的可得性与利用率，尤其是国内市场准入、对外市场准入方面落后于亚太地区的整体水平，世界排名也较为靠后。

表 2　中国贸易便利化相关指标评价

贸易便利化指标	得分	与亚太地区整体水平差距	世界排名
A类 市场准入	3.4	−1.0	126
A1 国内市场准入	4.3	−1.0	101
A2 对外市场准入	2.4	−1.1	124
B类 边境管理	4.9	0.0	52
B1 边境管理效率与透明度	4.9	0.0	52
C类 基础设施	5.1	0.4	27
C1 运输基础设施的可得性与质量	5.6	1.2	12
C2 运输服务的可得性与质量	4.9	0.2	32
C3 信息与通信技术的可得性与利用率	4.7	−0.4	64
D类 营商环境	4.6	−0.1	42
D1 营商环境	4.6	−0.1	42

资料来源：世界经济论坛《全球贸易促进报告 2016》.

5. 金融开放

金融领域开放创新是自贸试验区探索高度开放区域的重要任务之一，这方面上海自贸区改革力度最大，在跨境人民币使用、区内利率市场化和外汇管理等方面有较大进展。但仍然存在许多不完善之处：金融服务业开放程度低；资本项目可兑换进展缓慢；自由贸易账户（FT 账户）功能有限，账户中的资金对企业来说"易进难出"。

三、世界主要自贸港发展经验及中国的选择

由于不同国家的开放程度、港口的自然禀赋以及经济发展水平均有差异，各国自贸港的发展都带有自身的特点，但也有一些共同的基本特征：税收优惠、外汇自由支付、发达的现代服务业、开放的企业准入制度以及鼓励民间和跨国资本投资。下面就世界主要自贸港的发展情况（见表 3）做一分析，并对比主要自贸港的开放程度，以期对中国建设自贸港提供借鉴。

从表 3 可知，中国香港、新加坡以及迪拜是制度建设完善、发展成熟的自由港，并且均有各自特色的制度安排和开放政策，可以作为中国内地建设自贸

港的重要参考对象。具体来说,世界主要自贸港的发展经验有四个方面值得借鉴:发达的金融体系、人员自由流动、税收优惠政策以及贸易便利化程度。

表3 世界主要自由贸易港的发展经验

政策领域	自贸港	开放程度
公司设立和注册	香港	行政审批过程可在4小时内完成并出示证书扫描件,对公司注册资本金没有限制
	新加坡	3个工作日内完成公司注册,设立公司最低注册资本为10万新元
	科隆	任何自然人或法人均可在科隆自贸区注册,需获得自贸区管委会许可
行业准入	香港	除了严格管制的赌博业和少数像电视、广播等有条件进入的行业,对外来及本地投资者一视同仁
	新加坡	鼓励外国企业到新加坡设立总部,除了新闻广播、金融等部分领域有限制外,其他领域对外资无股权比例限制
	迪拜	企业可以拥有100%的所有权,不限制企业雇用外国劳动力
税收政策	香港	除烟、酒、甲醇及碳氢油这四类商品,一般进出口货物均无须缴纳任何关税
	新加坡	对内外资企业实行统一的企业所得税政策,税率为17%,除烟酒、石油和机动车外,对所有进口商品免征关税
	科隆	港区内企业仅需缴纳税率为2%~5%的所得税,货物转口无须缴税
	釜山	减免税收、减免自由贸易园区租金、对港口收费进行优惠等
	纽约	进口加工原料免关税、出口关税减免、可延迟缴纳关税等
	迪拜	港区内没有税务局,仅有5%的关税,货物转口零关税,50年内免交所得税
货物监管	香港	进出口报关手续十分简便,只需14日内向海关呈报进出口报关单
	新加坡	拥有全球最高效的海关系统贸易网络,全部申报手续10秒即可完成,10分钟可获得审批结果
	科隆	统一转口和进出口手续,贸易速度和通关效率高
	纽约	外部企业24小时自由通关,每周只缴纳一次货物处理费和申报一次过关记录
外汇管理	香港	可使用任何货币结算,不限制将股息或资金调回本国
	新加坡	全面取消外汇管制,企业利润汇出无须缴纳特定税费,外资企业自由决定贸易结算货币种类
	科隆	使用美元,银行存款无须纳税,无外汇管制,自由汇出汇入利润
	迪拜	园区内无外汇管制

（一）中国香港自贸港的建设经验

中国香港是全球经济最自由、开放程度最高和港区服务功能最完善的港口。除了表3总结的自由的企业准入制度、宽松的行业准入、优惠的税收政策、方便快捷的货物监管以及畅通的金融体系，香港自贸港还提供了以下建设经验。

1. 高度自由、高度开放和便捷的出入境制度

2017年，香港对158个国家或地区的国民准许免签到港7天至3个月不等的时间，无论是香港当地居民还是到港游客都可自由买卖香港合法商品。

2. 便利的商贸政策

香港是国际重要的物流枢纽，全球供应链体系重要的中转站，便捷的电子服务和便利的商贸措施更加巩固了香港自贸港的地位。2010年在香港成功运行的"香港认可经济营运商计划"，规定达到安全标准的香港本地企业，无论规模大小均可以成为经济营运商，享受同等便利通关优惠，减少或者优先接受海关查验。香港港口通过电子系统对转运货物进行监控，减少到港商品海关检查的次数和时间，为海陆空联合承运货物提供便利的清关服务。

3. 适度干预

为了确保香港地区经济的繁荣稳定，特区政府会监控敏感和重要的经济活动。比如干预土地一级市场，对进口大米的经营采取许可证制度，对影响民生的商品价格进行适度干预。

（二）新加坡自贸港的建设经验

新加坡自贸港是亚洲自贸区成功的典范，作为成熟的自贸港，新加坡发展自贸港的成功经验，对中国建设自贸港有很大的参考价值。

1. 公私合作体制

自贸区内不设政府机构，而是政府监管下由专业公司负责管理，自贸区内没有行政干预，管理宽松且有较大灵活性。

2. 完善的法制体系

新加坡的《自由贸易区法》是核心法律，内容包括监管体系、优惠政策、

管理制度和功能定位等方面。新加坡政府机构对企业没有常规的行政管理，执法机构根据法律对自贸区企业实行监督，处置违规机构。

3. 先进的信息化监管系统

新加坡作为国际航运的中心，通过打造 Trade Net（贸易网）和 Port Net（港口网）两个电子信息系统，加强了各个贸易部门之间的信息共享，并方便监管部门对进出口货物实施监控，实现了监管部门与港口间的全面信息化管理。Port Net 系统全天候为客户提供舱位预定和船只进出港服务，通过发达的信息化系统，集装箱通过港区大门只需 25 秒。由于发达的信息化系统，新加坡得以巩固其国际贸易中心的地位。

4. 发达的基础设施

新加坡的基础设施建设在全球排名第二，发达畅通的基础设施是高效物流服务的保障，吸引了许多国际物流企业在新加坡设立全球或者区域总部。

（三）迪拜自贸港的建设经验

迪拜的区位优势不如中国香港和新加坡，但是迪拜依靠一流的软硬件设施以及完善、稳定的优惠政策，成为中东地区最大的贸易中心。迪拜自贸港的成功经验，有许多值得借鉴之处。

1. 低廉的成本

迪拜拥有丰富的石油，因此能源价格非常低廉，降低了自贸区企业的经营成本。自贸区内除了装卸，其他服务都是对企业免费提供，并且公开透明的收费方式，使企业不必担心任何的隐形收费。

2. 优质的政府服务

政府很注重为企业提供咨询服务，协助企业获得廉价融资，对于企业经营中遇到的问题，政府也第一时间帮助解决。与此同时，政府还主动让渡一部分行政权力，这给了自贸区内企业很大的安全感，这也是迪拜自贸港建设成功的重要经验。

3. 发达的交通网络

迪拜打造了先进和完整的海陆空交通网络，运输方式的更换及中转时间不到一个小时，数日之内就可以将货物运往整个中东地区，大大降低了货物流通和转运的成本。

(四) 从自贸区迈向自贸港————中国的选择

2017年，全球集装箱吞吐量前五大港口是：上海港、新加坡港、深圳港、宁波-舟山港和釜山港，中国港口占三个。港口不等于自贸港，中国港口吞吐量排前，但在税收优惠、管理体制、法律法规、办事效率和国际化服务等方面，与国际上先进的自贸港相比还有很大差距。建立中国特色的自贸港，应在以下几方面有所突破或创新。

1. 扩大税收优惠政策

税收优惠是世界上各个自贸港吸引外资的重要手段，若要从自贸区迈向自贸港，就需要提升中国自贸区税收方面的优惠力度，且通过立法保障税费公开透明以及可预测性。建设自贸港，要推进税收制度创新，与其他优惠举措形成合力，推动离岸业务发展，综合运用税收减免和财政补贴等优惠措施，降低港区内企业经营成本，从而形成有国际竞争力的税费水平。

2. 优化政府管理体制，创造更有吸引力的投资环境

投资环境改善至关重要。习近平指出，投资环境就像空气，空气清新才能吸引更多外资。所以在自贸区、自贸港建设过程中务必转变政府职能，增强为企业服务的意识，简化行政审批流程，推出多证合一等措施。完善自贸港融资租赁体系，为港口商贸活动提供政策和资金支持。保证企业公平竞争环境，给予企业有吸引力的优惠政策和宽松的生产经营环境，同时加强自贸港的对外沟通交流，保持与其他自贸港良好的贸易伙伴关系。进一步调减负面清单，做到法无规定皆可行。应加大力度调减负面清单，推广实行工商登记和商务备案一起办理以及允许地方政府在权限范围内出台适合本地区的招商引资优惠政策。

3. 确保人员、金融、物流和公共服务的自由流动

自贸港的基本特征是：保证人员、金融、物流和公共服务这四个方面自由流动。规范外国人来华工作许可制度，为自贸港内企业人才提供签证便利和出入境便利措施。建设自贸港要有稳定的金融政策体系，保证企业所需资金的充分自由流动，实现资金高效配置。建设体系完善的交通网络，降低企业贸易成

本，确保企业的物流畅通。提供便利的签证服务、快捷的货物通关程序、公开透明的收费模式，给企业最大的安全感。

4. 做好配套的金融制度改革

放开外汇管制，确保港区内企业的金融自由，提供便利的汇兑业务和资金周转服务。由于中国并未完全开放资本项目，可以借鉴世界先进自贸港的成功经验，比如新加坡通过渐进式放松资本项目，将在岸金融与离岸金融相互隔离监管，然后在防控风险前提下，鼓励金融创新，助力发展国际金融中心。

四、推动建设厦门自贸港的政策建议

厦门是最早建立的经济特区之一，也是自由贸易区，在学习、借鉴世界先进自贸港发展经验的基础上，在"一带一路"倡议和自贸港建设的时代潮流中，应创建中国特色的自贸港的"厦门模式"。

（一）自贸区厦门片区发展现状

2014年中国（福建）自贸区获得国务院批复成立，福建自贸区包括厦门片区、福州片区和平潭片区。厦门经济特区建设进入了一个新的发展阶段。

2000—2017年厦门市外贸进出口额和海港货物吞吐量均呈逐年增长趋势（见图3、图4）。2017年，厦门市共实现进出口5 816.04亿元，同比增长14.3%，

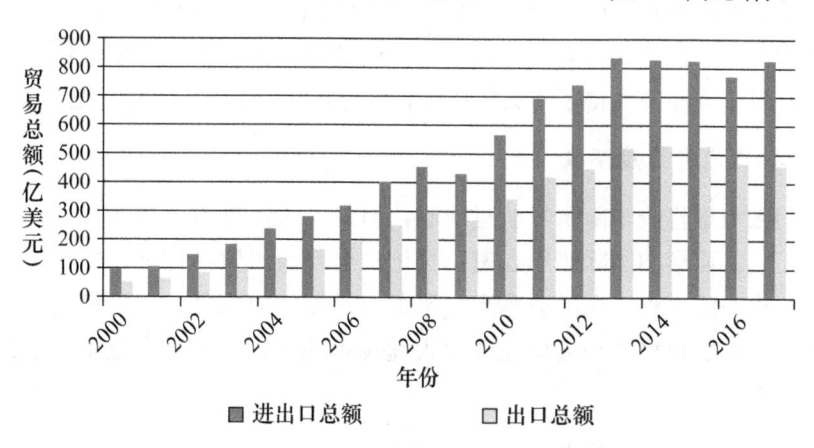

图3　2000—2017年厦门市外贸进出口额

资料来源：厦门经济特区年鉴.

在福建省外贸总值破万亿元的良好形势下,厦门贡献过半,占同期福建省外贸总值的50.1%。2017年,厦门出口企业共签发各类原产地证书31.62万份,货值149.1亿美元。从获批签证的产品看,铝制品、箱包、石器和鞋类商品是厦门企业主要受惠产品。美国和东盟地区签证份数均有大幅增长,对韩国和澳大利亚的贸易表现也非常抢眼。

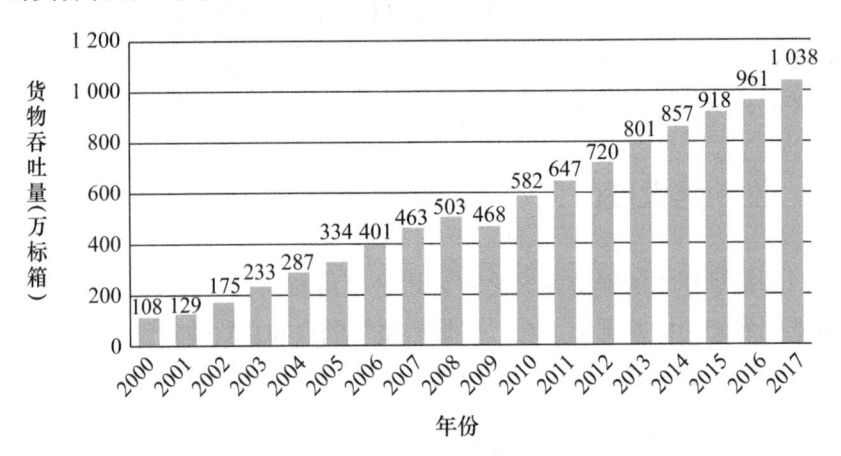

图 4　2000—2017 年厦门市海港货物吞吐量

资料来源:厦门经济特区年鉴.

(二)厦门自贸区建设存在的问题

自贸区本质上是一处"经济飞地",是借助港口区域的自然条件划定区域,用"物理围网"的方式实现"区内境外"的监管要求。福建自贸区厦门片区成立以来,各个方面都取得了很大的成绩,但也存在以下几方面的问题:

1. 税收优惠力度不大

厦门致力于打造东南国际航运中心,但是税收优惠力度与新加坡等相比有较大差距,从而影响国际船舶在厦门登记注册与离岸贸易发展,影响厦门建设东南航运中心的进程。金融业是现代服务业重要组成部分,但是厦门自贸区仍未有关于境外股权投资和离岸业务税收优惠等政策,一定程度上限制了区内金融业务创新。

2. 营商环境缺乏竞争力

从政府公共服务来看,服务品种不丰富,"政企不分、政事不分"问题比较突出,产业集群发展受到制约。比如厦门自贸区着力打造的冷链物流是航运产业集群的重要组成部分,但物流基地内冷链物流企业数量不足,制约产业集群效应。厦门现代服务业无法满足经济转型升级和建设高水平自由贸易港的需要。从自贸区企业来看,一些企业规模偏小,而且多属于传统服务型企业,产前和产后生产性服务业发展缓慢;一些企业缺乏核心竞争力,同质化现象严重,经营层次低的企业占比仍然较大。

3. 监管模式落后

随着互联网信息革命和数字贸易的发展,传统监管模式无法满足现代自由贸易港内企业在金融创新、投资便利化和现代服务业方面的要求。因此,对于厦门来说,建设自贸港要尝试打破传统监管思维,借鉴国际先进经验,将方便快捷的信息化监管模式纳入自贸港建设管理方案中。

(三)厦门建设自贸港的发展方向及政策建议

习近平主席在博鳌亚洲论坛2018年年会开幕式上指出,要在放宽市场准入、改善投资环境、加强知识产权保护以及扩大进口等方面扩大开放力度,为厦门进行自由贸易港建设提供了宽阔的政策空间。厦门探索、建设自贸港,应当立足于新型的国际分工模式,使之具备带动国内区域经济发展和提升国际经济影响力的功能,应利用厦门经济特区立法权、两岸区域性金融中心、海上丝绸之路核心区及自贸区先行先试的优势与作用,在以下方面有所突破。

1. 创新税收制度

从港口的货物功能来说,转关货物不报关,转口货物不报检,免征关税以及进口环节增值税,对区内的法人减免增值税。取消境外金融机构利息预提税,吸引跨国公司来厦门设立总部或者区域中心。发挥厦门对台优势,积极探索两岸税收互惠制度,推动两岸税收信息互换和交流,建立税收协调合作机制,降低企业和个人的税费负担,推动两岸区域金融服务中心发展。建立并完善启运港退税制度,增强厦门港吸引力,助力厦门打造东南航运中心。

2. 提供优质服务,提高管理效率

2018年4月12日,上海实行在线政务服务平台"一网通办",实现"一网受理、只跑一次、一次办成"的创新举措;天津发放了全国首批新标准电子营业执照，实现了企业办照"零见面"。厦门可以借鉴上海、天津的创新经验，并在自由贸易港建立商事登记簿制度，代替目前的营业执照制度，无须对经营者的经营范围做强制记载。建立企业登记和信用信息共享平台，为港区内企业提供免费的信用信息查询服务。利用政府协调能力，为企业提供沟通交流的平台，为创新性企业提供咨询服务，协助企业获得廉价融资。适当放开临时仲裁，吸引外国优秀的投资仲裁机构，对仲裁员提供免签入港和税费减免等优惠政策。同时，进一步调减负面清单，尤其是服务贸易负面清单，全面落实准入前国民待遇加负面清单管理制度。

3. 试点金融创新

加强关于境外股权投资和离岸业务税收优惠政策力度，吸引境外金融机构在厦门设立中心机构。放开外汇管制，充分利用国内互联网金融优势，在智能合约、小额信贷、支付结算、投资管理、交易数据分析以及加密资产托管等领域，为港区内企业提供方便快捷的金融服务。

4. 推动区域港口战略合作，发展针对自贸港的生产性服务业

国内外港口竞争激烈，国内自贸港建设应由中央统一布局，强调合作共赢，营造有利于自贸港发展的竞争环境。积极发展面向港区企业的现代服务业，促进产业链延伸，实现国际物流、资金流和技术流高效流通。重点发展金融、物流、航运等优势服务产业，吸纳优质资本，实现离岸贸易与在岸贸易、物流功能与结算功能统筹协调发展。

5. 加强港口运输体系建设，完善航运服务功能

厦门具有空港优势，并且开通了中欧（厦门）班列，应当加强空港和铁路运输的合作，创新多港联动，结合自贸港税收优惠政策，将厦门自贸港打造成连接欧亚、面向太平洋和东南亚的国际物流枢纽，以最低的成本和最高的效率为港区内企业提供优质的物流服务。提高港口物流融通水平，提升进出口货物的通关速度，加快发展中转业务，探索形成具有国际竞争力的航运发展模式。以临港产业为核心，拓宽厦门港的经济腹地，加强与腹地合作，推动腹地区域产业融合。

6. 创新人才引进的体制机制

自贸港实际上就是高度自由经济区，贸易、投资、金融等领域的人员、物

流、资金自由流动,是高端要素(包含资本、人才等)的汇集地,其中创新、效率、开放贯穿始终。而要建设这样的经济区,一定要有具备基础扎实、视野广阔、学识丰富的国际化复合型专业人才。因此,必须不拘一格地培养人才、吸引各地各类人才,建立并完善引进人才的保障体系,抢占竞争制高点,保持自贸港的创新活力与永续发展。

厦门经济特区建设自由经贸区问题研究[*]

唐永红　林子荣　沈　蕊

一、引言

厦门经济特区是中国体制改革、对外开放与对台工作的试验场。因此,厦门经济特区先行先试的具体使命、内容与政策应随着改革开放与对台工作的形势变化而变化,特区"特"之所在、发展模式也需相应调整。事实上,设立厦门经济特区的主要目的,是让其在中国从计划经济向市场经济、从封闭经济向开放经济转型过程中发挥先行先试作用,并促进两岸交流合作与和平发展。随着以经贸活动自由化为核心的经济全球化与区域一体化进程的深入发展,市场经济与开放经济已在中国全面推展开来。

这一方面意味着先前赋予厦门经济特区在中国对外开放进程中先行先试的阶段性特殊使命基本上已经完成,需要结合新形势赋予厦门经济特区在中国对外开放深化发展特别是经贸活动自由化中以新的先行先试使命,以及为完成新使命相应需要的支撑政策与措施;另一方面意味着顺应形势的变化并为完成新形势下的新使命,厦门经济特区对外开放先行先试的定位与模式需要相应调整,有必要向自由经贸区转型发展。本文研究新形势下厦门经济特区向自由经贸区转型发展的意义与必要性、条件与可行性,提出厦门自由经贸区的有效发展模式、区域选择及支撑政策。

二、世界自由经贸区的建设经验与发展趋势

自 1547 年世界上第一个自由经贸区——意大利热那亚湾雷格亨自由港建立

---

[*] 本文原载于《台湾研究集刊》2013 年第 1 期。

以来，世界自由经贸区的建设与发展呈现诸多值得借鉴的经验。随着国际经济环境的变迁，特别是随着以经贸活动自由化为核心的经济全球化与区域一体化的深化发展，世界自由经贸区的建设与发展相应呈现出一些规律性与趋势。

（一）世界自由经贸区的发展动因

自由经贸区指的是一个经济体内部的特定地区，这一特定地区相对于经济体的其他地区实行更加开放、更加自由、更加便利的特殊经贸政策措施。由于设区经济体的社会政治经济条件、自由经贸区本身条件与面临的发展环境的千差万别，各自由经贸区的具体目标、功能与发展形态也有所不同。但建立自由经贸区的最终目的无不是通过实行更加开放、更加自由、更加便利的经贸政策措施，促进本经济体积极稳妥地参与经济全球化与经贸活动自由化，实现经济发展。这乃是各种自由经贸区共同的本质特征所在。

事实上，自由经贸区是在世界各经济体不平衡发展与经济体自身内部区域经济不平衡发展的情况下，经济体单边自主、积极稳妥参与经济全球化与经贸活动自由化的一个途径与方式。自由经贸区一方面以其在贸易、投资与金融等层面的自由化与便利化顺应了经济全球化与经贸活动自由化发展的内在要求，并满足了经济体适当参与经济全球化与经贸活动自由化并获取其利益的需要；另一方面又因将境内较高层次的经济开放性与自由化在一定阶段上局限在特定的区域，而能够在一定程度上防止或化解经济全球化与经贸活动自由化的风险与不利冲击。

自由经贸区是经济全球化与经贸活动自由化过程中出现的阶段性产物，反过来又促进了经济全球化与经贸活动自由化的进一步发展。几百年来，自由经贸区在世界各地的成功发展，根本原因就在于自由经贸区的基本精神顺应了经济全球化与经贸活动自由化的发展潮流。尤其是近年来，随着经济全球化与经贸活动自由化步伐的加快，越来越多的国家和地区将设立各种类型的自由经贸区作为分享全球自由经贸活动利益、提升国际竞争力的有效手段。这可以从当今世界自由经贸区的广泛、众多和形式不断创新得到证明。

（二）世界自由经贸区的建设经验

从自由经贸区理论与国际实践角度看，建设自由经贸区为 WTO 所允许，但需要一定的经济条件与发展环境条件；实践中，需要运用成本-效益分析法并综合考虑与权衡各种因素，来判定特定地点建设自由经贸区的可行性。

建设自由经贸区，一般除了在法律制度、经济政策与管理体制等方面要营造适宜开展国际或区际经济活动的良好软环境条件之外，还在地理区位与基础条件等硬环境方面有着较高的要求。主要包括：有利于开展国际或区际经济活动与发挥集散功能的优越的地理区位（特别是良好的位置接触性与广阔的服务区域）、完善的基础设施（特别是优良的港口与便捷的国际国内通道）、良好的发展基础与环境等等。所谓位置接触性是指自由经贸区所在位置都是国际航运的必经之路，对国际经贸活动起着桥梁与平台作用。所谓服务区域（area served）是指自由经贸区所能服务的区域，既包括自由经贸区背后的内陆地区即所谓腹地（hinterland），也包括构成自由经贸区主要物流网络的海外服务区域。自由经贸区与其内陆腹地、海外服务区域在社会、政治、经济等方面的制度与政策差异性被称为服务区域的异质性。一般地，位置接触性越良好、服务区域越广阔、异质性越明显，自由经贸区的经贸创造与扩大效应就越明显。

（三）世界自由经贸区的发展趋势

顺应当时经济全球化与经贸活动自由化的发展进程，世界上最早产生的自由经贸区，是以自由港或自由贸易区的形式出现的贸易型的自由经贸区。世界自由经贸区自其以贸易型自由经贸区产生以来，向着工业型、工贸结合型和综合型方向发展。其发展的历史进程大致经历了二战前以贸易型自由经贸区为主的缓慢发展时期、二战后至 20 世纪 70 年代自由经贸区数量与类型增加时期、20 世纪 70 年代以来各种类型自由经贸区多元并存和蓬勃发展时期三个阶段。随着经济全球化与经贸活动自由化的深化发展，世界自由经贸区实践呈现出经济自由化、功能综合化、区域规模化、联动紧密化的发展趋势。

首先，世界自由经贸区在经贸活动自由化领域与功能形态上已从单一性向综合性发展。随着以经贸活动自由化为核心的世界经济全球化与区域一体化的深化发展，特别是随着 WTO 主导的全球货物贸易自由化的深化发展，先前以减免关税为主要政策特征的单一功能形态的货物自由贸易区，在发展过程中正面临着关税政策优势弱化、市场竞争与风险强化等各种不利因素的冲击。卓有成效的自由经贸区都是那些能够及时顺应经贸活动自由化深化发展要求的，已进一步在服务贸易自由化、金融自由化、投资自由化、生产要素流动自由化等方面先行先试突显"特"色的，通常兼具贸易型、工业型、工贸结合型、金融型和旅游型等多种类型自由经贸区目的和功能的综合型自由经贸区。

其次，在功能综合化与经贸活动自由化的基础上，世界自由经贸区还呈现区域规模化的发展趋势。卓有成效的综合型自由经贸区一般占地面积较大，不仅是为了满足区内可从事工业、商业、金融业、会展业和旅游业等各种生产经营活动的需要，更是为了发挥产业集群、规模经济与一站式服务等优势和作用，增强其运行效率与效益以及抗风险能力。

最后，顺应经贸活动自由化深化发展的要求，世界自由经贸区不仅从"境内关内型"转变为"境内关外型"，以便更好地参与、融入经济全球化与经贸活动自由化进程，求得更快更大发展，而且正从外向型的"经济飞地"转型为开放型的"经济洼地"，以便增强与经济体内其他地区的专业化分工合作以及在此基础上的联动性与协调发展。各种类型的自由经贸区通过其对货物与服务等商品以及对资本、技术、劳动力等生产要素的吸纳和扩散功能，在经济发展中起到了"桥梁"、"基地"与"增长极"的作用，从而带动了当地和邻近地区经济的快速增长。

三、建设厦门自由经贸区的意义与必要性

从国际经贸活动自由化深化发展、中国经贸活动自由化稳步推进与厦门经济特区如何在中国对外开放深化发展中继续先行先试的角度看，从《海峡两岸经济合作框架协议》（ECFA）下如何发挥厦门经济特区在两岸经贸交流合作中的先行先试作用的角度看，从海峡西岸经济区建设与发展特别是其内部厦门经济特区与其他地区之间产业专业化分工合作发展的角度看，以及从厦门与高雄等两岸次区域合作与发展的角度看，厦门经济特区向自由经贸区转型发展有其重要意义、作用与必要性。

（一）国际经贸活动自由化先行先试的需要

随着以经贸活动自由化为核心的经济全球化与区域一体化的深化发展，随着中国改革开放的深化发展，经贸活动自由化已提上开放经济发展的议事日程。但经贸活动自由化是一把利弊兼存的双刃剑，有必要根据自身情况与条件以适当方式积极稳妥地加以推进，以便趋利避害。在世界各经济体不平衡发展与经济体自身内部区域经济不平衡发展的情况下，设立自主的、单边的自由经贸区

是特定经济体积极稳妥推进经贸活动自由化的重要方式之一。

中国依然是一个发展中的经济体，国际竞争力有限。而在其内部，各地区存在经济发展不平衡现象。因此，建设厦门自由经贸区，先行先试较高程度的经贸活动自由化，让厦门经济特区的经贸活动自由化步伐与中国在区域层面（FTA 等）和全球层面（WTO 等）推进的经贸活动自由化步伐梯度衔接，不仅可以在国家层面因条件限制不宜实施较高程度经贸活动自由化的情况下，尽可能地获取参与经济全球化与经贸活动自由化的利益，而且通过厦门自由经贸区的先行先试，可以为将来在整体层面推行较高程度的经贸活动自由化探索经验和奠定基础，从而有助于积极稳妥推进经贸活动自由化进程。

（二）两岸经贸活动自由化先行先试的需要

尽管 ECFA 开启了两岸经贸活动自由化与两岸经济一体化的发展进程，且有着较大的内容空间和重大的现实意义，但在当前和可预见的未来，依然面临来自两岸的政治经济因素约束，需要探索突破约束的路径。仅就经济层面看，两岸确有推进两岸经贸活动自由化与经济一体化的内在动力与外在压力，并在经济相互依存性、经济市场规模、经济技术发展水平、经贸政策可协调性等方面已具备进行一定程度自由化与一体化安排所必需的一些基本经济条件，可实现预期的经济效应；但与此同时，两岸在经济结构、发展水平、开放程度与关税作用等各个层面的差异较大，这必将对推进两岸经贸活动自由化与两岸经济一体化的步伐形成相当程度的制约。

在此背景下，建设厦门自由经贸区，先行先试较高程度的两岸经贸活动自由化，让厦门经济特区的经贸活动自由化步伐与 ECFA 推进的两岸经贸活动自由化步伐梯度衔接，不仅可以在海峡两岸因条件限制不宜实施较高程度经贸活动自由化的情况下，尽可能地获取较高程度两岸经贸活动自由化的利益，而且厦门自由经贸区的先行先试，可以为将来在海峡两岸整体层面推行较高程度的经贸活动自由化探索经验和奠定基础，从而有助于积极稳妥推进两岸经贸活动自由化进程。

（三）促进经济特区产业结构调整与体制改革

随着改革开放在区域层面渐进式推进，随着内外经济发展条件的逐步变迁，厦门经济特区在产业结构与发展模式等方面都面临转型的压力。事实上，厦门经济特区在发展劳动力密集型、土地密集型等传统制造业方面已经不再具有比较优势和竞争优势，需要基于比较优势调整产业结构，着力发展服务业，特别是生产性服务业和现代服务业。建设厦门自由经贸区，先行先试经贸活动自由化，特别是先行先试货物贸易自由化与服务贸易自由化，显然将有助于厦门经济特区服务业的发展与产业结构的调整。

另外，厦门经济特区几十年来的实践表明，对外开放对体制改革有着巨大的促进作用，会不断推动体制改革深化发展。新形势下，建设厦门自由经贸区，必然对厦门经济特区在体制上提出相应的要求，必然要求厦门经济特区进一步建立与自由经贸区相适应的经济社会管理体制。

（四）促进区域经济分工合作与协调发展

在海西经济区的建设过程中，海西经济区内部各地区之间如何分工合作与协调发展？在海峡经济区的形成过程中，海峡两岸相关地区之间如何分工合作与协调发展？这些问题因其重要性与敏感性而备受关注，需要思考与研究。

在强调区域经济分工合作与协调发展的背景下，建设厦门自由经贸区，先行先试经贸活动自由化，不仅有助于厦门经济特区生产性服务业和现代服务业以及先进制造业的形成与发展，而且有助于海西经济区内部其他地区的第一、二产业特别是面向出口的第一、二产业的发展，从而有助于厦门经济特区与其他地区之间产业专业化分工、合作与协调发展。

随着改革开放与经济社会的发展，海峡两岸经济体之间的竞争性正在逐步强化；而随着两岸经贸关系正常与两岸经贸活动自由化的发展，海峡经济区正在逐步形成。在此背景下，建设厦门自由经贸区，将有助于厦门经济特区与台湾有关地区的竞争合作与协调发展，特别是有助于厦门经济特区与台湾的高雄等自由经济示范区的竞争、对接与合作。

四、建设厦门自由经贸区的模式与区域选择

借鉴世界自由经贸区的建设经验与发展趋势，考虑建设厦门自由经贸区的目的与作用，根据厦门经济特区的自身条件，本文认为，宜把厦门经济特区建设成包含"厦门自由港"的多功能、综合型"厦门自由经贸区"。

(一）确定厦门自由经贸区模式与区域的思路

如前所述，建设厦门自由经贸区的目的与作用在于先行先试国际经贸活动自由化与两岸经贸活动自由化，保持特区先行先试的地位、角色与政策，促进特区产业结构调整与体制改革，促进区域经济分工合作与协调发展。国际经贸活动自由化已经超越货物贸易自由化向服务贸易自由化、资本投资自由化、金融活动自由化等更宽领域深化发展。因此，在模式与功能定位方面，建设厦门自由经贸区不能止步和局限于传统意义上的货物自由贸易区，而应顺应国际经贸活动自由化深化发展的趋势，进一步在服务贸易自由化、资本投资自由化、金融活动自由化等更宽领域先行先试。

而在自由经贸区的区域范围大小方面，要与建设一个多功能综合性的自由经贸区相适应，并促进厦门经济特区产业结构调整，促进海西经济区内部乃至海峡经济区内部区域经济分工合作与协调发展，厦门自由经贸区的区域范围就必须具有一定的规模，以便有足够的空间可供自由经贸区内各种生产经营活动的有效开展和各个相关行业的规模化发展。

与此同时，为确保自由经贸区在地方层级的管理机构的权威性，并为通过建设与自由经贸区相适应的管理体制而进一步推进厦门经济特区的体制改革，厦门自由经贸区的边界最好就是厦门市政府的行政边界，厦门市政府即是厦门自由经贸区在地方层级的管理机构。如此，也有利于厦门市经济与社会的协调发展。

（二）厦门自由经贸区的模式与区域定位

综上所述，我们认为，宜把整个厦门经济特区转型成为包含"厦门自由港"的多功能、综合型"厦门自由经贸区"。

其一，厦门经济特区可在其现有保税区、出口加工区、保税物流园区、保税港区的条件与经验基础上，把具有区位与服务区域条件、港口与物流条件、成本-效益条件的厦门岛建设成为一个类似香港的"厦门自由港"，即将厦门岛建设成为一个集自由投资、自由贸易、自由金融（含离岸金融）、研发服务、经营服务、仓储展会、物流分拨、过境转运、国际旅游等多项功能于一身的，以现代服务业为主的综合型自由经贸区。

其二，厦门经济特区其他区域（岛外区域）因不便于封关管理，除现有的海沧保税港区、大嶝对台小额贸易市场之外，不宜作为货物的自由贸易区，但可以作为不需封关运作的自由投资、自由金融、自由服务贸易等自由经贸区，主要发展先进制造业及其配套服务业。如此，厦门岛外区域、海西经济区其他区域可作为"厦门自由港"（厦门岛）的腹地与服务区域，与"厦门自由港"进行合理的专业化分工合作，协调发展。

显然，通过建设厦门自由经贸区，可构建起新形势下中国对外开放与经贸活动自由化的一个新平台，以及 ECFA 下对台经贸政策先行先试平台，进一步发挥经贸自由化与便利化的试验田与先行区作用。如此，也有助于厦门经济特区体制改革、对外开放与对台工作先行先试的有机结合，推进厦门经济特区成为高新技术生产研发基地、对台交流合作基地、航运物流中心、金融商贸中心、旅游会展中心、文化教育中心、两岸区域性金融服务中心、国际性港口风景城市和海西经济区中心城市，并有助于厦门经济特区与海西经济区的其他区域、海峡经济区的其他区域分工合作与协调发展。

五、建设厦门自由经贸区的条件与可行性

建设厦门自由经贸区，打造体制改革、对外开放与对台交流合作先行先试的整合平台，不仅现实意义突出，而且具有良好的条件与可行性。这里仅从自由经贸区的一般经济条件、WTO 有关规范、国际经济发展形势与格局等层面，考察其条件与可行性。

（一）自由经贸区一般经济条件上的可行性

从建立自由经贸区所需的一般经济条件角度看，厦门是东北亚和东南亚国际主航线的海上交通要冲，显然具有建设自由经贸区所需的区位与服务区域条件、港口与物流条件。加之几十年来厦门在体制改革、对外开放与经济特区建设方面的实践，为设立自由经贸区奠定了坚实的基础，并积累了丰富的经验。

从建设厦门自由经贸区的成本-效益角度看，在成本方面，厦门岛不仅远离中国的政治中心，而且又是海岛地形，因而隔离成本较低；特殊的海岛地形使厦门岛内的现有企业和人口规模相对比较稳定，加之厦门经济以外向型为主且国际竞争力较强，而中国的平均关税水平也不高，因而建设自由贸易区所产生的关税减免损失与贸易转向效应不会过大。

在效益方面，基于其区位优势与港口条件，在中国当前的开放水平与关税水平条件下，自由经贸区经贸活动的自由化与便利化必将进一步吸引国际经贸活动的进入，产生较大的经贸创造与扩大效应；特别是鉴于国内外以及海峡两岸的差异，通过自由经贸区对接的形式，不仅可以较大程度地便利国内外以及海峡两岸的经济交流与合作，而且可以在对外经贸与两岸经贸方面产生较大的创造与扩大效应。

（二）WTO有关自由经贸区规范上的可行性

作为WTO成员的经济体的行为措施应遵循WTO的有关规范。从WTO对世界自由经贸区的有关规范看，WTO以"原则中有例外，例外中有原则"的现实主义精神容许其成员在其特定区域实施特殊制度、优惠政策，但条件是不得有违透明度原则和非歧视原则，即这些特殊制度、优惠政策引致的贸易自由化与市场准入水平不得低于其对WTO承诺的约束义务水平（即不得低于在其他地区实施的贸易自由化与市场准入水平），并且必须以透明的方式同时对所有的WTO成员提供，显然，一个开放性的、无歧视性的、更加自由化与便利化的单边自由经贸区符合WTO有关规范的要求。

（三）国际经济发展形势与格局下的可行性

随着以经贸活动自由化为核心的经济全球化与区域一体化深化发展，随着中国改革开放进程的不断深化和经济起飞后的持续快速发展，中国已经成为重要的"世界工厂"与"世界市场"，21世纪的世界经济重心与国际经济格局发生明显的变化。围绕中国这一新的经济增长点的国际产业分工体系的调整与国际经贸活动的开展，既加快了中国经济全球化的步伐，又提供了史无前例的发展机会。

从厦门自由经贸区的建设时机与发展环境角度看，国际经济形势与格局的演变，显然一方面对作为中国对外开放前沿的厦门经济特区加快全球化步伐提出了迫切要求，另一方面也为厦门自由经贸区的建设与发展提供了战略契机。

（四）厦门是建设自由经贸区的最佳区位选择

建设厦门自由经贸区不仅具备如上所述的设立条件与发展条件，而且从便于同时先行先试国际经贸活动自由化与两岸经贸活动自由化以及与内地联动发展的角度看，在中国的几个经济特区与岛屿中，厦门经济特区事实上应是首选区域。

六、建设厦门自由经贸区的路径选择与政策建议

（一）建设厦门自由经贸区的路径选择

建设自由经贸区是国家战略，不仅是地方政府的事情，更是中央政府的事情；自由经贸区的建设与发展涉及各种复杂的经济和法律关系；自由经贸区在生存与发展上具有特殊政策依赖性。因此，世界上绝大多数经济体在设立自由经贸区前都自上而下进行顶层设计，先行制定专门适用的法律法规及其细则，明确定位自由经贸区的功能、模式、区域以及建设与管理体制，对其建设与管理进行必要的规范，并赋予自由经贸区特殊权力、特殊政策、特殊管理体制等。这既是自由经贸区存在与发展的前提及条件，也使自由经贸区的建设与发展有法可依，并有效保护有关各方权益与积极性。而在特殊政策方面，相对于在设区经济体关税区实施的法规及政策，在自由经贸区实施的涉外经济法规和政策通常具有较强的开放性、较大的自由度、较少的限制措施和较多的刺激机制。与此同时，自由经贸区已在全世界普遍发展，各经济体自由经贸区之间在经贸活动自由化程度与税收等政策优惠程度方面存在激烈的竞争。

因此，为构建综合型"厦门自由经贸区"，中央应在厦门经济特区已扩大至厦门市全市范围、建设两岸区域性金融服务中心、建设深化两岸交流合作综合配套改革试验区的基础上，通过顶层设计，制定相关法律法规，明确定位厦门自由经贸区的目的功能、发展模式与区域范围以及相应的管理体制与海关监管模式，赋予其相应的特殊政策及试验权，并在有关配套措施方面给予大力支持，以确保自由经贸区在建设与发展上具有良好的政策与体制条件，并有法可依。对厦门自由经贸区应实行"机构一体化、管理一元化、服务一条龙"的管理体制。实践中可采用中央与地方两层管理体系：中央设立专门的宏观管理机构进行决策、立法、协调、审批、监督与检查，地方政府则对自由经贸区的微观经济活动进行日常管理和组织。对具有自由贸易区功能的"厦门自由港"还应实行"一线放开、二线管住、区内自由"的"境内关外"海关监管模式。

（二）建设厦门自由经贸区的政策建议

厦门自由经贸区先行先试经贸活动自由化，需要中央在经贸活动自由化与便利化方面赋予相应的先行先试政策措施。重点是要实行货物贸易、服务贸易、投资、金融等经贸活动的自由化与便利化政策措施，同时还应在税收优惠、土地及厂房使用费优惠、固定资产与无形资产加速折旧、中央预算投资与专项资金使用等方面给予配套支持，从而相对于其他经济体的自由经贸区形成竞争优势。

1. 货物贸易自由化方面

除个别货物外，可以完全取消关税和繁杂的海关常规手续，并依据"一线放开、二线管住、区内自由"的海关监管要求准许货物自由进出"厦门自由港"。如此，也有助于厦门自由经贸区配合 ECFA 推进两岸货物贸易自由化，先行先试两岸货物自由贸易。

2. 服务贸易自由化方面

可允许外国服务业尽可能参照中国服务业的经营范围与门槛条件进入厦门自由经贸区设立分支机构或法人机构进行服务经营活动。当然，也可考虑一步到位实行国民待遇。

3. 资本投资自由化方面

尽可能允许外商参照中国企业的投资范围与门槛条件进入厦门自由经贸区设立分支机构或法人机构进行生产经营活动。实践中，可在厦门自由经贸区率先对外商投资开放《外商投资产业指导目录》中的一些限制性行业，并降低外商投资进入门槛。

4. 金融活动自由化方面

可允许外国金融机构尽可能参照中国金融机构的经营范围与门槛条件进入厦门自由经贸区设立分支机构或法人机构进行金融活动。特别是，可在厦门自由经贸区建立离岸金融市场，并借鉴新加坡等经济体推动离岸金融市场形成的经验，对参与离岸金融市场的非居民交易不实行外汇管制，允许货币自由兑换和资金自由转移，免除外币准备金，允许离岸金融市场业务不受国内金融政策

（利率、汇率、存贷）限制。

5. 财政税收优惠政策方面

为增强自由经贸区的国际竞争力，除了减免关税，还应减免其他税收，降低土地及厂房使用费、固定资产加速折旧等等。考虑到周边经济体实行较低的企业所得税，建议在厦门自由经贸区实行15％的企业所得税，并比照东北等老工业基地的税收优惠政策，对厦门自由经贸区内的企业予以提高计税工资标准的优惠，对区内行业的增值税一般纳税人扩大抵扣范围，实行消费型增值税政策，对企业固定资产与无形资产予以加速折旧的优惠。特别是应给予离岸金融市场以税收优惠政策；可免征利息预扣税和银团贷款所得税；减征或免征交易营业税、印花税、贷款利息及海外收入预扣税；银行所得税可低于15％；允许离岸行海外利润派息自由汇兑，离岸行及其职员收入可自由汇出，并及早解决双重课税问题。

在厦门自由经贸区启动和试运行阶段，中央财政转移支付、中央预算内专项资金和中央预算内投资，以及其他中央专项资金，应加大对厦门自由经贸区基础设施、社会公用事业、循环经济和生态建设、高技术产业、结构调整等项目及资金的支持力度；适当降低中央投资项目地方投资比例，支持发展特色产业和重大项目建设，对厦门自由经贸区的基础设施建设给予专项补助；对具有全国或区际意义、有助于形成海西经济区整体竞争力的项目，在项目布点与审批、土地利用等方面给予重点支持；对新设立的企业在场地租金、办公条件、工作人员居住条件方面可给予优惠扶持。

最后，需要指出的是，实践中为构建厦门自由经贸区而赋予的所有政策措施，特别是更加开放、更加自由、更加便利的特殊政策措施，宜一体适用于内资与外贸的投资。这不仅符合WTO等国际机构的无歧视原则，而且有利于吸引国内外经济资源与要素的流入，增强厦门自由经贸区与国内外的联动性，并克服其自身发展面临的资源瓶颈与市场约束。

七、结语

随着以经贸活动自由化为核心的经济全球化与区域一体化的持续发展，随着中国改革开放与现代化建设的深化发展，随着两岸经贸关系正常化与两岸经贸活动自由化的不断推进，厦门经济特区与时俱进向自由经贸区转型发展，有其必要性和重要作用。实践中，借鉴境外自由经贸区的建设经验与发展趋势，考虑建设厦门自由经贸区的目的与作用，根据厦门经济特区的自身条件，宜通过顶层设计与立法，明确把厦门经济特区转型成为包含"厦门自由港"的多功能、综合型"厦门自由经贸区"。事实上，当前在厦门经济特区的基础上建设一个开放性的、无歧视性的、更加自由化与便利化的自由经贸区，符合WTO有关规范要求和自由经贸区的一般经济条件要求，并具备良好的发展环境。

中国自贸区行政管理体制改革探索[*]

艾德洲

一、自贸区行政管理体制改革的由来与目标

2013年，中国（上海）自贸试验区挂牌成立。中央政府明确提出，中国（上海）自由贸易试验区要深化行政审批制度改革，加快政府职能转变，积极探索管理模式创新，全面提升事中事后监管水平。2015年，上海自贸区扩围，广东、天津和福建三个自贸区相继成立，各自贸区都将事前审批向事中事后监管改革作为自贸区改革的核心工作，各自贸区也参考了上海自贸区合署办公的经验，根据自身发展需要和市场主体实际需要，有针对性地改革了政府架构，提升了行政服务效能。行政管理体制改革已经成为自贸区改革的重点和核心任务。

纵观上海、广东、天津和福建两批中国自贸试验区总体方案，中央政府明确提出，中国自贸区肩负着我国在新时代加快政府职能转变，积极探索管理模式创新，促进贸易和投资便利化，为全面深化改革和扩大开放探索新途径、积累新经验的重要使命。在自贸区改革实践中，行政管理体制改革已经成为各类重点任务改革的起点，全面贯穿投资体制改革、贸易便利化改革和金融改革。

二、中国自贸区行政管理体制改革的实践及评述

行政管理体制改革牵涉到投资体制改革、贸易便利化改革和金融改革等一系列改革探索，本文只重点讨论以政府机构改革为核心的行政管理体制改革

---

[*] 本文原载于《中国行政管理》2017年第10期。

问题。

(一) 合署办公：自贸区改革全区适用

合署办公是当代中国政治与行政生活中的常见现象。2015 年，上海自贸区扩围后，上海自贸区管委会与浦东新区政府实现了合署办公。自贸区合署办公是由于工作对象、工作性质相近，采取的两个具有不同编制、职责的党政机构在同一地点办公的工作形式，实现了两个机构的人员、资源在上级统一指挥调度下灵活运用。管委会主任由上海市副市长和浦东新区区委书记共同担任，浦东新区区长作为自贸区管委会的常务副主任。管委会内新设三个职能局，分别是综合协调局、政策研究局和对外联络局，承担自贸区改革推进、政策协调、制度创新研究、统计评估等职能。原则上，在上海自贸区红线范围内试行的制度创新，尤其是以事中事后为特色的行政、审批、监管模式创新皆可在浦东新区行政区范围内实行。

总体来看，自贸区合署办公改革的关键有三：一是自贸区管委会和所在行政区政府要实现合署地、同平台、共信息、合署理；二是自贸区管委会要借助所在行政区上一级政府的助力，署理自贸区工作的主要领导要职级高配；三是从自贸区制度创新到行政区内复制推广，要加强沟通协作，政策协调要提升到与制度创新同等的高度，从而引导行政管理体制改革的方向。

(二) 法定机构试点：全国首个以法定机构主导的区域开发治理模式

前海管理局是全国首个以法定机构模式主导区域开发治理的政府机构。2010 年 2 月，前海管理局作为深圳市政府直属派出机构正式挂牌成立，实行企业化管理，市场化运作。2010 年 8 月，国务院批复《前海深港现代服务业合作区总体发展规划》，明确提出"按照精简高效、机制灵活的原则成立管理机构，探索完善法定机构运作模式，负责前海管理、开发工作；组建前海开发公司，负责区内土地一级开发和基础设施建设"。2011 年 7 月，深圳市五届人大常委会第九次会议行使特区立法权，表决通过《深圳经济特区前海深港现代服务业合作区条例》《深圳市前海深港现代服务业合作区条例》，深圳市政府随后颁布《深圳市前海深港现代服务业合作区管理局暂行办法》和《深圳市前海湾保税港区管理执行办法》，通过政府立法，以前海"一条例两办法"确立法定机构管理模式。

前海管理局行政管理体制改革的亮点主要有：一是建立工作机制。设立了前海蛇口片区及前海开发建设领导小组。二是完善机构设置。借鉴上海自贸区合署办公经验，前海管理局与片区管委会实现一体化运作。片区管委会（前海管理局）设置了 15 个处室，组织架构高度精简，实行扁平化运作。三是探索合营模式。前海管理局与招商局集团成立合资公司，大力推进市场化运作模式，探索片区管理运营新模式。四是强化日常监管。深圳市委专门成立前海廉政监督局，集中履行纪检、监察、检察、公安经侦、审计等职能，实现日常化全方位监督，致力打造与国际接轨的廉洁示范区。

（三）"多合一"试点：行政管理效率显著提升

2014 年，天津探索形成了"六个一"行政管理体制。自天津自贸区成立以来，天津自贸区政府围绕简政放权，建设适应国际化、市场化、法治化要求和贸易投资便利化需要的服务体系，又推出"四个一"新举措，形成了简政放权"十个一"管理新体系。分别是一份清单管边界、一颗印章管审批、一个部门管市场、一支队伍管执法、一个平台管信用、一份单卡管通关、一套系统管廉政、一个号码管服务、一张绿卡聚人才、一套标准管质量。随后，天津自贸区又陆续推出了新增的"多合一"，各自贸区也都仿效进行了一系列的"多合一"改革。溯及源头，"多合一"改革当属天津自贸区的"十个一"，其显著提升了政府的行政管理效率。

（四）大部门制改革：专注审批和市场监管

天津自贸区"多合一"改革中一个部门管市场和一支队伍管执法，都是明确的大部门管理体制改革。从天津自贸区管委会的组织架构看，综合改革局、综合协调局、综合监督局皆为综合职能的大部门制。大部门制改革也是中国行政管理体制改革的一般路径，从中央政府到地方政府，再到自贸区实践，大部门制改革都是行政管理体制改革的方向。上海自贸区、广东自贸区南沙新区片区等都推行了市场监管大部门制改革。大部门制一方面能够有效地缩减市场主体办事的对口部门；另一方面有助于实现政府的扁平化管理，缩短政府内部管理链条，提升政府行政管理效能。然而，天津自贸区的大部门制改革存在归口过于集中和权力过于集中等问题。纵观自贸区推行的大部门制改革，笔者认为，前海管理局的大部门制架构设计，更符合中国行政管理体制改革的总体方向。

前海管理局作为开发、建设、发展、协调的行政管理部门，在设立之初就遵循了大部门制和扁平化管理的原则。目前，前海管理局下设15个处室中，组织人事处兼备人才工作处职能，香港事务处兼备对外合作处职能，产业促进处兼备总部型企业招商职能，企业服务处兼备办事和引导职能。行政管理体制改革的目标是提高效能和建设服务型政府，但是从逻辑上深入分析，在具体问题或短期目标实现过程中，服务型政府和提高行政效能存在一定的冲突，根据实践需要人为地进行调整就又会偏离行政管理体制改革的初衷。前海管理局的大部门制架构设计具有鲜明的服务导向，行政职能虽专注于片区管理，但实际运行更倾向于园区运营，作为运营者，一切以市场主体入驻和入驻市场主体的需求为导向，整合或新创对口部门，专注审批和市场监管，为市场主体提供引导式服务。以市场主体的需求为导向，是政府行政架构扁平化改革的关键着力点，以解决改革实践中遇到的问题为导向，是行政运行机制创新的关键着力点，只有坚持需求导向和问题导向，才能够兼备大部门制改革和服务型政府改革的优势。

（五）成立专责对外部门：高度重视国际规则和国际化发展

天津自贸区建设发展高度重视对外招商，天津自贸区管委会成立之初，便成立了专责对外招商部门，制度创新以对外招商需求为导向。因此，天津自贸区在外商引进方面成效显著。各自贸区的总体方案或实施方案中均明确了各自的重点使命，自贸区作为中国的高水平对外开放门户，要高度重视对外招商和产业目录中重点产业的引资工作。福建自贸区在台商引资和合作领域也取得了一系列的突破，广东自贸区三大片区都成立了专责对外部门。广州南沙新区片区专门成立了投资贸易促进局，负责外资的洽谈和引进；深圳前海蛇口片区除总部型企业引进外，还专门成立了香港处，负责粤港合作；珠海横琴新区片区根据实际发展诉求，高度关注知识产权的跨境交易和科技合作，取得了一系列的事中事后监管改革和配套改革创新成果。

为进一步对接国际高标准投资贸易规则，各自贸区政府不仅创新了自身的行政管理架构，还从立法司法方面开展了一系列的改革创新。各自贸区相继成立了仲裁中心等维权机构。预计随着中国自贸区改革的深入，自贸区必将成为中国对外开放的高水平门户枢纽，对标国际标准和国际化发展诉求的行政管理体制改革必将成为行政管理体制改革的核心内容。

(六)"双随机、一公开":监管体制深度创新

"双随机、一公开"改革是中国自贸区事中事后监管改革的标志性成果,是深化简政放权、放管结合和优化服务的重要举措,是由上海自贸区"双告知、双随机"改革演化而来的。2015年10月国务院印发的《关于"先照后证"改革后加强事中事后监管的意见》,对政府事中事后监管提出了更高的要求和标准。在此背景下,上海自贸区推行了"双告知、双随机"改革。

"双告知、双随机"具体做法如下:一是通过"双告知"明确市场主体责任。一方面明确告知企业,审批指引和经营责任;另一方面告知审批部门,实现行政管理信息的内部共享。二是通过"双随机"创新了政府监管模式。一方面企业监管采取随机抽查模式;另一方面抽查人员采取随机抽取模式。在此基础上,"一公开"即代表信息共享,也意味着抽查检查结果将通过信息公示系统向社会公示,从而实现了行政监管模式的深度创新,提升了政府行政管理效能。"双随机、一公开"能够引导市场力量和社会力量共同参与市场秩序的治理,构建多元参与的市场监管社会共治格局。准入后(监管)行政管理体制机制创新必将成为自贸区行政管理体制改革下一步的重点及核心内容。

三、中国自贸区行政管理体制改革面临的问题

自贸区行政管理体制改革相对全国改革更加深入,也遇到了一系列的改革困难,综合来看,主要包括以下五方面。

(一)自贸区立法及系统的法制体系改革相对滞后

目前我国自贸区立法相对滞后。自贸区的历史可以追溯到1547年意大利的雷格亨自由贸易港,伴随着全球化,世界范围内的自贸区如雨后春笋,遍地开花。纵观国外自贸区建设,自贸区立法都是自贸区建设发展和行政的基本依据。以文化渊源、地理条件和行政体系都比较相近的韩国为例,2003年8月,在自贸区建设之初,韩国政府就颁布了《经济自由区域的指定以及运营法律》,用来确定自贸区的合法地位以及自贸区改革的法律准绳。我国自贸区立法及系统的法制体系还相对缺失。在法律指引不足的情况下,行政改革既缺乏引导,也缺乏保障。权力清单、责任清单、容错机制都缺乏法理依据。这成为自贸区深化

行政管理体制改革面临的首要问题。

（二）大部门制存在权力过于集中的潜在腐败风险

在缺乏法理依据和保障的情况下，一颗印章管审批存在巨大的潜在腐败风险。天津自贸区企业设立、贸易服务、资质资格等审批事项全部纳入自贸试验区行政服务中心办理，一颗印章具有决定性作用，权力过于集中。在自贸区改革初期，改革氛围较好，这一风险相对较低，随着自贸区改革逐渐深入，改革者有可能会出现情绪懈怠，风险有可能会集中爆发。在法律体系构建相对滞后和第三部门难以发挥作用的情况下，以政府为主导的便利化改革，存在的权力过于集中问题。大部门制改革是目前自贸区行政架构改革的导向，实践中各自贸片区也都考虑到了这一潜在风险，大部门制改革的步伐明显趋缓，亟须对这一问题重点关注、专项研究。

（三）准入后行政管理体制机制创新相对不足

自贸区行政管理体制创新或自贸区制度创新，负面清单管理模式、国际贸易"单一窗口"、"一口受理"等均为热点问题。从理论层面来看，这都是准入问题，是准入的改革和体制机制创新。一个市场在准入（含退出）出现问题的情况下，市场活力和竞争力不足能够得到广泛认同，但是准入只是营商的第一步，在准入后，市场规范和市场监管才是竞争效应能否被正向引导的关键问题。在自贸区改革初期，准入是首要问题，但是随着自贸区改革的深入，市场监管和市场规范才是能否发挥市场效率的核心，目前自贸区行政管理体制改革和制度创新多集中于准入领域，对准入后行政管理体制机制创新的关注相对不足。

（四）诚信清单与监管体制机制的融合深度不够

目前中国还没有建立起完备的诚信监督体系。企业诚信、个人诚信在市场行为规范中难以得到有效监管。自贸区已经开展了对信用体系和信用监督体系的一系列研究和实践探索，在结合央行、工商等数据的过程中，出现了一些权限和利益博弈问题，但最大的问题并不是诚信清单体系的统一和认证，而是诚信清单与诚信监管体系能否实现市场监管模式变革。目前自贸区信用体系构建还停留在初步探索阶段，黑名单和白名单评估工作进展缓慢，与监管体制机制的融合深度有待提升。

（五）市场主体利益格局固化，对深化改革形成了一定的负面影响

经过 40 多年的改革开放，一些人从改革中获益良多，同时，也有一些人获益较少。随着资本的沉积，一些市场主体的利益格局逐渐固化，成为在位者。相对在位者，潜在进入者在资源获取、发展水平和学习能力方面都与之存在较大差距。中国的行政管理体制改革立足于服务型政府，旨在让更广泛的人民群众有改革获得感。政府希望通过优化政策设计与供给，让更多潜在进入者打破相对固化的市场格局。但是潜在进入者的竞争能力与在位者存在较大差距，不足以改变市场格局。这是自贸区准入后监管体制机制创新面临的现实问题。

四、中国自贸区行政管理体制改革的路向与下一步的改革重点

（一）尽快制定中国自贸试验区改革管理办法

尽快制定中国自贸试验区改革管理办法，从法律法规的层面，明确自贸试验区的内涵和功能界定，从根本目标上给予中国自贸区方向指引。进一步明确法治化发展理念，对权力清单、责任清单和容错机制做规范解释，以确保中国自贸试验区的长期发展。

（二）自贸区行政管理体制要对标国际最高标准

自贸区改革的核心抓手是对标国际。自贸区行政管理体制改革已经实现了营商环境的便利化，并构建了稳定的改革机制，下一步自贸区行政管理体制改革可参照纽约、新加坡等国际自由贸易港的做法。在简化商事登记制度、市场主体办事流程、政府架构和行政运行机制改革等领域对标国际最高标准，逐步实现法治政府和服务型政府转型。

（三）准入后行政管理体制改革要作为自贸区行政管理体制改革的重点

自贸区要发挥改革开放试验田功能。目前中国市场经济改革最核心的问题是准入和市场行为规范两大问题。准入改革依然是自贸区行政管理体制改革的核心内容，准入后行政管理体制改革则应当作为自贸区行政管理体制改革下一步的改革重点。各自贸区要做好"二线管好"工作，一线准入后，二线不只要

管住，更要管好，坚决落实好"双随机、一公开"，抓好市场行为规范管理。

（四）诚信清单监管体系要作为下一步改革的抓手

自贸区诚信清单的编制还需要进一步完善，中国人民银行征信系统、工商税务信息系统的信息共享已经提上日程，下一步的重点是将信用体系和诚信管理体系融入市场监管体系中，建立白名单和黑名单制度，结合"双随机、一公开"，对白名单企业放松管制，对黑名单企业集中管理，提升行政管理效率，服务市场监管模式改革。

五、对策建议

（一）在自贸区推广法定机构试点

建议中央政府及各自贸区管理委员会参照前海管理局法定机构试点改革，在自贸区推广法定机构试点，切实推动高效政府向高效小政府转型。考虑到以多样性降低改革风险、提升改革效能的目的，建议各自贸区内部可选择重点片区试点法定机构改革。在自贸区开发建设方面，充分借鉴"片区管理、园区运营"模式，发挥企业参与政府管理的能动性作用。

（二）下放信息归口权限、深化"一公开"改革

从国家层面，督促海关、央行、工商、税务等部门下放信息归口权限，以各省级自贸区为单位，专项研究自贸区内部承接信息归口权限的可行性，上报国家层面审批，符合要求的自贸区要做好信息归口和信息安全工作，打通自贸区内部信息流转通道，构建统一的信息公开公示平台，加强宣传，提高政府信息公开公示的公信力，深化"一公开"改革。

（三）重视第三方评估，培育行业协会等社会组织

自贸区行政管理体制改革已进入系统集成阶段和细节深度挖掘阶段，政府要加强第三方评估。一方面借此发掘自身改革中存在的细节问题，打通堵点，锚定下一步的改革重点；另一方面要通过第三方评估提升行政管理体制改革的公信力。政府要培育行业协会等第三部门，重视社会组织的发展，促进监管体

制改革中的多元参与，切实推动政府职能转变。

（四）在行政管理体制改革中引入多元主体

自贸区政府要尽快试点将诚信清单管理机制引入市场监管和政府决策体系。以政府指导、行业协会负主体责任的模式，制定自贸区行业诚信白名单和黑名单。在自贸区营商的市场主体可根据名称以及对方提供的信息公示承诺，查询对方的诚信情况。白名单企业、行业协会以及具有影响力的第三部门可纳入决策咨询委员会，参与市场监管和政府决策过程，进一步实现监管体制主体多元化改革。

超越经济治理：自贸区治理体系与治理能力现代化建构研究
——以厦门自贸区为例*

李 欣

设立自由贸易试验区（以下简称"自贸区"）是我国的重大战略举措。中央顶层设计对自贸区的功能定位明确体现在两个层面：一是经济层面。在自贸区内以更加自由的贸易、投资、金融、科创等政策建设更加开放的经济体制，以制度红利创造新的经济增长。二是政府管理体制层面。自贸区的建设不仅仅承担了其应有的经济职能，更重要的是进行管理体制、治理机制的创新，以改革创新突破现有政府权力条块桎梏，探索优化政府权力配置，推动政府治理体系与治理能力的现代化。中央的顶层设计将自贸区定义为"制度高地""改革高地"，其战略地位决定了它的创新实践将进一步关系到我国改革开放全局和服务型政府建设。

一、改革思想的拓展与自贸区政府治理模式的再深化

近年来，我国设立并拓展自由贸易试验区，自贸区经历了从无到有、从点到片的创建过程，即从2013年在上海首先成立全国第一个自由贸易试验区开始，到2015年中央又批准了广东、天津与福建三地自贸区挂牌，再到2017年又有7个自贸区获得挂牌，至此全国自贸区整体布局形成，发展速度不断加快。正如党的十八届三中全会提出的，"要以周边为基础加快实施自由贸易区战略，形成面向全球的高标准自由贸易区网络"，这标志着我国对外开放进入了一个新

---

* 本文原载于《经济体制改革》2018年第5期。

阶段，实施更加积极主动的对外开放战略。进入21世纪，从我国相继设立各种类型的综合配套改革试验区、国家级新区来看，建设的重点已经从优惠政策驱动逐步转向了以制度创新为主要驱动力，不仅涉及经济开发，更涉及政府行政管理体制改革、职能转变和社会治理，是一项全面的制度改革和系统建设工程。党的十八届三中全会通过的《中共中央关于全面深化改革若干重大问题的决定》明确提出了实现"国家治理体系和治理能力现代化"的政治发展目标。习近平总书记特别强调，必须完整理解和把握全面深化改革的总目标，这是两句话组成的一个整体，即完善和发展中国特色社会主义制度、推进国家治理体系和治理能力现代化。这也说明了我国现行的治理体系和治理能力还相对滞后，尚不能满足现代经济社会发展的需求。

从公共管理学和政治学视角来理解，自由贸易试验区承担的使命透露出国家治理逻辑的变革。首先，近一二十年来，从"地方行政"到"地方治理"代表着地方公共事务的实践模式及理论范式的转变。这一范式的转变被视为治理理论的兴起。治理是"制定规则、应用规则以及执行规则"，思考治理意味着"思考如何管控经济和社会，如何实现共同目标"。正如俞可平所言，西方的政治学界和管理学界之所以提出治理概念，主张用治理代替统治，是他们在资源配置中既看到了市场的失效，又看到了国家的失效。因此，治理理论强调互动观念，治理理论中融合了诸如参与、分权、协商、责任等政治价值，相较于统治、管理等概念，它更强调多元治理主体合作共治。而地方政府作为国家政治和政府体系的重要组成，是国家采取治理的重要层面，地方政府治理体系与治理能力现代化是国家治理体系与治理能力现代化的基础和关键。在我国，国家治理现代化落实到地方，就是地方治理现代化。自贸区作为地方政府治理体系与治理能力现代化改革的重要试验区，其政治层面的意义更具探索价值，即厘清国家、市场与社会关系中的政府职能定位，使政府治理模式更为"理性"。其次，要使中国经济与世界经济接轨，需要打破传统的"经济至上"路径依赖。按照新制度主义理论，制度对经济绩效的影响无可争议。制度在社会中的主要作用，是通过建立一个人们互动的稳定结构来减少不确定性。国家所提供的基本服务，是一些根本性的竞赛规则。它具有两个目标：一个目标是规定合作与竞争的基本规则；另一个目标是在基本规则框架内，减少交易成本，促进社会产出最大化。自贸区的建立能促进区域内交易费用的下降、地区专业化发展与市场的持续扩大，带来了新一轮地方经济增长。毋庸置疑，经济的长期绩效从根本上受制度演化方式的影响。因此，自贸区要调整、创新政府行政管理体系，以提高制度本身的效能，降低治理成本和风险。

总之，在全面深化改革背景下，自贸区不仅要在构建与国际投资贸易规则相适应的高水平开放体制上取得重要突破，更重要的是探索政府治理模式创新，建立与经济全球化相适应的政府行政管理体系，并在制度创新、改革与变迁中推进政府治理体系与治理能力现代化，促进我国从"管制型政府"向"服务型政府"转变。

二、国家治理体系与治理能力现代化视角下的厦门自贸区建设

所谓国家治理体系，就是规范社会权力运行和维护公共秩序的一系列制度和程序，它包括规范行政行为、市场行为和社会行为的一系列制度和程序，政府治理、市场治理和社会治理是现代国家治理体系中三个最重要的次级体系。而国家治理能力，则是指各个治理主体，特别是政府在治理活动中所显示出的活动质量。推进国家治理体系和治理能力现代化是我国特色社会主义现代化建设的必然要求，其强调的是以政府行政管理体制改革为核心内容的政府治理模式变革。对此，2015年李克强总理提出了简政放权、放管结合、优化服务，"放管服"三管齐下、协同推进，只有继续推进"放管服"改革，更好发挥市场和社会的作用，才能全面正确履行政府职能，打造法治政府、创新政府、廉洁政府和服务型政府，实现政府治理能力现代化。这一综合性、系统性的政治要求，使得自贸区在新时代背景下的建设必须要体现对推进国家治理体系和治理能力现代化要求的制度性回应。因此，在自贸区建设中政府作为治理的主导与核心应明确自身职能定位，实现职能转变，以更好地发挥其他治理主体参与管理自贸区公共事务的作用。实现良性互动是政府在治理活动中应探讨的核心。

厦门自贸区是福建自贸区中最大的区域和两岸合作的最前沿，在《中国（福建）自由贸易试验区总体方案》（简称《总体方案》）中，对厦门片区给予的功能定位是重点建设两岸新兴产业和现代服务业合作示范区、东南国际航运中心、两岸区域性金融服务中心和两岸贸易中心。由此可见，厦门自贸区的独特优势和发展先机在于对台的经济贸易深度对接、合作。依据《总体方案》的制度设计和国家的战略需要，厦门自贸区应成为贯彻落实国家改革总体部署和重要改革任务的改革创新试验田。对于自贸区来说，在现有的政府管理框架下，

自贸区内市场活动主体（企业）所需的经济活动，如市场领域的开发、要素的流动和重要资源的分配等都需要政府的行政审批或许可，而政府如果不能改革创新自身管理体系和提升治理能力，那么贸易、投资、金融等领域的创新就很难落地和实现，企业也会因激励不足而丧失参与自贸区的兴趣，从这个意义上来讲，厦门自贸区建设的首要任务就是以制度创新推动自贸区治理体系与治理能力现代化，以更好地服务于经济发展和对台先行先试。

厦门自贸区成立以来，积极建设国际化、市场化、法治化的营商环境，在投资、贸易、金融等领域都获得了显著的经济效益，在提升治理体系和治理能力现代化方面也进行了有益探索、创新，并在结合本地区现实的基础上对其他地方的经验进行了借鉴，这具体体现在以"放管服"改革为核心所产生的一系列制度创新、突破和成效。

1. 简政放权规制政府权力

简政放权，"把该放的权放掉"，有助于规范政府对权力的运用，对权力形成有效规制，以让市场主体充分发挥资源配置的决定性作用。厦门自贸区在"放权"建设中，以行政审批制度改革和清单管理制度为重要制度创新。

（1）深化行政审批制度改革。厦门自贸区根据市政府印发的《中国（福建）自由贸易试验区厦门片区市场准入领域行政审批制度改革试点工作方案》和《中国（福建）自由贸易试验区厦门片区工程建设项目审批制度改革总体方案》及配套办法在 2017 年 6 月 1 日进行审批制度改革试点，并在 9 月 26 日将市场准入领域改革事项复制推广至全市，在市场准入领域的改革获得了显著的成效。在工程建设领域将改革试点范围扩大至湖里区和海沧区，并选取部分市重点项目及民生项目作为试点，待成熟后复制推广至全市。市场准入领域和工程建设领域的审批改革主要采取审批改备案制、告知承诺制以及简化优化流程、材料的方式，将审批事项逐步减少，方便市场主体活动，行政审批行为逐步得到规范，提升了政府效能。

（2）清单管理制度。厦门自贸区按照权责一致的原则，实行权力清单、责任清单和公共服务清单制度，限定政府权力范围，强化政府责任，并向社会公开。外商投资准入制度对标国际通行规则，以负面清单管理为核心，实施"准入前国民待遇＋负面清单＋备案管理"的管理模式，减少和取消对外商投资准入限制，并首创规划建设审批负面清单管理模式。2015 年中央公布了统一版的负面清单，作为自贸区最大的制度创新，它明确了市场准入界限，改变了政府重审批的传统管理模式。另外，通过对政府的权力规制，也明晰了政府应当承担的责任和所需提供的服务。为便利企业，在梳理行政权责清单的过程中，详细对照实施依据，在制定办事指南的过程中对申报材料及审批流程进行精简和优化，简化了办理流程，提高了工作效率。

2. 以政府职能转变为核心，推进事中事后监管制度改革创新

政府职能转变作为一种渗透性要素渗入制度创新、服务供给和行政效能之中，政府职能转变不到位，服务型政府的建立以及经济的转型与升级等无疑将成为不可能完成的任务。自由贸易试验区作为国家战略，重点在于制度创新和政府职能转变，它的建设应当成为转变政府职能、政府治理模式再造的综合改革典型。厦门自贸区在实现政府职能转变中，改变过去以审批制为主的政府管理方式，强调事中事后监管，创新监管方式，运用协同监管、信用监管、动态监管等方式，提高了开放环境下的政府监管水平。

（1）协同监管。厦门自贸区建立了跨部门、跨区域联动监管执法协作机制，与海事、海关、国检、边检签署《口岸通关联合执法合作备忘录》，建立了常态化口岸通关联合执法合作机制。通过协作机制联合相关部门在自贸区内开展了日常监管及专项整治行动，检查各类商事主体，有力规范了自贸区各类经营行为，净化了自贸区文化市场领域经营环境，维护了"美丽厦门，美丽自贸区"的良好形象；同时联合市文化综合行政执法支队开展文化市场专项检查，对创造良好市场环境具有重要意义。

（2）信用监管。厦门自贸区建立了社会信用信息体系，整合横向监管信息，构建政府大数据信息综合平台，建立了政务信息对接共享机制。通过各部门监管系统信息互通共享，实现跨部门守信激励、失信联合惩戒机制，意在强化市场主体责任，加大企业违法成本，形成一处违法、处处受限的局面，营造不敢违法、不愿违法的氛围，进而减少违法违规行为，减轻政府监管压力，为全市提高信息共享水平、加强事中事后监管探索了经验。

（3）动态监管。自贸区管委会将日常综合监管全面纳入了"双随机"执法抽查制度中，建立了除"两库一清单"外，根据工作重点进行专项检查的工作机制。通过联合市场监督管理局、文广新局、知识产权局开展自贸区内文化市场领域"双随机"检查和专项检查；会同市发改委、湖里市场监管局、海沧市

场监管局、象屿办及海沧办等多个部门开展自贸区购物市场秩序专项检查，规范企业日常营商环境，提升自贸区的整体形象；对自贸区内的重点旅游购物场所进行专项检查，与商家座谈并签订《厦门自贸片区商家诚信经营承诺书》，以确保旅游市场安全稳定有序。

3. 优化服务，持续改善营商环境

服务型政府的本质属性就是服务。在经济全球化背景下，国际投资、贸易规则要求政府对标国际标准提供服务，因此，营造国际一流的营商环境也是厦门自贸区建设的重要任务之一。对此，厦门市出台了《关于加强市场环境和开放环境建设营造一流营商环境的行动计划》，围绕营商环境涉及的开办企业、办理施工许可、获得电力、登记财产、获得信贷、保护少数投资者、纳税、跨境贸易、执行合同等9个方面、33项指标，按照自贸试验区试点任务的工作要求，明确了先期试点工作事项，逐项提出具体任务和目标要求，并分解落实到具体责任部门。厦门自贸区在改善营商环境过程中，不仅为货物通关提供了便利措施，也为企业运作提供了更优质的服务，这体现在按照"企业需求导向和问题导向"建立的国际贸易"单一窗口"平台。

"单一窗口"的建立和运行，进一步推进了贸易便利化，实现了"一个平台、一个界面、一点接入、一次申报"办理国际贸易各项业务，使得外贸企业从设立到通关通检仅"一个窗口、一次申报、一次办结"，大大缩短了企业进出口货物申报和船舶检验检疫申报时间，提高了货物的通关效率，节省了企业的时间成本，为企业营造了一个更加有利的经济环境。厦门自贸区国际贸易"单一窗口"被商务部评定为首批8个自贸试验区"最佳实践案例"之一，作为海关总署全国口岸"互联网＋自主报关"首个试点，被国家质检总局向全系统复制推广，国家口岸办称之为"厦门模式"。

可以认为，厦门自贸区"单一窗口"制度的推行，提升了区内综合服务水平，并且得到了推广和复制。它的"溢出效应"体现在：从政府角度看，它优化了政府服务流程，提高了厦门市政府与其他职能部门的服务效率；从企业角度看，它为企业营造了宽松、高效的市场环境；从投资者角度看，它减少了企业面临的政策束缚并使企业可享有更优质的政务服务，增强了投资者的信心和对未来服务的可预测性；从居民角度看，它改善了厦门市居民的创业环境。

三、推进自贸区治理体系与治理能力现代化路径分析

自由贸易试验区，顾名思义，定位于经济层面的目标是题中应有之义，但实际远超经济层面，中国自贸区的诸多改革和制度创新最核心的价值在于政府治理的自我革新、自我优化乃至自我革命。自贸区作为改革的深水区，必须承担国家治理体系和治理能力现代化探索的政治使命。通过对厦门自贸区的分析，可以明晰其在制度改革创新中的进程与所处阶段。所谓特殊之中孕育普遍，对于全国大部分自贸区而言，制度创新的成绩不可忽视，改革就是一个不断创新与完善的过程。因此，透过治理体系和治理能力现代化的视角，以"放管服"为核心的政府治理模式的再深化可从以下路径继续推进：

1. 破除行政体制桎梏，优化职能部门间的协同高效联动

厦门市发布的《厦门经济特区促进中国（福建）自由贸易试验区厦门片区建设规定》在管理体制层面建立了自贸试验区领导协调机制，建立了自贸区领导小组办公室，作为日常办事机构，解决自贸试验区发展规划、投资贸易、金融创新、两岸经贸合作、知识产权以及政府职能转变和综合监管等方面的重大问题，统筹和协调市行政区、经济功能区、中央与省驻厦单位及本市有关部门实施自贸试验区改革试点任务。这样的领导协调工作机制主要在于上级的重视与强力推进。我国除上海自贸区能够实现与行政区合并之外，大部分自贸区都是采用与其他政府职能部门沟通和协作的工作机制。但是，由于自贸区是区域性的改革试点，往往会导致跨区域、跨部门改革运行的不同步和部门利益间的冲突，加之部门间缺乏共享机制与跨部门审批流程烦琐，都会导致改革无法形成合力，并且对于改革的认识也未必能达到高度一致，由此，会出现改革、创新举措"受阻"的局面。一方面，权力碎片化、利益部门化阻碍了权力的整合与协同，直接表现是信息共享机制的不完善。要想实行多部门信息共享和协同管理机制，推动全程电子化管理，除了技术支撑外还必须打破部门利益僵局和权力图圈，需要用自贸区的创新政策，驱动政府职能配置优化和权力结构改革；另一方面，对于自贸区的政策创新和扩散动力，除了中央顶层设计和上级领导的支持，也必须依靠地方职能部门的通力合作。因此，当前要认真总结经验教训，按照统一、效能的原则和执行、协调的要求，在保障职能部门信息安全的

基础上，继续完善信息共享机制、优化职能配置和部门协调机制，重点理顺自贸区管委会与上级职能部门、同级职能部门之间的关系，理顺职能分工和事权分配，减少权责交叉、职能交叉和推诿，以提高行政效能，实现部门间的协调高效联动。

2. 以政府职能转变为核心，进一步推进"放管服"改革

要实现政府治理能力的现代化，转变政府职能是实现建设服务型政府的必由之路。以自贸区创新理念推进政府职能转变，转变以审批为主的政府管理方式，提高开放环境下的政府监管水平，并探索政府管理机制创新具有重大实践意义。作为全面深化改革特别是供给侧结构性改革重要内容的简政放权和创新监管改革，是本届政府在行政改革方法论上的一大创新。2018年3月，李克强总理在十三届全国人大一次会议上指出，推进供给侧结构性改革，必须破除要素市场化配置障碍，降低制度性交易成本。因此，简政放权和创新监管也是推进供给侧结构性改革在自贸区的重要抓手。

首先，进一步深化行政审批制度改革，推进简政放权。在自贸区建立健全自贸试验区行政审批目录制度，对已有审批事项逐项进行清理，能下放的下放，该取消的取消，最大限度精简优化，协同配套。虽然行政审批事项在自贸区已大幅减少，但是在助力"一带一路"建设和致力于建设自由贸易港的目标下，自贸区需要加大改革力度，不仅要进一步减少行政审批事项数量，还要注重取消更多对市场经济发展有较大影响的审批事项。

其次，创新综合监管体系。2016年5月，李克强总理指出，我们给市场放权不是放任，而是为了腾出手来加强监管；只有管得好、管到位，才能放得更开、减得更多。要改革监管体制，创新监管模式，强化监管手段，切实提高事中事后监管的针对性、有效性，使市场活而不乱。自贸区推进以事前审批为主转向以事中、事后监管为主的政府职能转变改革，是走向治理能力现代化的重要一步。要不断提升综合监管水平，加快构建覆盖市场主体全生命周期可追溯的全程监管体系，更加注重审管结合，做到"管"得到位，"放"得彻底；不断创新综合执法体系和监管方式，建立以综合监管为基础、专业监管为支撑的监管体系，发挥市场主体自律、业界自治、社会监督、政府监管互为支撑的"四位一体"综合监管格局。例如，厦门自贸区管委会和市工商联（总商会）联合推进行业信用监管，通过行业协会对有关企业进行信用评价，提高行业协会的

地位，发挥行业协会的自律管理、自我服务和自我约束的作用，在更广泛和更深层次的范围内约束市场主体的行为，是构建共管共治格局的创新尝试。

3. 推进"互联网＋政务"建设，提高科学服务机制

在现代经济增长理论中，制度和技术都是经济增长的内生动力。互联网技术的发展和大数据的应用促进了政府治理的现代化，也进而为政府治理能力的提升提供了强大动力，尤其是电子政府平台的推进，为提高政府办公效率、优化政务服务流程提供了良好的平台。在大数据时代，传统的政务办理方式已经无法适应高速的社会运转和公众需求，政府必须要依靠技术创新推进电子一体化政务建设。而且，要充分运用大数据来提升自身的再造能力、区域体制创新和制度创新能力、依法行政能力和加强地方区域经济发展的协调能力，从而不断完善治理体系和治理能力现代化建设。

对于自贸区建设而言，"互联网＋"和大数据建设既是制度创新的支撑，也是自身探索新的治理路径、再造政府流程、提高科学服务机制的创新过程。因此，为了加强自贸区信息化建设，充分利用信息技术提升自贸区服务能力，应进一步探索：一是完善行政审批平台建设和办事大厅规范化管理。通过信息化手段实现办事指南无纸化、审批服务标准化以及审查工作规范化。着力升级审批事项流转平台，完善受理行政许可流转规则。推进对企业的在线申请、网上预审及受理、网上办理及网上反馈结果的"全程网办"等服务，丰富网上办事系统，实现线上线下无缝衔接，对承接的行政许可和公共服务事项全面推行"一趟不用跑"和"最多跑一趟"承诺，方便公众网上办理。二是加快电子证照库建设。对于多数自贸区而言，这是一项亟待完善的措施。电子证照的实行可以减少申请人提交纸质证照，有效降低了时间和制度性交易成本。开展电子证照系统应用和系统对接，也有利于实现其他的政务信息互联互通，打破"信息孤岛"，实现"减证便民"。三是探索开发手机 App 和微信公众号等政务通。通过"互联网＋"模式，方便企业、公众直观了解自贸区情况，及时掌握自贸区动态、优惠政策、办事指南等服务内容，提升人民的获得感。

4. 完善公共服务体系建设，提升服务质量和满意度

由于地方政府治理涉及多重的目标和责任，良好的地方治理不仅要求提供一系列地方服务，还要求保障居民的生活和自由，为民主参与和公民话语权的行使创造条件，支持市场导向和环境可持续性的地方发展，以及促进有利于改

善居民生活质量的结果的产生。向社会提供公共物品，是公共部门存在的一个重要原因。对于政府及其成员而言，至关重要的是不断探索提升政府效能和服务品质的创新机制。因此，为经济社会的发展提供更多、更优质的公共服务，既是政府最基本的职责之一，也是近年来政府创新的重要领域。

对自贸区而言，所提供的公共服务不仅仅涉及与企业、公众生活相关的服务和社会保障，而且也指向保障自贸区内与企业经济活动相关的服务内容，对此，应加强顶层设计和财政投入。完善自贸区内、外的公共服务系统，包括公共设施、交通、医疗等各方面公共物品的提供，以形成普遍、完整的公共服务体系；另外，由于自贸区的特殊性，还需在服务区内为企业提供服务，包括提高企业设立、审批的效率，整顿、维持市场秩序等。自贸区作为改革试点，要改变政府"全部包办"的模式。政府应在保证自身公共服务职能和责任的前提下，在某些领域通过向其他生产者购买服务，或者通过合同承包等形式引导民间资本参与公共物品的生产和提供，形成"一核多元"的公共服务供给模式，以培育多元化的公共服务供给体系。例如，在维持市场经济秩序方面，厦门自贸区通过向企业购买的方式，提供"知识产权网上侵权预警与存证云服务"，面向片区企业免费提供侵权行为的预警、发现、阻止，侵权主体调查，电子证据保存，以及知识产权保护、预防侵权等服务，促进了知识产权的公力保护与私力保护的有效衔接。因此，通过政府与非政府主体之间的合作分工及资源整合，以持续提升公共服务供给质量和效率，是自贸区提高整体服务质量和满足公众日益增长的公共服务需求的重要路径。

自贸区"放管服"改革的成效、困境与对策
——以上海、广东、福建、天津自贸区为分析蓝本[*]

刘 祺 马长俊

一、研究背景

习近平总书记在党的十九届四中全会上提出,"健全外商投资准入前国民待遇加负面清单管理制度,推动规则、规制、管理、标准等制度型开放……加快自由贸易试验区、自由贸易港等对外开放高地建设"。设立自贸试验区是中国政府在经济新常态和发展新形势下做出的重大决策,通过设立自贸区先行先试开展政策试验,并行创新扩散,逐步构建与开放型经济发展要求相适应的新体制、新模式,持续释放改革开放红利,助推我国进一步实现高水平开放、高质量发展。创造改革红利的重要途径即是以深入推进简政放权、放管结合和优化服务改革为抓手,加快政府职能转变,打造国际化、法治化、便利化营商环境,积极探索建立与国际高标准投资和贸易规则体系相适应的行政管理体系。2016年11月,李克强总理指出,自贸区这个改革开放"高地",高在"放管服"。作为"放管服"改革最先破题的地方,上海、广东等自贸区迈出实质性步伐,通过商事制度改革、负面清单管理制度、构建事中事后监管体系等重新审视和厘定政府与市场边界,探索出了多项创新举措并复制推广到全国。改革进程中,囿于体制机制等现实困境,自贸区"放管服"改革虽成效显著,但仍存在一定问题。本文选择上海、广东、福建、天津四大自贸区作为分析蓝本,探讨自贸区"放管服"改革面临的困境与挑战,并寻求改进对策,以期为其他地区的"放管服"

---

[*] 本文原载于《新视野》2020年第1期,收录时对原文内容做了校改。

改革提供有益参考。

二、四大自贸区"放管服"改革的实践与成效

（一）推动简政放权，优化审批流程，持续改善营商环境

以商事登记制度改革、投资管理制度改革为重点的行政审批制度改革是自贸区简政放权之"重头戏"。上海自贸区率先试行以负面清单管理为核心的投资管理制度，形成与国际通行规则相一致的市场准入方式；推行注册资本认缴登记制，工商登记由"先证后照"改为"先照后证"；建立统一的社会信用代码制度，推进"多证合一"改革，实现企业"一照一码走天下"；推出优化营商环境"组合拳"——"四个集中一次办成"，通过所有部门审批处室向行政服务中心集中、所有市场准入审批事项向"单窗通办"集中、所有投资建设审批事项向"单一窗口"集中、重点区域建设项目集中验收，让企业和群众少跑腿，确保实现"一次办成"。广东自贸区按照权责一致原则，建立行政权责清单制度，明确政府职能边界；完善信息化建设，建立"一口受理、同步审批"的"一站式"高效服务模式；南沙片区深化商事制度改革，实施"多证联办、一照一码"登记制度，实行横向、纵向跨部门的"分类选办、智能导办、全程通办、多证联办"，"证章"大联办和"照码"大覆盖；探索"审批流程双轨制"，将每个审批环节呈现在信息系统中，分阶段分步骤进行"并联＋串联"审批，满足不同办事企业的差异化需求。福建自贸区建立行政审批目录制度，试行企业投资项目承诺制，精简投资项目准入阶段的相关手续，探索实行"先建后验""多评合一、统一评审"等新模式；平潭片区在投资管理"并联审批"的基础上，试点实施"一表申请、一口受理、并联审查、一章审批"的综合审批模式；厦门片区推进行政事项规范化改革，对已有事项进行清理，确保关联、相近类别审批事项"全链条"取消、下放、转移和整合，最大限度精简优化和协同配套。天津自贸区实行审管职能分离，完善"一口受理"服务模式，建立综合统一的行政审批机构——行政审批局，实行"一颗印章管审批"。

四大自贸区挂牌以来，以简政放权创新举措持续改善营商环境，吸引大量国内外企业到自贸区注册、经营。据统计，挂牌起至2019年9月，厦门片区新增企业4.3万家，注册资本6 200多亿元人民币，其中新增外资企业2 300多

家，注册资本1 300多亿元，合同利用外资近930亿元。世界银行2019年10月发布的《全球营商环境报告》显示，中国营商环境在全球190个经济体中排名第31位，展现出自贸区制度创新红利取得的靓丽成绩。自贸区简政放权改革情况见表1。

表1 自贸区简政放权改革情况

改革领域	上海浦东	广东南沙	广东前海	广东横琴	福建福州	福建厦门	福建平潭	天津滨海
审批事项削减（取消、转移、备案数）	116	79	138	48	151	140	237	16
权力下放（省市权力下放数）	190	112	256	92	206	253	182	32
机构整合（政府机构整合数）	3	28	15	4	26	29	26	5

资料来源：根据调研数据整理，时间截至2017年12月。

（二）推动放管结合，改革监管执法体制，构建事中事后监管体系

创新政府监管方式，完善政府监管体系，是构建公平有序市场环境的重要途径。上海自贸区建立起以综合监管为基础、以专业监管为支撑的监管体系，积极推进"互联网＋监管"，建设统一的市场监管信息平台，实现跨部门监管信息的互联互通、交换共享，建立企业信用信息采集共享机制，逐步推动智能监管和大数据监管；推行企业年度报告和经营异常名录管理，实现"双随机、一公开"监管全覆盖；积极鼓励社会力量参与市场监督，构建事前诚信承诺、事中评估分类、事后联动奖惩的全链条信用监管体系，建立健全守信激励和失信惩戒机制，给予持续守信者"开绿灯"优惠，让失信主体"一处失信、处处受限"。广东自贸区依托"互联网＋"，建立整体政府的治理架构、扁平化管理体系、智能化运行机制，形成纵向权力线与横向职能线协同治理的网络结构，推动信息资源的跨部门流动，实现一个政府对外、多个部门业务协同。福建自贸区厦门片区对职能相近、执法内容相近、执法方式相近部门进行机构和职能整合，成立自贸区综合监管和执法局，切实改变多头执法、重复执法的情况，实行"四合一、两分离"监管执法模式；依托自贸区综合监管和执法平台监管信息归集和共享功能，综合监管和执法局与各属地及行业监管部门做到跨部门信息共享、联动响应和协同监管执法，助力提升综合执法与事中事后监管的整体

绩效（具体见图1）。天津自贸区运用系统整体思维，协调推进对行政权力的制约和监督，构建起了"一套制度作支撑、一支队伍作保障、一个平台为依托"的行政执法监督体系。

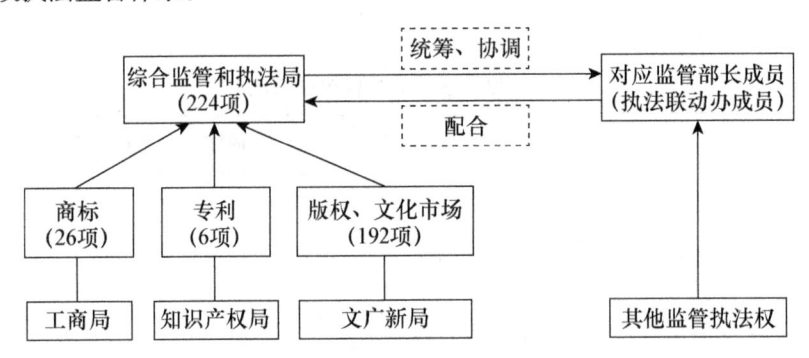

图1 厦门片区综合监管和执法局运行示意图

（三）以"互联网+"创新政务服务，提高人民群众的满意度与获得感

"放管服"改革的出发点和立足点即是遵循以人民为中心的发展理念，让人民群众在办事过程中享有更多获得感与满意度。各大自贸试验区加快推进"互联网+政务服务"创新，建立起"一窗受理、一网通办、两个大厅、多种终端"的线上线下一体化服务体系，形成网上平台、实体大厅、自助终端、服务热线的良性互动，打通政务服务的"最后一公里"。上海自贸区"一网通办"改革将网上政务大厅打造成政务数据资源共享的枢纽、汇聚平台和交互中心，运用"浦东e家园"等平台扩大群众参与。广东自贸区积极推行"一门式、一网式"政务服务模式，政务大厅与各类终端组成的多级服务体系让群众"进一门、办百事"，网上办事大厅功能不断强化，无缝对接各审批事项和相关业务系统，做到"一网式"服务。南沙片区创新使用"企业专属网页"，为企业注册提供"无偿帮办"服务，以"网上办、马上办、就近办、一次办、智能办"实现办事"零跑动"的目标；主动与其他自贸片区对接企业商事服务跨区域办理，开启商事服务"香港通"，首次将内地商事服务延伸至香港地区，一定意义上可以说，南沙改革是全国范围推进政务服务"跨省通办、异地可办"的雏形。福建自贸区不断完善电子证照库，推动证件、证照、证明的跨部门互认共享。福州片区综合服务大厅的"周末综合服务窗口""周末建审服务窗口"，方便了企业、群众周末办事。

群众办事便利程度是衡量改革成效的硬指标。由于自贸区全面推行行政审批与政务服务的网上办理模式，审批材料目录化、标准化、电子化，电子证照、电子公文、电子签章广泛应用，审批事项"在线咨询、网上申请、网上审批、网端推送、快递送达"，政府大幅度压缩审批时限、降低行政成本、提高政务运行效率，企业和群众办事创业更方便、更快捷。

（四）发挥先行先试作用，形成一批可复制、可推广的经验供全国借鉴

自贸区的核心优势在于制度创新与复制推广，对内改革、对外开放，打造"制度高地"，扩散创新经验。在上海等四大自贸区改革创新取得成效的基础上，国家将自贸区模式推广至各个省市，并在海南全岛建设自由贸易试验区和中国特色自由贸易港，自贸区"放管服"改革创新经验凝聚的制度红利，正在惠及更多地区。简政放权方面，上海的负面清单管理制度，厦门自贸区的国际贸易"单一窗口"，福建投资管理体制改革"四个一"，天津"一照一码"登记制度改革以及集中统一行使行政审批权的行政审批局经验模式得到推广。放管结合方面，上海事中事后监管制度、"证照分离"改革试点，广东南沙跨境电子商务监管新模式，广东横琴政府智能化监管服务模式，天津以信用风险分类为依托的市场监管制度、集成化行政执法监督体系，被评定为商务部"最佳实践案例"。优化服务方面，上海的"一网通办"，广东"一口受理、同步审批"的"一站式"服务模式、"企业专属网页"、"互联网＋易通关"等做法已在全国大范围复制推广。四大自贸区全领域创新举措数量见表2。

表2　四大自贸区全领域创新举措数量统计

自贸区		挂牌时间	创新举措统计截止时间	创新举措数量（项）	全国首创数量（项）
上海		2013年9月29日	2017年1月	—	104
广东	前海片区	2015年4月21日	2017年6月	284	110
	南沙片区		2017年4月	239	49
	横琴片区			230	—
福建	福州片区		2017年8月	135	38
	厦门片区			133	49
	平潭片区			126	55
天津			2017年4月	168	—

资料来源：根据各自贸区官方网站新闻报道整理。

三、自贸区"放管服"改革面临的困境

自贸区本身肩负着改革攻坚克难、发展爬坡迈坎的艰巨使命,是在全面深化改革新时代坚持"摸着石头过河""逢山开路,遇水架桥"摸索规律。试点的过程往往也是试错的过程,审视自贸区"放管服"改革的实践进展,面临着诸多困境与现实挑战。

(一)改革权限之困:事权划分不顺与错位放权衔接不畅

自贸区"放管服"改革存在着授权不充分的改革权限困境。一是事权划分不顺。传统科层制政府体系是"金字塔式"权力结构,层级政府间权力配置"上大下小",地方政府尤其是基层政府缺少改革自主权的问题较为突出,一些涉及敏感问题、关键领域的创新方案需要层层报批,一旦上级不愿担当创新风险,则改革推进处处受到掣肘,地方自主创新意愿与改革积极性将大受影响。自贸区改革创新中,各自贸区管委会需要面对国务院相关部委、所在省市政府及职能部门的多头管理与业务指导,一些事权划分或空白缺位,或交叉重叠,或衔接失序,反映出事权划分的不科学、不规范、不合理,由此导致一些公共事务或管理事项职责不清、主体错位、资源不足、央地争权。例如,上海自贸区受上海市政府管理,而其金融创新方面的工作则由中央垂直管理部门直接负责;南沙自贸片区受广东省广州市管理,需通过省市两级政府才能与国务院相关部委进行政策沟通,信息传递路径过长,行政协调成本较高。

二是错位放权衔接不畅。一方面是放权不得当,简政放权越往后"含金量"需求越高,囿于"怕削权、不愿改"和"怕问责、不敢改"的双重考量,权力下放就更困难,在实践中表现为个别地区或部门"选择性放权",只下放责任重利益少的权力,"偷梁换柱放权",改权力大的行政审批事项为核准、审核或事前备案,隐匿审批权。自贸区"放管服"改革中通常遇到三类问题:有些权放得不彻底,如投资领域、工程项目的审批手续虽几经压缩,但各种审批要件、程序、环节等依旧很多,审批流程依然较长;有些权放得不对路,本该由政府外放给市场和社会组织的,却由上级部门下放到自贸区,仍在政府内部打转,自贸区也缺乏相应人手(编制)和技术力量保障;有些权放得不配套,涉及多个部门、多个环节的事项,"放前不放后,彼放己不放""放开大门留小门",办

事企业和群众依旧需要"多头办理、多次跑腿"。另一方面是接权不顺畅，基层部门对有关政策规定、标准规范把握不足，专业性人才匮乏，尤其在下放的专业性审批事务面前表现出承接能力不足，监管跟不上。此外，一些地区的中介组织或无力承接政府下放权力，或因缺乏监管引发"中介乱象"。

（二）改革协同之困：条块分割束缚与部门本位主义阻碍

自贸区"放管服"改革存在执行碎片化的改革协同问题。一是传统体制机制束缚。在"职责同构"和"条块分割"的格局下，出现"条条"钳制"块块"的情况。条块分割的体制安排导致地方政府部门经常面临来自属地政府和上级政府垂直领导的双重压力，由此构筑的"改革壁垒"对于当前行政审批制度改革、综合执法体制改革（大执法）、综合监管体系构建（大监管）或跨区域协作治理而言，都是极大制约。此外，条块分割带来了"信息孤岛""数据壁垒"等问题，政府跨部门信息共享困难，条块部门之间表现得尤为明显。笔者在调研中发现，各地方政府部门、垂直管理部门都在使用各自单位或系统研发的审批软件，彼此独立，系统难以兼容，资源无法整合，单个自贸区涉及的政务信息系统有数十个之多，不利于跨部门协同，降低了政务管理与政务服务效率，各自贸区普遍反映公安、税务、海关等垂直管理部门信息共享难度最大。

二是部门本位主义障碍。不同部门不仅承担着专业职责和行政行使权力，还有其奉行的价值理念、标准体系和行动准则。当这些理念、体系和准则无法相融时，就必然会出现管制的碎片化现象。职责部门化、权力碎片化，就会有政出多门和沟通协调障碍，客观上加大了条块分割的弊端。现有体制机制的路径依赖，也让改革创新和部门间的融合协调难度加大。自贸区"放管服"改革进程中，横向同级部门、纵向上下级部门以及垂直管理部门之间尚未形成改革合力，部门间协作机制欠缺，跨部门审批事项流程依旧烦琐，应对复杂问题的跨部门联合执法和综合监管仍待推进。一些自贸区出台的改革措施不注重"左右联动"与"上下衔接"，相关部门之间、不同层级政府之间的个别改革方案不仅不相衔接，甚至产生冲突。

（三）改革保障之困：整体设计缺失与法治滞后掣肘创新

自贸区"放管服"改革遇到配套未跟进的改革保障困境。一是整体设计缺失。"放管服"改革涉及思维理念的更新、权责关系的重构、管理模式的创新、政府流程的再造、工作方式的转变，几乎涵盖了行政管理改革的方方面面，若要打破长期形成的固化利益格局，亟须顶层设计、统筹规划及相配套改革共同推进。不少自贸区缺乏系统谋划，激励机制、考评机制、监督机制、交流机制等一揽子配套制度措施尚未跟进，虽有个别环节的创新举措，但整体性、可操作、可复制、可推广、可持续的实践经验相对较少。如有些自贸区在前置条件放宽政策，但并未给出准入后的规范与出口如何安排。再如，某自贸区加强事中事后监管的相关文件要求已经非常具体，改革理念也比较先进，但运行起来缺乏协同联动机制、信用监管机制等落地的配套举措，改革实施步履维艰。

二是法治滞后掣肘创新。不健全、不科学、滞后甚至相冲突的现行法律法规制度成为束缚"放管服"改革推进的"枷锁"。我国自贸区设立时间较短，相关立法及法治体系还不健全，权力清单、责任清单、负面清单的梳理标准缺乏法律依据，一些改革成果难以固化。部分改革遇到合法性和合理性的难题，如一些审批权的下放或者前置审批的取消与上位法相冲突，相关改革陷入无法可依或者违法操作的窘境，"由于既没有上位法依据，又没有自身立法权的保障，导致改革想得到、做不到，想时易、做时难，造成要么改革不深不透，要么改革难以为继，如果硬性推进，一旦出问题又要承担问责性风险"。同时，由于没有法定权威的标准设计，致使各地区改革创新标准不统一、不规范，制度脱节，难以协调。如一些自贸区的行政事项名称不规范、口径不一致、范围不准确、上下不统一、不同地方数量悬殊，联合执法等跨部门协作及机构整合因为不同法规或规章制度在权责归属、监管标准等方面的出入而陷入困境。

四、深化自贸区"放管服"改革的建议

自贸区"放管服"改革中面临的障碍既是我国政府职能转变、行政体制改革所遇"中梗阻"的集中体现，又是作为改革"试验田"的实践个性和亟待破局的迫切问题。结合自贸区实际，亟须针对性提出可操作、可持续的改革方案。

（一）评估所需权限，赋予自贸区改革更大的自主权

党的十九大报告提出，"赋予省级及以下政府更多自主权"。科学合理配置政府权力一直是行政体制改革的重要目标，赋予自贸区更大的改革自主权是打

开自贸区"放管服"改革创新空间、突破传统体制窠臼的关键路径。当前,上级有关部门需要积极对接自贸区改革诉求,精确评估改革所需权限,主动做好风险评估、压力测试、政策协调,及时赋权进行制度创新。在加大对自贸区放权的过程中,一是注重加大经济发展的决策权和行政审批权的下放力度,尤其是推动经济社会管理的中央和省级权限下放;二是要明确层级事权划分,细致考量、科学论证放权的必要性和自贸区的承接能力,充分考虑地区差异和不同事项的要求,突出事权下放的可行性、整体性,不搞"一刀切";三是要从各自贸区实际出发,采取相应措施,保障承接事权的人力、财力及专业技术支持,提升自贸区事权衔接水平,做好有序衔接落实,确保下放事权"放得下、接得住、用得好";四是要对下放权力在横向上求"并集",纵向上找"对应",对涉及多个部门关键环节的事项试行整体打包下放,推动下放权力能够在自贸区完整畅通运行;五是既要在风险可控范围内进一步放权市场和社会组织,部分经济社会管理职能引入专业力量协同共治,又要做好监督工作,完善信用信息平台建设,中介服务平台建设,引入红黑名单的准入与退出制度,防止用权失范。

(二)强化顶层协调,探索部门间协同与共享机制建设

自贸区"放管服"改革涉及部门广、协调任务重,改革中最为重要的是以高层改革意志、"一把手工程"和技术强制力破解传统职责同构与条块分割体制下所有不利于层级间、部门间改革协作的权力配置,助推政府内部的线上互联互通和线下业务协同。在协调机制方面,在现有国务院自由贸易试验区工作部际联席会议基础上,可探索成立"中国自贸试验区改革创新委员会",将国务院相关部门和自贸区所在省(区、市)主要负责同志纳入其中,设置具体改革领域办公室专门协调改革事务,便于中央政府直接对接各自贸区"放管服"改革事务,减少协调成本。同时,在自贸区内部,可由主要领导同志牵头形成部门间联席会议制度,相关地方政府部门与垂直管理部门负责人参与,以此强化对"放管服"改革创新的统筹协调。在权责配置方面,需要科学规划、合理设置部门权责,借助新一轮党政机构改革的契机,对于当前部门间存在的职责交叉、分散管理、多头决策、重复执法等问题,按照"同一件事情原则上由一个部门负责"的原则处理,涉及多个部门管理的事项,应明确牵头部门,厘清主次责任,避免政出多门,最大限度地实现行政职权体系的合理分工,促进机构设置从"以职能为中心"和"以部门为中心"向"以公众为中心"的网络结构转变。

在运行机制方面,遵循跨部门协同"办好一件事"的场景化管理思维,推出部门间办事清单,挖掘并理顺部门间关联性较强的行政事项和办事环节,编制成网络化的权责关系图,以清单为指导,增强跨部门联动性;建立并完善有效的激励机制、考评机制、交流机制,重点引导跨部门协作。在信息共享方面,以"互联网+"的技术力量打破"条块分割""本位主义"束缚,充分利用党中央、国务院关于加快政务信息系统整合共享的决策部署,先行先试,强力推进各部门信息系统整合和数据共享工作,以信息共享交换平台为载体,统一数据格式和标准,各部门定期共享、交流信息数据;探索设立首席信息官(CIO),专业化推进部门间信息共享和业务协同;打造"开放服务平台+协同共享平台"的联动一体化体系,推动自贸区部门之间、自贸区之间、自贸区与当地政府及垂直管理部门之间的信息共享与业务协作,促进政务信息资源跨界域的畅通流动和业务的高效协同。

(三)系统整体设计,提升改革的法治化科学化水平

党的十九大把着力增强改革系统性、整体性、协同性作为全面深化改革取得重大突破的宝贵经验,深化自贸区"放管服"改革需要更加注重改革的系统性、整体性、协同性,增强改革的协同配套和系统集成。"放管服"改革"一花独放不是春",必须做到简政放权、放管结合、优化服务三方面都到位,在目标导向、政策协同、制度配套、行动衔接上有机联动、形成合力。积极制定改革配套的可行性方案,即在制度创新前做好创新压力测试与风险评估,待政策颁布后,对于如何执行、何以规范、谁来监管、怎样监管、效果如何评估、准入之后"出口在哪儿"等给出相应实施细则。习近平总书记多次强调,凡属重大改革应于法有据。世界高水平的自由贸易港通常是基于自贸试验区的特殊地位制定专门的立法,立法机关应针对自贸区的创新实践,进行法律法规"立、改、废、释"工作,用法治建设巩固改革成果并推动改革深化。具体而言,一是要遵照法治精神和运用法治思维应对改革问题,使得改革决策与创新方案必须于法有据;二是国务院可制定统一的自由贸易试验区条例,各地自贸区援引其为上位法,结合自身实际制定相应的实施细则;三是上海等自贸区可先行先试,率先推动一些制度创新法制化,如对"三个清单"进行规范性解释,建立知识产权仲裁法庭和相关法律平台;四是创建立法机关与行政部门的联席会议制度,引进熟悉国际规则的法律专业人才,及时做好自贸区法律法规的相应补充或更

新调整。与此同时，自贸区对"放管服"创新可实施全流程管理，构建创新全生命周期的创新激励机制、风险评估机制、能力提升机制、执行保障机制、绩效评价机制等，促进创新举措与改革项目的制度化、规范化；注重自贸区干部队伍的跨领域业务培训及交流任职，强化跨部门业务协同理念和专业能力；国家有关部门和地方政府应积极引导和协调各自贸区分享改革经验，统一同类事项的改革标准，推动行政审批、事中事后监管、政务服务等领域的标准化建设，出台一揽子标准规范，从省标等地方性标准上升为国家标准，避免同质竞争和无序发展。

上海自贸区"放管服"改革的实践探索*

郑子南　林荣全

上海自贸区"放管服"改革始于2013年。2013年8月，国务院正式下发文件，批准设立中国（上海）自由贸易试验区，并于同年9月18日出台《中国（上海）自由贸易试验区总体方案》（以下简称《总体方案》），从国家发展战略意义上提出对上海自贸区的要求：加快政府职能转变、积极探索管理模式创新、促进贸易和投资便利化，为全面深化改革和扩大开放探索新途径、积累新经验[1]。上海自贸区自此成为中国经济改革的"苗圃"与"试验田"。上海自贸区最初范围涵盖上海市外高桥保税区、外高桥保税物流园区、洋山保税港区、上海浦东机场综合保税区等4个海关特殊监管区域[2]。自2013年开始，自贸区不断扩容。2014年12月28日全国人大常务委员会授权国务院扩展中国（上海）自由贸易试验区区域，将面积扩展到120.72平方千米。2019年临港新片区先行启动119.5平方千米。与此同时，上海自贸区"放管服"改革在广度和深度两个维度上不断发展，改革领域逐渐增加，改革逐步进入深水区。

一、上海自贸区"放管服"改革的实践历程

根据国务院颁布的纲领性文件，上海自贸区"放管服"改革可以分为四个阶段。随着改革创新的层层推进和改革力度的加大，上海自贸区作为制度高地、金融改革开放高地和人民币国际化桥头堡的作用凸显。

---

* 成文时间：2020年12月。

[1] 国务院关于印发中国（上海）自由贸易试验区总体方案的通知.（2013-09-27）. http://www.gov.cn/zwgk/2013-09/27/content_2496147.htm.

[2] 同[1].

（一）改革初始阶段：明确自贸区整体方向，大胆探索不同领域

第一阶段从2013年8月到2015年4月。2013年8月，上海自贸区成立，同年9月国务院常务会议审议通过《总体方案》，明确了整体上海自贸区改革的方向。《总体方案》除了划定自贸区范围之外，还出台了15项改革措施。在简政放权上，上海自贸区积极转变政府职能，推行行政审批制度改革，遵循"非禁即入"原则，探索负面清单与准入前国民待遇相结合的投资体制。上海自贸区率先试点国内首份外商投资负面清单，其中包含190条特别管理措施；至于负面清单以外的领域，管理部门则对外商投资项目实行备案制，对外资企业进行备案管理，外资企业享有准入前国民待遇。

在放管结合上，上海自贸区实行"境内关外"监管模式，坚持"一线放开，二线管住，区内自由流动"原则，改变传统的事前审批制度，更注重事中、事后监管制度的建设与完善。企业可以凭借仓单先让货物进入海关，然后再根据备案清单向海关办理申报手续。自贸区还试行"先照后证"登记制度与注册资本认缴登记制。此外，上海自贸区强化信用信息公示，建立市场主体信用信息公示系统。工商部门定期对企业公示报告进行抽查，而被列入经营异常名单的企业或有违法记录的市场主体及其相关负责人，工商部门则会采取信用监管措施。

在优化服务上，上海自贸区成立综合服务大厅并开设"一口受理"专窗，由工商部门统一接收企业的申请材料，通过部门后台备案之后再由"一口受理"向申请人发放文书或证照。2014年，我国第一部关于自由贸易试验区的地方性法规《中国（上海）自由贸易试验区条例》出台，其中明文要求政府坚持简政放权、放管结合，为自贸区的各种经济政治活动提供了法律保障。相比于2013年版，2014年版的负面清单减少到了139项。除此之外，《总体方案》还支持上海自贸区在金融领域与税收方面进行探索，建立跨境资金池，推动人民币国际化，并且通过税收的减免与优惠来优化营商环境。总体而言，这一阶段的上海自贸区定位清晰、方向明确，但存在着创新步伐不够大、改革流于表面的问题，尤其是最引人注目的负面清单制度存在限制范围过大、行业开放度不足、与国际社会标准接轨不够等问题，同时审批和监管过程的透明度也较低。

（二）改革深化阶段：加快政府职能转变，提升贸易便利度

第二阶段的改革以2015年4月的《进一步深化中国（上海）自由贸易试验

区改革开放方案》（以下简称《深改方案》）为标志，一直持续到 2017 年 3 月。相比于上一阶段，这一阶段上海自贸区的改革在政府职能转变、贸易便利化、支持科技创新等方面进一步深入。在自贸区范围上，《深改方案》增加了陆家嘴片区、金桥经济开发区、世博片区、张江高科技片区四个区域，扩围后面积达到 120.72 平方千米。同时，《深改方案》出台了共计 25 项具体任务措施①。在推进原有"先照后证"改革、完善企业年报公示和经营异常名录制度的基础上，在简政放权方面，自贸区的负面清单缩减到 122 项，减少了 17 项；上海市市级部门向浦东新区下放了 151 项行政审批事项，同时还实行了海关执法清单式管理制度。除了确立权力清单和责任清单以外，在行政审批上探索实行"多证联办"或"三证合一"登记制度，将营业执照、组织机构代码证和税务登记证合并为一张营业执照，并于 2015 年开展"证照分离"改革。

在放管结合方面，《深改方案》着重强调"单一窗口"制度的建设与完善：从原来的企业注册登记，延伸至对外贸易经营者备案、报关单位注册登记等 5 个新增办事事项，并基本做到无纸化办理。此次改革后，上海自贸试验区实现了"单一窗口"服务模式。在办事时限上，《深改方案》出台之后新增的 5 个办事事项时间由原先需 19 个工作日缩短至 4 个工作日，一般新设企业可以在 9 个工作日内就能够完成大部分事项②。同时，上海自贸区实行离岸服务外包全程保税监管制度与大宗商品现货市场保税交易制度。在部门协同监管方面，上海自贸区强化了公共信用信息服务平台的数据沉淀与事中事后检测和监管平台的上线运行。2016 年，上海自贸区建设"政务云 1533"信用归集评估系统，通过收集信用评估信息和设计模型，为市场主体进行信用画像，并根据评估结果分门别类。在社会监管上，浦东打造"浦东 e 家园"网络互动平台，让人民群众更好地行使监督权。

在优化服务方面，上海自贸区除了出台"一区注册、四区经营"模式和包含归类行政裁定全国适用制度、"商品易归类服务"制度等 8 项制度提高通关便利度以外，还提供知识产权保护与法律服务，增加并丰富 12348 公共法律服务热线的接听席位和服务内容，同时研发司法行政法律服务移动端服务平台。《深

---

① 国务院关于印发进一步深化中国（上海）自由贸易试验区改革开放方案的通知．（2015-04-20）．http://www.gov.cn/zhengce/content/2015-04/20/content_9631.htm．

② 海自贸区延伸"单一窗口"功能．（2015-11-13）．http://www.gov.cn/xinwen/2015-11/13/content_5012426.htm．

改方案》同时提出上海实行产业预警制度，上海政府根据市场状况进行产业预警信息告知、人员培训等，从而降低企业在创业过程中的风险等级。

在改革的 2.0 阶段，上海自贸区吸引外资和制度创新的步伐明显加快，但也存在权力下放错位与悬空的问题。上海自贸区管委会在履行监管和服务职能的同时缺乏先进技术的支撑和对创新制度的合法化[①]，权力下放过程中的交接、承接和合作等出现障碍，最终导致"放管结合"和"优化服务"的作用大打折扣。

（三）改革完善阶段：多领域齐头并进，着重推进"互联网+"模式

第三阶段从 2017 年 3 月至 2019 年 7 月。2017 年 3 月通过《全面深化中国（上海）自由贸易试验区改革开放方案》（以下简称《全改方案》）。《全改方案》出台了 23 项具体任务措施，构建了"三区一堡"（综合改革试验区、风险压力测试区、转变政府职能先行区、推动走出去桥头堡）建设方针，具有更加系统化、国际化的特征，并与上海自贸区的战略定位紧密结合[②]。在简政放权方面，2017 版负面清单减少到 95 项，2018 版负面清单更是减少到 45 项。同时，上海自贸区深化商事登记制度改革，开展"一照多址"改革试点。2018 年上海自贸区海关实行贸易救济措施货物进口报关单自动计税制度，外资企业只要填写相关表格即可自动计税，如果出现其他问题再转为人工核查，这个做法大大降低了海关工作人员的工作量，也让企业在简单的勾选中即可完成缴税。

在放管结合方面，《全改方案》要求深化实施全国海关通关一体化，建立检验检疫风险分类监管综合评定机制，并且将互联网技术纳入监管体系之中，形成"互联网+海关"的模式。在跨境服务监管领域，上海自贸区通过扩大中医药国际市场准入以推动中医药向海外市场进军。在其他监管领域，在市场监管以外的行政部门也被纳入异常名录信息收集范围之内。在国家要求下，监管部门实行"双随机、一公开"监管，即随机抽查监察对象与执法人员并且及时将结果公开，并辅之以跨部门"双告知、双反馈、双跟踪"许可办理机制。

在优化服务方面，《全改方案》要求建立以企业需求为导向、大数据分析为支撑的"互联网+政务服务"体系，并且在上海地区率先施行"一网通办"。上

---

① 胡加祥. 上海自贸区三周年绩效梳理与展望. 东方法学，2017（1）：141-152.
② 国务院关于印发全面深化中国（上海）自由贸易试验区改革开放方案的通知.（2017-03-31）. http://www.gov.cn/zhengce/content/2017-03/31/content_5182392.htm.

海市大数据中心于2018年5月正式揭牌,上海市以大数据作为驱动,将其作为"智慧政府"的基础设施,推动政务服务从"群众跑腿"向"数据跑路"转变。2018年7月1日上海"一网通办"总门户在"中国上海"网站上试运行,两个月后,依托上海"随申办市民云"App的"一网通办"移动端也开始上线运行。

截至2018年底,改革3.0版本方案明确的98项重点改革任务已完成96项。这一阶段上海自贸区以更加系统和更加国际化的视角聚焦政府的职能创新,通过建立"一网通办"平台,展现了上海作为建设"互联网+政府服务"重点区域的责任担当,同时通过强化监管制度的构建和完善,更有效地"安置"下放的权力,着力打造更高水平的营商环境,并逐步探索成为支持"一带一路"的重要枢纽。

(四)改革发展阶段:对标国际最强自由贸易区,技术赋能建设"城市大脑"

第四阶段是从2019年7月至今。2019年7月《中国(上海)自由贸易试验区临港新片区总体方案》(以下简称《临港方案》)出台。《临港方案》出台23项具体任务措施。《临港方案》重点在于金融开放领域,着重要求建立以投资贸易自由化为核心的制度体系[1],整体提升前沿科技产业能力,以新片区为重要载体融入世界经济体系。在简政放权方面,2020年外商投资负面清单特别管理措施缩减到30条,临港新片区于2020年开展商事登记制度。

在放管结合方面,《临港方案》要求建设高标准智能化监管基础设施,将最新科技引入监管体系之中,例如5G、云计算、物联网等,实现监管信息互联互认共享。在海关履行自身职能上,《临港方案》要求其加强进境安全管理,将监管类型分为针对高风险或法律法规明确规定的"准许入境"与针对非高风险或风险可控的"合格入市"。除此之外,2019年,在上海市委、市政府部署下,上海市公安、住建、应急管理、大数据中心等多个部门联合建设了上海城市运行管理和应急处置系统。上海市基于这个系统运行"一网统管",整合接入30多个部门的基础数据,围绕"城市动态""城市环境""城市交通""城市保障供应""城市基础设施"5个维度,整合提炼了86个一级指标[2]。"一网统管"在

---

[1] 国务院关于印发中国(上海)自由贸易试验区临港新片区总体方案的通知. (2019-08-06). http://www.gov.cn/zhengce/content/2019-08/06/content_5419154.htm.

[2] 上海建设"一网统管"平台,让城市更智慧. 人民日报,2020-04-29(11).

运用无人机、摄像头等设备的基础上，运用现代信息技术，形成一系列智能化城市应用场景，实现从预警到处置的全流程监管。2020年上海政府发布《关于进一步加快智慧城市建设的若干意见》，坚持全市"一盘棋、一体化"建设，更多运用互联网、大数据、人工智能等信息技术手段，推进城市治理制度创新、模式创新、手段创新，从而不断提升城市治理能力和治理水平。

在优化服务方面，上海自贸区持续强化"一网通办"建设，推动线下和线上政务服务融合。2020年《上海市优化营商环境改善条例》规定上海市实施政务服务"好差评"制度，覆盖本市全部政务服务事项、被评价对象、服务渠道，而且评价与结果必须公开。同年上海"一网通办"平台将新增接入500项公共服务事项，100项个人事项实现全市通办。上海政府把用户满意度作为改革成效的重要标准，不断优化和再造业务流程，"一网通办"正不断向"一网好办"提升[1]。

上海自贸区在第四阶段的"放管服"改革中，不断巩固和完善原本的制度建设，将目光放得更长、更远，通过对标国际最高水平自贸区，努力创造更好的营商环境，大力吸引外资。同时，在现代科技驱动上海城市治理转型的时代背景下，上海自贸区管理体制也不断加快数字化、智能化转型进程。

二、上海自贸区"放管服"改革的创新经验

上海自贸区已经成长为我国区域和各地自贸区先行先试的引领者，也成为我国对外开放的又一重要窗口，在树立改革榜样、对标国际范例上功不可没。上海自贸区秉持"敢闯敢试""先行先试"的创新精神，用制度创新代替政策优惠[2]，通过刀刃向内的"放管服"改革，破除不合理的条条框框，进一步提高政府效能，努力打造市场化、法治化、国际化的营商环境，彰显了作为制度创新高地的责任与担当。截止到2020年，在获得全国或者特定地区推广的260条制度创新成果中，有124项为上海自贸区首创或与其他地方结合而成。作为名副其实的"制度创新供给者""改革苗圃"，上海自贸区"放管服"改革可以总结出以下经验：

---

[1] 刘士安，谢卫群. 上海"一网通办"迈向"一网好办". 人民日报，2020-04-12（1）.
[2] 王道军. 上海自贸区建立的基础与制度创新. 开放导报，2013（5）：30-33.

(一) 以负面清单为重点进行行政审批制度建设，提高市场主体积极性

在过去，我国对外资的管理一直采用"正面清单"模式，审批严格，程序烦琐，对"越界"行为的处罚也让资本望而却步，相对死板的条条框框束缚了市场的活力。而在2013年，上海自贸区创造性地探索以负面清单模式为核心的投资管理新模式，在"法无禁止皆可为"的法理支持下，仅把不开放的、受限制的行业和商业活动列入清单，其余都属于自由活动的范围。负面清单从2013年的190项减少至2020年的30项，上海自贸区在"放"上步伐加快，体现了我国着手建立高自由化资本准入制度的决心。此外不论是外国投资者还是中国市场主体，它们的法律主体地位一律同等，外国投资者还享受准入前国民待遇。设置负面清单的这种做法既尽可能控制了治理中的风险，又赋予投资主体在清单外享有更为自由与宽泛的空间，有助于回归市场本位，让市场机制充分发挥其优势。

降低准入门槛之后，上海自贸区进行了配套的制度建设。上海自贸区浦东新区在从"先证后照""三照合一"最后到2015年的"证照分离"，本质上都是行政审批改革。"证照分离"试点于2018年在全国推广，这也证明了其优异性。相比于过去"先审批，后营业"的模式，"证照分离"所创造出来的是一个"先营业，后监管"的环境，有效降低了市场准入门槛，解决了"办照容易办证难"的问题，使得市场主体能够有更多的时间专注于经营。作为简政放权的重要表现，"证照分离"是推进政府职能转变的措施之一，有助于更好地处理政府与市场的关系，同时也是对行政流程的再造，有助于加强政府各部门合作。

(二) 技术驱动与程序规范提升实质监管效能

在监管方面，上海自贸区依托现代信息技术，不断创新监管工具，同时为了更好地履行监管职能，以制度建设为载体，在程序性制度创新和实质性制度创新方面都做出了表率。从监管方式来看，上海自贸区实现了材料无纸化、一次性办理和高效率审批。相比于过去提交复杂多样的纸质材料，现在企业只需要通过"单一窗口"网页，按照网页上的要求填报并上传凭证，在一个平台上一次性递交所需的所有材料，实现"无纸化""一次性"办公。部门审核之后将电子数据传送给海关，海关在通关环节进行数据的自动比对，审核之后将验核结果反馈给企业。截止到2019年，上海国际贸易"单一窗口"服务企业数超过

27万家，无纸化率达98%；保税区域货物进口整体通关时间缩减到海运2天、空运24小时以内，每年直接降低费用4亿元以上。这种实现了监管证件申报、审核、通关、反馈全流程网上办理的措施也成为上海在世界银行营商环境测评中最主要的得分点，并被作为优秀模范在全国乃至全世界进行推广。

在海关的监管制度上，上海自贸区一成立就以"一线放开""二线安全高效管住"为原则，创新贸易监管方式，先后推出了"先入区、后报关""一次申报、一次查验、一次放行""一区注册、四地经营"以及货物状态分类监管模式等多项创新举措，从程序和技术入手，在降低成本的同时形成智能监管模式。相比于过去的人工检验卡口，在新信息技术的支持下，上海自贸区采用智能化卡口，整个过程尽可能减少人工干预，通过高度自动化的检查来提高通关速度。如果信息核查不对则直接转为人工核查，尽可能减少错漏的可能。总而言之，上海自贸区的监管模式相比于过去的普通区域的批次监管模式更为安全高效。通过手续的简化，上海自贸区不仅让区内物流更为便捷快速，也降低了货物进出境的成本，打造了更具流动性、更为宽容的自由贸易环境。

在对市场主体的监管上，上海自贸区建立起了以"双告知、双反馈、双跟踪"许可办理机制和"双随机、双评估、双公示"监管协同机制为核心的政府综合监管机制，在事中事后综合监管平台实现监管闭环，减少对市场主体的监管真空[①]。市场主体、市场审批部门、监管部门在综合监管平台通过信息的及时交流与公开实现履职过程的紧密衔接，尽可能减少监管死角，并且提升行政效率。同时，上海自贸区致力于构建统一的抽查工作机制和制度规范，不仅实现了跨部门联合抽查常态化，权责分明的规定也使得监管部门能够高效履行职责。

在程序上，上海自贸区积极践行国务院要求，推行"双随机、一公开"制度。"双随机、一公开"体现了政府监管在理念上的完善和政策的衔接，上海自贸区政府职能的建设逐渐从"简政放权"转移至"放管结合"。除了整体的体系地位，在程序上"双随机、一公开"不仅明确了监管模式创新的总体要求，还涵盖了监管程序规范、监管工具创新等方面的内容，涉及配套制度机制建设，体现了政策决策的科学性，为其他领域的改革提供了借鉴。

上海自贸区还强化了信用约束，通过建设社会信用体系倒逼市场主体诚信

---

① 孙小静. 上海自贸区"证照分离"有了升级版. 人民日报，2017-12-14 (2).

经营。上海自贸区在 2015 年将公共信用信息和金融信用信息交叉共存、综合评分，以展现更完整的用户信用状态；除此之外，上海市政府开通了信用实事项目法人信用信息集中展示系统，根据评审的不同状态得出结论。同时，上海自贸区将主动权放归企业，由企业主动向社会公示自己的年度信用报告，而工商部门通过对失信企业的惩罚与"黑名单"的公开，巩固了整个监管体系。

除了上海自贸区的特殊政策，上海市还在推行"一网统管"的智慧城市治理模式，上海自贸区从中受益良多。近年来上海市以智慧城市建设为基础，以"一中心、一平台、多系统、多模型"为城市运行的基本架构。"一网统管"的核心是利用数据实现政府职能模块化后的系统再集成，不再只是传统意义上政府部门的信息化与智能化。上海市政府通过整合不同部门之间的数据，将信息传递路径缩短，不仅提升了部门处理问题的效率，还促进了跨部门的合作，打破了部门壁垒。在这样的大环境下，上海自贸区的"放管结合"发挥了更大的作用。

（三）线上线下联动，建设人民满意的服务型政府

"放管服"改革的"服"是回归政府服务本位，提升政府办事效率，全心全意为人民服务。上海自贸区通过线上平台建设与线下培训，努力建设人民满意的服务型政府，不断提升市场主体和人民群众的体验感、获得感与幸福感，真正做到"群众点菜、政府上菜"。

在线下工作人员与人民群众的接触方面，上海自贸区在 2015 年率先实行"窗口无否决权"改革，高度重视企业与群众个性化需求与模糊地带，将其视为制度创新的突破口。一线服务人员在面对"非标准化"诉求的时候，不能说"不行"，只能说"行"。同时上海自贸区建立起报批制度、报备制度和报信制度，让人民群众能够有效地与相关部门进行沟通，并尽可能快地为群众和企业提供满意的答复，通过优化服务，为自贸区打造了一个更友好、更宽松的营商环境。

作为电子政务的急先锋，上海自贸区在线上政务方面也硕果颇丰。2018 年上海自贸区开展"一网通办"服务，以"通"为前提，建设上海大数据中心、"一网通办"移动客户端，在数据共享的背景下将各类民生事项整合到统一的功能性平台，从而打破了各部门之间的"数据孤岛"。同时，以"办"为落脚点，经过流程再造，尽可能让民众与企业在线上一次登录即可完成所有事情，不再

受过去"跑断腿"的麻烦。"一网通办"作为建设扁平化、无缝隙政府的重要举措之一，也引起中央政府的高度重视，在全国范围内加以推广。

上海市政府的"一网通办"坚持人民本位。上海市政府通过实地调研，利用大数据算法和人工智能技术为用户"画像"，将主页分为市民和企业。同时，按照部门和主体两种分类模式，在界面上提供个性化和智能化的引导，让用户做"选择题"而不是"填空题"。同时，"一网通办"还推出了移动端"随申办市民云"App 和微信端登录入口[1]。居民只要出具相关电子证照，就能够和网络购物一样，在线上进行各种各样的政务咨询、办理、投诉和建议。截止到 2020 年 5 月，上海"一网通办"实现办事时间总体减少 59.8%，办事材料总体减少 52.9%，好评率达到 99.7%[2]，"一网通办"逐渐发展成为"一网好办"。

2020 年，上海电子政务"一网通办"入选联合国电子政务经典案例，有效输出中国经验，为中国其他地区和其他国家提供了电子政务建设的"样板间"。

三、上海自贸区"放管服"改革存在的问题

上海自贸区"放管服"改革是一场刀刃向内的自我革命，通过革新政府、市场与社会三者关系，推动各领域各主体的相互契合与良好运转，从而达到"善治"的目的。不可否认，改革在取得巨大成效的同时，依然存在许多改进空间，主要表现为法制性、协同性、社会性、自主性四个方面的不足。

（一）法制性不足：改革与现行法律法规匹配程度较低

在全面依法治国的背景下，上海自贸区作为我国制度创新高地，要想进行大刀阔斧的改革，地方政府所作所为必须拥有法律支撑。但上海自贸区存在中央政府与自贸区二元结构的法制矛盾。首先，上海自贸区不是局部的开放举措，也不是区域政策洼地，而是国家层面上具有全局性的战略安排。"中国"二字凸显了上海自贸区的战略高度、政策意义和影响范围[3]。由于上海自贸区"辐射

---

[1] 焦利，秦涛，谢庆，等. "一网通办"让城市更美好：来自上海的调研报告. 学习时报，2019-07-31 (6).
[2] 吴凯，李治国. 上海：一网通办 一网统管. 经济日报，2020-05-17 (1).
[3] 王孝松，张国旺，周爱农. 上海自贸区的运行基础、比较分析与发展前景. 经济与管理研究，2014 (7)：52-64.

国内、面向世界、积累经验"的角色定位，它不能照搬照抄其他国家自贸区建设，而是要将目光放在具有更复杂国情的中国自身，因此改革步入深水区难免走走停停、磕磕绊绊。在这种牵一发而动全身的复杂状态下，中央难以提前制定完善的法律来为其保驾护航。

其次，尽管上海自贸区拥有国务院等给予的一系列法律法规变革和调整的授权，但是这些授权呈现出线条粗、基本性等特征，当涉及具体的事权和财权时，相关法律法规往往没有明确界定，有的甚至还没有相应的调整授权。而政府相关部门又是根据职权法定原则来行使政府职能的，于是就常常出现"新瓶装旧酒"的现象，甚至自贸区政策与中央政策截然相反。例如即使2018年上海自贸区海关规定电子档案与纸质档案的效力相同，但与法律规定相冲突，这个政策没有足够的法理支撑。就具体法律条文来说，不同档案的认定效力也成为"放管服"改革的桎梏。上海自贸区对传统数据的电子化沉淀和"无纸化"办公都在整个行政审批改革，乃至整个综合试验区的行政改革与服务型政府建设中起到重要作用。然而，在法律证据意义上，纸质档案的效力高于电子档案，最终让上海自贸区的电子化、信息化趋势进退两难。

因此，即使中央鼓励上海自贸区大胆试验、大胆创新，但由于二元法制结构的矛盾，自贸区所拥有的权限缺乏法律支撑，在依法治国的背景下显得格格不入。缺乏相关立法保障、缺乏独立性的困境让自贸区的政策缺乏足够的权威性，自贸区的深入改革自然如履薄冰、束手束脚，主动性与创新性难以得到充分激发。

（二）协同性不足：条块体制破坏政府职能链条完整性

由于我国条块结合的政治体制所形成的不同部门权力隶属结构，自贸区和其他地区一样存在纵横交错的权力网络。在政府转变并履行职能过程中难免遇到部门各自为政的困局，改革整体性与综合性不强，往往只涉及单一部门，难以将制度优势转变为治理效能。

在推进政府职能改革过程中，上海自贸区在简政放权与优化服务上都颇有建树，但"放管结合"的协同性依然较低。上海自贸区存在监管部门各自为政、社会监督缺位、监管方式落后、监管程序制度建设落后等问题。由于我国条块分割的政治制度带来的"无意碎片化"与各部门为了利益而进行信息封锁所形成的"有意碎片化"导致"数据烟囱"的现象依旧存在，上海自贸区与事中事后监管制度配套的社会信用体系大数据、企业年度报告公示数据等还没有形成信息共理机制，数据"水库"依然还未建立起来。在监管方式的运用上，上海自贸区呈现出电子化、信息化等特征，但是对于信息披露、经济激励等其他工具的激活与相互的动态配合依然处于一个相对空白的状态，难以进行准确的风险研判和监测。而且互联网经济的发展在监管方面对政府提出了全新的要求，而上海自贸区对于虚拟经济的监管仍然是较为传统的线下抽查形式，线上活动监管技术还未能与新兴产业发展相接轨。在监管程序制度建设上，虽然上海市政府发布了《上海市事中事后综合监管平台建设工作方案》，强调了程序性制度，但整体来看，仍以宏观性、原则性说明为主。

（三）社会性较低：改革仍然处于"政府主导"而非"政府引导"

从政府间关系来看，纵观上海自贸区改革进程，由于其特殊地位，都是由中央政府下发文件并主导整体的制度建设，整个模式处于上级政府主导的局面。上海自贸区在建设服务型政府时，评价指标更多源于上级文件，例如在国务院下发文件中强调"推动企业和群众办事线上'一网通办'，线下集中管理'只进一扇门'，现场办理'最多跑一次'"，而非更关注与服务对象、与服务供给者感受相关的指标，例如排队时长、服务态度等等。从政府与社会、市场的关系来说，上海自贸区改革路径都是由政府主导，行业协会、企业与人民群众都是处于听从命令的状态，整体呈现出被动的特点，其自身主动性并未得到调动。这与我国"强政府"的政治传统密切相关，但"放管服"改革本就是为了让市场领域回归市场本位、社会领域回归社会本位、政府工作回归服务本位所进行的改革，所以改革模式有必要从"政府主导"转变为"政府指导"，打通由下而上的渠道，给予市场主体、社会主体相应的空间。

（四）自主性较低：面临实现国际化与彰显中国特色的矛盾局面

首先，上海自贸区在与国际接轨的过程中依然存在着缺口。在打造国际化、法治化的营商环境上，上海自贸区仍然有改进空间。以负面清单为例，2020年的30项负面清单严谨增设了过渡期条款、限定控股数目与主体等要求，可谓是进步巨大。即使如此，相比于涉及方式更多元、限制主体更详细、涉及投资活动阶段更清晰、设立程序更严谨的国际高标准负面清单，2020年出台的负面清单仅仅规定了直接投资之前的股份划定等，透明度较低。从投资方式上看，上海自贸区负面清单缺乏对间接投资的规定；从投资活动阶段上看，外商并不知晓投资之后的相关信息，投资准入之后的政府活动依然处于"黑箱"状态；从负面清单设立和修改程序来看，上海自贸区并未事先公布草案并提供公众讨论，在发布正式的负面清单之后也没有设立专门的咨询点来回答外商对负面清单的疑惑。总而言之，上海自贸区的负面清单依然存在模棱两可的地带，提升透明度依然长路漫漫。

同时在我国深入国际化的过程中，如何始终保持中国自主性，在改革开放的同时不迷失自我，也是上海自贸区作为改革桥头堡需要着重考虑的。作为我国参与世界银行营商环境评估的重要部分，上海自贸区的制度建设在逐步实现国际化、法治化、便利化，在提升我国营商环境排名上功不可没。但我们更应该看到，随着中国在国际事务上话语权的增加，全球治理不应也不能由西方资本主义国家来主导与定义。如果照本宣科，一味按照西方所定义的标准来实行这场刀刃向内的变革，这种倒逼模式下自贸区未来扩展的空间难免会受到约束。例如世界银行的营商环境指标并非完美契合我国国情，我国需要构建具有中国特色的营商环境指标。上海自贸区作为辐射全国、面向世界的枢纽，更要在竞争中寻求合作，在已有国际经贸规则中保持中国自主性，同时探索符合中国具体情况的改革措施，输出上海甚至是中国经验，与其他国家的自由贸易区一样，在高度国际化的同时，也保有自己的特色。

四、深化上海自贸区"放管服"改革的对策建议

自贸试验区是我国对标国际高标准贸易投资规则、探索制度型开放的重要载体。上海自贸区作为"创新洼地"和"一带一路"桥头堡，在职能转变、深化改革上必然步履不停。针对上文提到的问题，上海自贸区应该对症下药，从法律支撑、制度建设、整体设计、创新动机、地区特色等方面入手，"刮骨疗毒"，从而在加快形成新发展格局、建设更高水平开放型经济新体制中发挥更大作用[1]。

（一）对标法治建设过程的国际经验，构建法治化进程

为了解决中央与自贸区之间法制的二元矛盾，在立法机构上，可以借鉴国

---

[1] 陆燕. 自贸区建设成效、问题及发展方向. 人民论坛，2020（27）：16-19.

际经验，通过法律手段赋予地方足够的自由裁量权，由全国人大授权，让自贸区的地方人大拥有制定自贸区法律法规的权限并制定出符合上海自贸区特殊情境的地方性法规。在立法内容上，在坚持党的领导的前提下，参考国际通行做法，取其精华，侧重自身的制度创新。此外，为了防止地方为了招商引资出现恶性竞争，还需要完善具体法律机制，建构严谨的授权程序与标准[1]。在央地关系上，上海自贸区应参照中国所签订的经贸协议，整理所有的法律法规，将其作为立、改、废相关规章制度的参照。

（二）注重改革的整体性、协同性设计，克服碎片化问题

上海自贸区需要从整体性视角出发，注重改革过程中的协同性设计，推进治理结构的网络化。在纵横交错的权力体系下，不同权力隶属部门之间的合作需要进一步加深。要坚持将科技引入监管过程的方针，斟酌不同监管方式的利弊，将其有机组合，多管齐下。上海自贸区可以参照新加坡自由港的经验，运用信息化手段，整合海关、工商、公安等部门的重要信息，实现监管信息的跨部门互联互通。其中，高新技术的引入与使用是未来上海自贸区实行监管的重要途径。上海作为苏浙沪科技圈中心，高校林立，人才众多，具有天然的科技引入优势。另外，要构建明确的程序性监管制度。从行政监察、行政执法到责任机制都要有明文规定，防止部门之间互相推脱，出现"踢皮球"现象。在转变监管观念的同时也要加强预测风险设计。改变传统的事前审批制度，转为事中、事后监管，这并不意味着做"甩手掌柜"，相反，后者要求更高的专业性和透明度。因此，上海自贸区要将放管结合有序融入事中、事后监管体系，加强贸易链条上各方的风险评定设计，加强源头防控，保障贸易安全与国家利益不受侵害。

（三）建立多元主体新型协同交互机制，激发市场与社会主体活力

随着上海自贸区面积的扩充与改革的深入，参与治理的主体多元性和利益复杂性将逐步加深。为了更好地将各个主体纳入社会共治体系，让政府回归服务本位，上海自贸区需要加强社会组织管理制度和协商制度的建设。一方面，上海自贸区需要培育社会组织，充分发挥社会组织对自贸区建设的服

---

[1] 成协中. "放管服"改革的行政法意义及其完善. 行政管理改革，2020（1）：36-44.

务功能、干预功能与协调功能，满足自贸区企业的多层次需求，以中介性的身份构建有效的国际贸易纠纷调解和谈判机制。对此上海自贸区需要从过去的"主管"转变为"指导"，减少政府部门对行业协会、社会组织不必要的控制。政府还要建立健全社会组织、行业协会、人民群众对政府、市场行使监督权的机制，以此形成外部监管力量与行业内部自我建设的良性互动，并且在通过引入社会力量降低市场失灵和政府失灵可能性的同时，共同打造三者之间的良性关系，形成动态互补互助的状态。另一方面，上海自贸区也需要针对改革过程中的"硬骨头"和与人民生活息息相关的事情，学习其他地方的先进经验，采用多样化的协商形式，在协商程序、协商方法上做出明文规定，减少随机性和随意性。

（四）坚持适应性治理，展现"红天鹅"风采

比照挑战传统认识事件的"黑天鹅"，国外学者把中国独特的国家治理方式定义为"适应性治理"，以"红天鹅"隐喻其出乎意料的成就[1]。作为中国自贸区和未来的自由贸易港，上海自贸区的战略地位不言而喻，除了对标国际最高水平，上海自贸区也需要输出中国经验。在营商环境上，上海自贸区不能单纯依靠世界银行的指标，也要参照中国贸易促进协会所提出的营商环境指标来进行改革。通过上海自贸区的企业投资数量、企业经营业绩来证明中国营商环境指标的可靠性，从而对世界银行单一的评价体系做出中国特有的贡献。

上海自贸区作为中国放管服改革的"排头兵""先手棋"，在改革历程与放开力度上比国际自贸区稍有逊色，体系建设还不够严谨，但是瑕不掩瑜，上海自贸区本着"敢为人先、当仁不让"的精神锐意创新，辅之以上海自近代以来特殊的经济地位与人才储备，未来建设成为具有中国特色的高度国际化自贸区，为我国其他地区提供经验与指导以及为世界经济带来福音指日可待。

---

[1] 程倩. 从宗旨到行动：服务型政府叙事的话语分析. 浙江学刊，2020（4）：13-20.

天津自贸区"放管服"改革的成效与问题*

曹瑞阳

一、引言

在改革进入深水区背景下,通过"放管服"改革开展刀刃对内的自我革命,是进一步推动全面深化改革的有力抓手,对于完善治理体系、提升治理能力具有深远意义。作为一项系统工程,"放管服"改革旨在通过权力下放,促进政府"瘦身健体",实现以更优政务服务促进经济社会高质量发展。"简政放权"通过厘清政府与市场和社会的边界,实现政府权力由上到下、自内而外转移,形成有效市场与有为政府高效协同的良性局面。"放管结合"强调政府不能当"甩手掌柜",要将放权与监管结合起来,抓严抓实事中事后监管,推动促进监管方式创新。"优化服务"旨在通过提升服务意识、改进服务内容、创新服务手段等方式促进政务服务提质增效、营商环境改善提升。

自贸区积极探索政府职能转变与改革创新经验,是新一轮改革开放的桥头堡。作为我国北方地区最早获批的自贸区,天津自贸区自诞生以来就明确服务京津冀协同发展、中日韩贸易往来以及"一带一路"外贸进出口的战略定位,构成我国对外开放布局的重要一环[1]。挂牌以来,天津自贸区始终坚持改革谋划与注重制度创新,在行政审批、贸易投资、金融开放等领域大胆探索,积极作为,努力成为新时代对外开放新高地[2]。

---

* 成文时间:2021年5月。
[1] 天津自贸区:创新升级迈向一流. (2019-12-11). http://tj.people.com.cn/n2/2019/1211/c375366-33623006.html.
[2] 解安,杨峰."放、管、服"改革的经验启示及路径优化. 中国行政管理,2018 (5):158-159.

二、天津自贸区"放管服"改革的实践经验

天津自贸区在投资、贸易、金融、法治等领域推动简化审批、监管创新以及政务升级,为全面深化改革事业不断探索新经验①。

(一)总体成效

短短几年,天津自贸区在进出口贸易与金融协同创新方面交出亮眼成绩单。第一,对外贸易不断扩大。凭借突出的政策、区位与人才优势以及坚实的工业基础,天津自贸区已成功引进60多个航空项目落户,行业总产值逼近800亿元,顺利跻身我国重要航空产业基地队列②。截至2020年3月,天津自贸区内新增登记市场主体超过6万户,注册资本达2万亿元以上。其中,外资企业新增将近3 000户,外资实际利用总额突破百亿美元。自挂牌以来,天津自贸区内进出口贸易总额突破万亿元,新开本外币账户8万余个,共计办理跨境收支超过2 000亿美元,实现跨境人民币结算4 000多亿元③。

第二,金融协同持续创新。为便利自贸区对外投资贸易,天津自贸区在金融产品、融资渠道、人民币国际化等方面开展积极探索④,持续推进自贸区金融改革创新。以产业结构调整引导基金落户,助力天津自贸区加速形成金融产业优势,努力将京津冀地区打造为金融集聚新高地。京津冀通过共建跨地区金融协调机制,为三地协同发展注入强劲金融动力,有效促进京津冀地区产业转移对接。作为天津自贸区贯彻"金改30条"的一项重要举措,FT账户体系在促进金融市场开放、推动金融政策改革方面发挥关键作用。通过推动《国务院关于支持自由贸易试验区深化改革创新的若干措施》落地,促进FT账户体系扩大应用,致力于将天津自贸区打造成我国金融业对外开放的示

---

① 天津自贸区:探索深化改革新途径.(2020-05-27).http://tj.people.com.cn/BIG5/n2/2020/0527/c375366-34045389.html.
② 天津自贸试验区:打造面向世界的高水平自由贸易园区.(2020-05-29).http://www.china-tjftz.gov.cn/html/cntjzymyqn/YWZX24993/2020-05-29/Detail_584458.htm.
③ "自"家产业外贸产业续写"春天的故事".(2020-06-05).http://www.china-tjftz.gov.cn/html/cntjzymyqn/YWZX24993/2020-06-05/Detail_584468.htm.
④ 天津自贸区改革再升级.(2018-05-25).http://finance.people.com.cn/GB/n1/2018/0525/c1004-30013139.html.

范窗口①。

（二）以审批加清单扩大简政放权

第一，行政审批简化。一是压减审批。天津滨海新区政务服务中心试行企业"主动披露"制与企业协调员制度②。自贸区内推行简易注销改革，全面清理并取消一批项目收费与资质资格认定事项。改革工业产品生产许可证制度，简化天津港保税区加工贸易企业国内采购物料登记手续。通过逐步压缩行政审批环节，陆续取消非行政许可审批类别，促进行政审批项目精简化。持续推动企业准营的审批项目由"串联"审批改为"并联"审批，将烦琐行政审批手续牵扯的过多精力节省下来，转化为创新创造活力。

二是集中审批。推行"十个一"改革，促进行政高效化③。天津滨海新区设立行政审批局后，将部门分散管理公章改为集中式管理，实现"一颗印章管审批"。天津自贸区三大片区内，通过分别设置综合受理的行政审批机构，在全国范围内率先实现"一照一码一章一票一备案"，使得一天办结成为可能。

汇整企业经营所需的各类行政审批事项，推行"一企一证"。试行企业名称自主申报、税务办理"综合一窗"、经营许可"一址多证"等多项制度创新举措，实现行政审批事项"多证合一"④。对接国家标准，建成国际贸易"单一窗口"，实现出口退税"一网通办"⑤，将审批环节的"暗箱操作"空间压至最小⑥。试行"帮办超市"与"无人审批超市"，促进贸易便利化⑦。依托自贸区内海关特殊监管区域保税优势与电子商务进口模式创新，推动"批次进出，集中申报"与"多样化涉税担保"等措施，促进海关监管高效化、便捷化。

---

① 天津自由贸易试验区 FT 账户上线发布会在中国银行天津市分行举行. (2020-01-08). http://www.chinadevelopment.com.cn/news/zj/2020/01/1599463.shtml.
② 区政务服务中心举行思想解放大讨论活动 推动政务服务再上新台阶. (2020-03-19). http://zwb.tjbh.gov.cn/contents/4389/423176.html.
③ "十个一"指的是一份清单管边界、一颗印章管审批、一个部门管市场、一支队伍管执法、一个平台管信用、一份单卡管通关、一套体系管廉政、一个号码管服务、一包教材管培训、一本绿卡聚人才。
④ 天津自贸试验区：打造面向世界的高水平自由贸易园区. (2020-05-29). http://www.china-tjftz.gov.cn/html/cntjzymyqn/YWZX24993/2020-05-29/Detail_584458.htm.
⑤ "自"家产业 外贸产业续写"春天的故事". (2020-06-05). http://www.china-tjftz.gov.cn/html/cntjzymyqn/YWZX24993/2020-06-05/Detail_584468.htm.
⑥ 王彬. 供给侧结构性改革下深化行政审批制度改革的策略. 行政管理改革, 2017 (1)：47-51.
⑦ 肖文荪. 坚持放、管、服并举 加强和创新政府管理. 理论视野, 2015 (7)：7-9.

三是审管分离。实行审管分离,推动权力下放。行政主管部门让渡审批权,将精力集中于拟定行业发展战略和制定相关政策上[1]。在"应放尽放"原则指导下,市政府向天津自贸区累计下放市级权限多达900项[2]。截至2019年末,自贸区内企业办理境内直接投资登记、变更、注销业务89笔,涉及金额54.5亿美元。办理资本项目外汇收入支付便利化业务1509笔,实现支付金额3.8亿元。1家企业办理外债模式调整业务,15家银行为17家企业直接办理23笔外债注销业务[3]。

第二,清单管理。通过清单管理,从制度上实现简政放权。一是公开权力清单。尽快实现自贸区负面清单及国民经济行业分类同国际通行标准对接,主动将"权力清单"面向社会公布。以清单权责为基本遵循,汇整各部门职权,增进部门间联合行动便利,做到"一份清单管边界"。汇集环境保护、城市管理、社会管理有关的41类295项行政处罚权限,统一交由街道乡镇综合执行队伍行使,推动行政执法对接更加顺畅,联合执法更为迅速,做到"一支队伍管执法"。

二是市场准入负面清单。实行更加开放透明的市场准入模式,进一步扩大装备制造、信息技术等先进制造业以及商务服务、专业服务等现代服务业领域对外开放。变革外商投资管理规定,额度不足3亿美元的项目由核准制改为备案制[4]。缩短外商投资备案时限至1个工作日,提供外资准入前国民待遇标准,扩大负面清单管理的实施范围。建立中外资金融机构入区发展引导机制,向符合条件的民营资本与外资开放准入,为各类金融机构、组织和资源集聚创造条件。对离岸金融、商业保理等新兴金融业态保持谨慎,不盲目跟进。

第三,陆续搭建起天津自贸区账户管理体系,逐步实现资本项目可兑换,增进投资贸易便利。建立外债宏观审慎管理制度,放宽企业境外外汇管理限制,持续推动外汇管理领域创新。如2019年专门出台文件,开展外汇管理领域"放

---

[1] 刘祺,马长俊. 自贸区"放管服"改革的成效、困境及对策:以上海、广东、福建、天津自贸区为分析蓝本. 新视野,2020(1):37-42.

[2] 天津自贸试验区:打造面向世界的高水平自由贸易园区. (2020-05-29). http://www.china-tjftz.gov.cn/html/cntjzymyqn/YWZX24993/2020-05-29/Detail_584458.htm.

[3] 2020年天津市金融运行报告:天津自贸试验区金融改革创新扎实推进. (2020-06-01). http://www.china-tjftz.gov.cn/html/cntjzymyqn/YWZX24993/2020-06-01/Detail_584460.htm.

[4] 同[2].

管服"改革，重点围绕自贸区跨境流动资本的宏观审慎管理、投融资便利及深化简政放权等事项，推出资本项目外汇收入支付便利化、外汇登记管理精简化、允许区内借用外债企业调整借用模式等六项创新举措。

天津自贸区致力于打造庞大的融资租赁下游市场[①]和全国性租赁资产流转平台，努力将自贸区建成国家租赁创新示范区。在融资租赁业已有发展基础上，实行自贸区统一的融资租赁企业监管制度，提升融资租赁企业服务的体系化与完备化程度。挂牌以来，天津自贸区通过融资租赁业务实现外币租金收入近40亿美元，售后回租项目下外币支付款项达2.1亿美元[②]。

（三）以监管创新为市场保驾护航

简政放权不是一放了之，放权的同时，配套监管必须及时跟进。通过实现跨地域、跨部门、跨平台监管统一化，打造联合监管格局，促进监管协同高效。不断在各领域各部门开展监管创新，以更好维护市场秩序，提升对各类风险挑战的防范与抵御能力。

第一，监管统一。一是部门监管统一。组建天津自贸区推进工作领导小组，并由其承担自贸区内重大决策与总体规划。推行"一个部门管市场"，如将工商、食药、质监三部门合并为市场和质量监督管理委员会，从组织架构上为联合监管扫除障碍。使随机抽查覆盖税务、海关、工商、质检、价格等各市场监管领域，形成跨部门联合监管格局。构建多部门综合管理服务平台，将税务、海关、边检、外贸等包含交叉职能的各个部门联系起来，促进监管统一化。构建新型监管机制，更多采取抽查监管、重点监管、信用监管等手段，实现监管协同、执法公平，增进监管实效。推动电子口岸建设，实现综合执法监督平台与多个执法部门、执法主体联网，做到执法信息全面覆盖、执行进度实时监督。

二是地域监管统一。充分运用监管信息互通、监管结果互认、监管执法互助等手段，以联合监管破解"重复执法"难题。实行"进口直通""出口直放"，实现"一份单卡管通关"，为推动京津冀检验检疫与通关便利一体化夯实基础[③]。

[①] 天津自贸区：服务京津冀协同发展. (2015-03-26). http://politics.people.com.cn/n/2015/0326/c70731-26750961.html.

[②] 2020年天津市金融运行报告：天津自贸试验区金融改革创新扎实推进. (2020-06-01). http://www.china-tjftz.gov.cn/contents/16116505089.html.

[③] 刘祺，马长俊. 自贸区"放管服"改革的成效、困境及对策：以上海、广东、福建、天津自贸区为分析蓝本. 新视野，2020（1）：37-42.

三是监管信息统一。为促进监管流程精简，推动企业监管高效，天津将企业年检制变更为年报与公示制。通过启用全国信用信息平台和市级信用信息平台，促进监管信息跨部门流通。按照企业信用等级实施分类监管，实现"一个平台管信用"，使"诚信一路绿灯，失信处处受制"形成真正威慑力。凭借以信用风险分类为依托的市场监督制度与集成化的行政执法监督体系，天津自贸区成功入选商务部最佳实践案例[1]。

第二，监管创新。在海关特殊监管区，实行"一线放开、二线管住"的海关监管模式，扎实落实各项制度要求，以持续监管创新保障市场秩序的公平性与有序性。设计科学有效的跨境资金流动监测与监管协调机制，织密金融风险防控网，降低地区性、系统性金融风险爆发的可能性，增进安全生产制度与反垄断审查制度的实效性。在船舶抵离、港口作业、货物通关等各口岸作业环节，实现全程无纸化与贸易领域证书证明电子化，免收企业海关报关信息传输费，确保100多项通关监管创新措施全面落地[2]。

（四）以技术手段为服务赋能增效

第一，服务网络化。改进政务大厅软硬件设施，加速智慧大厅建设，为自贸区内政务服务插上网络之翼。打通线上线下政务服务系统，推动形成网上平台、实体大厅、手机终端一体化的大服务格局。配备精干高效的组织人员队伍，并在全国政务中心系统首创"党建联盟"，以凝聚团队共识、增进成员归属感，更好提升组织战斗力。推动电子类公文、证照、签章普及化，进行审批材料目录化、标准化改革，做好自贸区网站维护与实时更新，增进民众信息获取便利，加快形成等待时间短、办事效率高、服务体验好的新型政务环境[3]。组建天津市大数据管理中心，强化数据资源整合，做好集中式运维管理体系相关配套建设，打造统一高效的"大平台、大数据、大系统"[4]，实现数据助推下的信息互

---

[1] 商务部外国投资管理司. 商务部关于印发自由贸易试验区"最佳实践案例"的函. (2015-11-30). http://wzs.mofcom.gov.cn/article/n/201512/20151201210390.shtml.

[2] "自"家产业 外贸产业续写"春天的故事". (2020-06-05). http://www.china-tjftz.gov.cn/html/cntjzymyqn/YWZX24993/2020-06-05/Detail_584468.htm.

[3] 刘祺, 马长俊. 自贸区"放管服"改革的成效、困境及对策：以上海、广东、福建、天津自贸区为分析蓝本. 新视野, 2020（1）：37-42.

[4] 天津市大数据管理中心（天津市信息中心）正式挂牌. (2020-01-01). http://tj.people.com.cn/n2/2020/0101/c375366-33680726.html.

通、业务协同。

第二，服务集中化。构建与国际规则相适应的制度体系，培育适应"双循环"格局的市场竞争新机制，将自贸区内的行政审批集约化与营商环境国际化推向新高度。立足京津冀协同发展示范区标准，推动天津自贸区建设，实现自贸区与天津市改革联动，推行集中化、一体式的政务服务标准。推动具备复制推广条件的改革经验先在滨海新区实行，进而在全市范围内试验推广。重视自贸区人才引进，不断完善和增进引进人才管理流程与服务质量，推行"一张绿卡管引才"。创新高技能人才职业教育与技能培训模式，科学设计职业培训教材教具，推动职教内容和讲授方式与时俱进，增进职业教育与技能培训的针对性与有效性。科学论证、合理设计一整套职业教育培养标准、培训方案、教材教具及考核体系，做到"一包教材管培训"。配备一支懂理论、接地气的职业教育师资团队，为集中化的职业与技能人才培养奠定基础。汇整全市53个政府热线与政府部门服务资源，实现一个号码集中解决群众咨询、投诉、帮扶等各项诉求，保证电话及时接通、事项及时办结、回访及时跟进，做到"一个号码管服务"[①]。

三、天津自贸区"放管服"改革存在的问题

尽管取得诸多行之有效的宝贵经验，天津自贸区"放管服"改革之路也暴露出一些问题。

（一）高自利、低自主、弱配套消减放权实效

第一，自利性阻碍放权。政府部门事权划分不合理，交叉重叠、衔接不畅或空白缺位现象时有发生，致使部门之间职责不清、管理错位。部分部门出于对"被削权"或"被问责"的恐惧，推动自我改革的主观意愿与能动性均不高。但迫于考核压力，只得采取"形式化放权"以作应对。常用手段包括隐匿审批权，只下放责任重、利益少的权力，将权力大的行政审批事项改为核准、审核或事前备案的"选择性放权"；权力仅被下放至自贸区而非市场主体或社会组织，仍局限于政府内部打转的"内化式放权"；负面清单实行后审批负担仍旧繁

---

① 段春华. "十个一"打造服务型政府. 中国经贸导刊, 2015 (21): 11.

重的"象征性放权"①。

第二，自主权较低。自贸区管理委员会的职能属性为协调机构，并不具备实质性行政职权，应然权限与实然权力间出现缺口，造成管理事项与管理职能出现落差，干事意愿与干事能力不匹配，成为自贸区日常管理与制度创新的一项阻碍。尤其是关涉关键领域与敏感问题创新方案的层层上报与审批，以及重大制度创新须经全国人大及其常委会审议通过的有关规定，外加源于自贸区上级部门领导与"一行三会"指导的多重约束，不仅加大了行政流程的复杂性，而且成为自贸区推进制度与改革创新的巨大阻碍。

第三，配套薄弱。天津自贸区系统谋划不足，激励、考评、监督及交流等配套机制未能有效跟进，虽冒出个别创新举措，但整体性、可复制的实践经验仍较为缺乏。如虽适当放宽准入限制，但准入后的管理规范与出口安排却缺乏相关政策配套②。"放前不放后，彼放己不放""放开大门留小门"现象屡见不鲜，涉及多部门、多环节的事项，办事企业与群众仍需"多次跑腿"③。由于部门间意见不同或客观环境限制，未能及时出台实施细则，致使各项改革创新落地迟缓④。行政审批整体改革思路不明晰，缺乏足够的前瞻性、全局性与连贯性，极大减损改革实效⑤。条块分割与部门本位主义导致跨部门审批程序烦琐、联合执法遭遇阻力。

第四，知识产权保护不力。整体性知识产权观念淡薄，一体化知识产权管理机构尚未建立，部门间分散管理局面长期得不到有效改善。执法标准不一、政策法规冲突，使得个体在寻求法律帮助时无所适从。知识产权纠纷解决机制的市场化、社会化程度较低，参与渠道对外开放度低，参与机制不健全，独立第三方知识产权纠纷化解机制较为缺乏⑥。常通过司法调解或者司法局管辖下的人民调解委员会处理知识产权纠纷，导致资源耗费多、调解效率低，调解结果较难令各方满意。行业协会、调解机构等非政府主体参与程度低，仲裁、调

---

① 刘祺，马长俊. 自贸区"放管服"改革的成效、困境及对策：以上海、广东、福建、天津自贸区为分析蓝本. 新视野，2020（1）：37-42.
② 栗燕杰，吕艳滨，田禾. 深化行政审批制度改革：成效、问题及解决路径. 中国党政干部论坛，2015（1）：57-59.
③ 同①.
④ 周桂荣，李晓慧. 境外自由贸易港建设经验及对天津自贸区制度创新的启示. 天津经济，2019（2）：3-8.
⑤ 同②.
⑥ 李晓锋. 三维视角下天津自贸区知识产权保护机制构建战略. 科技管理研究，2016（13）：140-144.

解等第三方纠纷处理手段运用不足。

(二) 法律风险、联动困难妨碍监管效果

第一，监管合法性风险。天津自贸区设置行政审批局，并将各部门行政审批权限收归行政审批局统一行使的做法存在合法性危机，可能引发法律风险。许可证期满延续事宜方面，需考察被许可人守法经营情况，但由于监管工作由相关行政主管部门承担，行政审批局对有关情况缺乏足够掌握，较难对行政许可延续事宜做出恰当裁定[1]。在行政审批事项清理与制度改革方面，人大监督、社会监督流于浅表，市场动态监督力量薄弱[2]，审批超时与额外增设审批条件问题屡有发生[3]。在现行法律法规背景下，发证机关是吊销行政许可证的合法主体，行政审批局缺乏履行该项职能的法规依据。

第二，联动监管困难。各地区职责划分模糊、监管标准存异、行政事项称谓不统一及监督执法透明度低，致使联合监督行动困难，监督效率受到影响[4]。在行政管理体制和行政主管部门法定职能未改变的情况下，天津自贸区设立行政审批局，增加跨系统、跨层级、跨部门协调难度，加剧行政管理体制的复杂性[5]。自贸区监管法规多为部门立法，立法层级低且滞后缓慢，引起监管职能交叉和互相冲突。跨部门信息共享不顺畅，加大了法规条文"立、改、废、释"难度。此外，监管创新与经济社会发展需求间存在落差，导致"新业态审批无人管、老办法管理新业态"现象[6]。

(三) 技术壁垒、承接能力掣肘服务优化

第一，"互联网＋"程度低。自贸区各部门电子化服务功能不健全，仅能够办理办事咨询、资料下载以及结果查询，距离真正实现"互联网＋"仍有差距[7]。

---

[1] 王彬. 供给侧结构性改革下深化行政审批制度改革的策略. 行政管理改革, 2017 (1)：47-51.
[2] 栗燕杰, 吕艳滨, 田禾. 深化行政审批制度改革：成效、问题及解决路径. 中国党政干部论坛, 2015 (1)：57-59.
[3] 刘康, 袁芳. 浅论我市行政审批制度改革的现状与对策建议. 中外企业家, 2012 (6)：54-55.
[4] 刘祺, 马长俊. 自贸区"放管服"改革的成效、困境及对策：以上海、广东、福建、天津自贸区为分析蓝本. 新视野, 2020 (1)：37-42.
[5] 同[1].
[6] 高凛. 自贸试验区负面清单模式下事中事后监管. 国际商务研究, 2017, 38 (1)：30-40.
[7] 杨达昆. 我国行政审批制度存在的问题及其改革对策研究. 湖南工业职业技术学院学报, 2016, 16 (6)：56-58, 74.

单个自贸区涉及的政务信息系统达数十个之多,各垂直管理部门使用各自系统的审批软件,彼此间相互独立,信息共享与资源整合难度较大[1]。

第二,承接能力不足。一是基层部门承接能力弱。基层部门内高素质专业人才队伍薄弱,基层部门人员对上级政策规定缺乏深入理解和准确把握,对上级下放的权限缺乏足够承接能力。权力下放和转移过程中出现"接不住""接不好"状况,形成的"权力真空"抵消掉部分放权成效。二是非政府组织力量薄弱。在我国"大政府"的历史与文化传统下,社会对政府的依赖性强,对非政府力量的信任度低,缺乏社会组织与市场主体发展壮大的有利外部环境,致使社会组织与市场主体发育程度低、承接能力弱[2]。

四、深化自贸区"放管服"改革的建议

针对天津自贸区"放管服"改革中存在的诸多问题,笔者提出以下改进建议:

(一)以宣传、制度、配套推动简政放权

第一,以宣传夯实简政放权思想基础。通过宣传手段形塑下级政府的大局意识,使其摆脱对部门利益的过度追逐,将公共利益置于部门利益之上。激发地方官员的干事热情,促使其积极响应中央"放管服"改革号召,踊跃在地方层面推动改革。积极鼓动地方自贸区在完成中央统一要求的基础上,因地制宜开展制度创新,在简政放权领域积极进行地方层面探索,争做自贸区改革的"急先锋"。进一步打造引进外资与对外投资双轮驱动模式,增加自贸区产品在进出口业务中的竞争优势,加快天津自贸区建成进口贸易促进创新示范区[3]。在高新技术、新能源、先进制造及节能环保等领域积极吸引外商投资,扩展红酒、生鲜、药品及医疗器械等贸易种类,推动冷链物流、跨境电商等新兴业态发展,形成新时代对外开放的崭新业态布局[4]。

---

[1] 刘祺,马长俊. 自贸区"放管服"改革的成效、困境及对策:以上海、广东、福建、天津自贸区为分析蓝本. 新视野,2020(1):37-42.

[2] 同[1].

[3] 邵长青. 沪粤闽自贸区建设特色及天津自贸区发展策略. 港口经济,2015(5):28-31.

[4] "自"家产业 外贸产业续写"春天的故事".(2020-06-05). http://www.china-tjftz.gov.cn/html/cntjzymyqn/YWZX24993/2020-06-05/Detail_584468.htm.

第二，以制度设计激发简政放权热情。通过科学的制度设计，帮助基层官员卸下心防，有效激发下级政府简政放权的积极性。赋予自贸区管理委员会更大行政自主权，整顿包括中介服务在内的行政审批项目收费，压减非必要的报批手续和审批环节。打破行业垄断和区域壁垒，放宽中介服务市场准入，加强特定领域中介服务的国家统一管理[1]。用好天津自贸区政策红利，破除对外贸易与外资准入制度壁垒，简化外资并购手续。放宽市场准入，持续清理以"奇葩证明"为代表的各类"证明"，加大力度实施清单管理制度，推动证明事项告知承诺制落地。进一步扩大贸易自由化，增进对各类生产要素的吸引力，努力实现自贸区更高水平对外开放[2]。通过简化手续，激发地方政府因地制宜开展简政放权的创新活力。

第三，以顶层设计谋划简政放权配套。注重自贸区简政放权的顶层设计，保证相关配套措施与实施细则及时跟进，推动各项改革创新举措贯彻落地。适度提高自贸区管理委员会的法律位阶，扩大自贸区制度创新自由度与规则制定自主权。建议制定天津自由贸易区法，明确自贸区法律地位，规范行政审批权限和审批自由裁量权，细化审批标准[3]。

第四，以知识产权保护形成简政放权激励。加强海外知识产权预警服务，让进出口企业提前熟悉海外开展业务的法律要求与商业规范，避免企业陷入后续侵权纠纷。推动知识产权保护制度创新，不断探索行之有效的知识产权保护模式。以制度形式为企业创新提供保护与激励，努力将知识产权保护推向新高度。拓宽非政府化的知识产权纠纷解决渠道，使知识产权纠纷解决机制更加多元，提升知识产权纠纷化解的公正合理性与便捷高效性，更好激发市场主体的创新动力。

第五，以技术赋能升级简政放权便利。推行"不见面审批"，以网络技术助力审批系统标准化，促进线上线下平台加速融合。建设人才供求信息库，将天津自贸区内各类人才纳入管理，依托大数据，提升人才管理的精准性与智能性[4]。

---

[1] 洪涛. 清理规范行政审批中介服务的意义、问题与对策. 中国发展观察，2015（5）：17-20.
[2] 傅强，易云锋. 天津自贸区建设对北京市对外贸易的影响分析. 经济研究导刊，2020（2）：110-115.
[3] 舒绍福. 加强行政审批改革后续管理. 行政管理改革，2015（9）：33-37.
[4] 周桂荣，李晓慧. 境外自由贸易港建设经验及对天津自贸区制度创新的启示. 天津经济，2019（2）：3-8.

打造网络联动审批系统与自贸区一体化政务服务平台[1],以数据化、集成化手段推动行政审批"提质增效"[2]。

(二) 以法治、共享、多元打造立体监督网络

第一,强化法治监管。注重对自贸区改革创新的生动实践进行经验总结与理论提炼,并与法律法规的"立改废释"结合起来,将改革创新成果及时转化为法律法规条文[3]。实现改革的"破"与法治的"立"相结合,促进政府职权、责任及办事程序等以法律法规形式加以明确[4],为规范行政监管提供法治前提[5],确保"放管服"改革于法有据。

第二,监管信息共享。压减数据库重复建设,打造一体化政府信息共享平台,促进监管信息互融共通[6]。通过管理架构扁平化、运作机制智能化,实现"一个政府对外、多个部门协同",推动建成"横向到边、纵向到底"的监管网络,增进监管的"体系化"程度[7],实现监管全覆盖[8]。天津自贸区加快建立社会征信体系,促进市场监管与社会征信体系相结合,为高效监管提供信息保障,增强政府事中事后监管能力。加快形成信用信息收集、存储及使用的联动机制,打造"一处失信,处处受限"的大信用格局[9]。

第三,构建多元监督体系。一是强化政府监督。从基础设施、技术设备、组织人员等方面改造升级,创新监管手段,强化政府监管能力,做到既"瘦身"又"强身"[10]。二是引入社会监督。做好政府部门职权统计,通过向社会公开政府权责清单,提高政务信息透明化程度,促进社会监督发挥作用[11]。通过公共

---

[1] 栗燕杰,吕艳滨,田禾. 深化行政审批制度改革:成效、问题及解决路径. 中国党政干部论坛, 2015 (1):57-59.
[2] 舒绍福. 加强行政审批改革后续管理. 行政管理改革,2015 (9):33-37.
[3] 高凛. 自贸试验区负面清单模式下事中事后监管. 国际商务研究,2017,38 (1):30-40.
[4] 解安,杨峰. "放、管、服"改革的经验启示及路径优化. 中国行政管理,2018 (5):158-159.
[5] 同[4].
[6] 同[3].
[7] 同[2].
[8] 刘祺,马长俊. 自贸区"放管服"改革的成效、困境及对策:以上海、广东、福建、天津自贸区为分析蓝本. 新视野,2020 (1):37-42.
[9] 同[3].
[10] 肖文荪. 坚持放、管、服并举 加强和创新政府管理. 理论视野,2015 (7):7-9.
[11] 柳霞. 权力清单制度:将权力关入透明的制度之笼. 光明日报,2014-01-17.

服务购买，实现政府职能向非政府组织、中介组织及市场主体转移，以主客体分离促进监管效能提升[1]。强化企业首责，畅通投诉举报渠道，以匿名保护与重金奖励激发民众监督举报积极性，打造多元监督网络。

(三) 以网络化、内涵化促进政务服务升级

第一，政务服务网络化。对软硬件设施进行智能化改造，提升政务服务效率，降低企业办事成本[2]。加速政务服务与 PC 端、移动端融合对接，以大数据、云计算、物联网等新技术手段为政务服务赋能，增进数据信息采集便利，扩充信息采集容量，提高信息采集精准性。引入算法思维，运用精密算法处理海量数据，增进政务服务的高效化与智能化水平，更好预测及满足公众需求。通过打造自贸区内的统一办税平台，简化办税手续，实现报税、退税、备案、确认等事项"一网通办"，提升办税便利化程度[3]。建立国家大数据管理专门机构，推动实现天津自贸区与国家数据共享交换平台全面对接。统筹信息采集、处理与应用事项，促进信息互联互通、跨域共享[4]。依托行政审批信息库、申请材料要件库、电子证照库及统一 CA 电子认证等全市统一的信息化基础设施，推动线上线下融合发展。

第二，政务服务内涵化。政务服务优化、营商环境改善不仅体现在硬件设施上，更体现在服务的内涵和质量上。采用多种手段，打造人性化、便利化、公平公正、非歧视的营商环境，提供有温度、有质量、有内涵的政务服务[5]。一是以外包手段增加供给主体。创新公共服务供给[6]，加大服务购买力度，促进社会组织与市场力量在公共服务供给、权益维护、信用评价、咨询服务及失信惩戒等方面发挥积极作用[7]。培育社会组织与中介机构，壮大非政府组织力

---

[1] 栗燕杰，吕艳滨，田禾. 深化行政审批制度改革：成效、问题及解决路径. 中国党政干部论坛，2015 (1)：57-59.
[2] 周桂荣，李晓慧. 境外自由贸易港建设经验及对天津自贸区制度创新的启示. 天津经济，2019 (2)：3-8.
[3] 于学深. 关于天津自贸区税收政策的思考与探索. 天津经济，2015 (6)：64-67.
[4] 李坤轩，马玉丽. 简政放权改革：地方政府的实践创新与推进策略. 天津行政学院学报，2017，19 (1)：32-39.
[5] 解安，杨峰. "放、管、服"改革的经验启示及路径优化. 中国行政管理，2018 (5)：158-159.
[6] 马宝成. 推进放管服协调发展更好发挥政府作用. 行政管理改革，2015 (7)：86-90.
[7] 同[4].

量，理顺财权事权关系①，提高非政府组织的自我管理与权力承接能力，更多更好发动社会力量解决政府管不好、管不了的经济社会问题②，促进政务服务质量提升。二是以法治手段规范服务过程。完善立法协调机制，科学设计立法论证，促进权力运行规范，实现公正文明执法，确保自贸区建设始终走在法治轨道上③。引进国际化商业运营模式，制定相关配套法规，健全法律实施与监督机制，增进政务服务的法治内涵，为天津自贸区持续健康发展提供法治保障④。

五、结语

"放管服"改革是一项涉及思维更新、权责重构、流程再造、方式创新等诸多方面的浩大工程，天津自贸区要实现全面深化改革目标，依然任重道远。打破长期形成的利益格局，必须坚持顶层设计、实施细则及配套措施协调推进。天津自贸区"浅水区"改革已基本完成，对标国内外一流标准，勇闯改革"深水区"，推动自贸区由便利化走向自由化，成为接下来的努力方向。

一方面，加强统筹谋划，促进跨部门协同高效⑤。提高政治站位，善于从国家治理现代化高度谋划和部署"放管服"改革。确保"放管服"改革队伍的纯洁性与战斗力，对影响"放管服"改革和破坏营商环境的干部坚决予以清退。坚持"以人民为中心"的价值理念，积极回应市场主体与群众关切，杜绝形式主义，切实为基层松绑减负⑥。通过系列举措重构高质量发展的体制机制，促进市场主体活力迸发，推动天津自贸区建设再上新台阶。

另一方面，充分用好政策红利，探新路、谋突破。对标一流标准，持续深化"放管服"改革，促使政府职能更加优化。在"放"的领域，通过"行政审批改革"等措施降低企业生产经营的行政成本，做好权力"减法"。在"管"的领域，强化放管结合与多元监管，注重人性化监管，推动监管协同高效。保持

---

① 解安，杨峰. "放、管、服"改革的经验启示及路径优化. 中国行政管理，2018（5）：158-159.
② 舒绍福. 加强行政审批改革后续管理. 行政管理改革，2015（9）：33-37.
③ 同①.
④ 邵长青. 沪粤闽自贸区建设特色及天津自贸区发展策略. 港口经济，2015（5）：28-31.
⑤ 王彩梅. 深化"放管服"改革 进一步优化陕西营商环境. 陕西行政学院学报，2020，34（3）：94-98.
⑥ 李克强. 在全国深化"放管服"改革优化营商环境电视电话会议上的讲话. 中国行政管理，2019（7）：6-10.

对外开放，吸纳公众参与，倾听意见反馈，防止闭门造车①。坚持问题导向和需求导向，在市场准入、审批许可及运营监管等方面持续推动改革创新与结构调整，不断适应经济社会发展新要求②。在"服"的领域，建立健全公平透明的市场规则，推进"一网一门一次"与数字政府建设，提升办事企业与群众的满意度和获得感，实现公共利益最大化③。

---

① 苗红培. 公共性视野下我国地方政府"放管服"改革的困境及其治理. 当代经济管理，2021，43（5）：73-79.
② 赵文君. "放管服"推进管理创新. 人民法院报，2020-09-21（2）.
③ 同①.

广东自贸区"放管服"改革的实践进展[*]

苏　寻

"放管服"改革的核心内容是优化政府机构及职能配置，以及处理好政府、市场与社会的关系。作为改革开放先行先试重要场所的自由贸易试验区，也是"放管服"改革的先锋阵地。2015年，李克强总理在全国推进简政放权放管结合职能转变工作电视电话会议上特别提到自贸区在"放管服"改革过程中的重要作用。通过商事制度改革、负面清单管理制度、事中事后监管体系等不同治理领域的大胆尝试，中国的自贸区产生了多项复制并推广到全国的创新举措。

中国（广东）自由贸易试验区（以下简称"广东自贸区"）成立于2014年12月31日，地理范围包括广州南沙新区片区（含广州南沙保税港区）、深圳前海蛇口片区（含深圳前海湾保税港区）以及珠海横琴新区片区，属于中国第二批自贸区。广东自贸区位于发达的珠三角地区，是改革开放以来中国经济最为活跃的地区，同时借助毗邻港澳的区位优势，有着独特的引资优势。

广东自贸区的成立与"放管服"改革有着密切的联系。在时间上，广东自贸区正式运行的时间与"放管服"概念的提出几乎同时。2015年4月21日，广东自贸区挂牌。5月12日，李克强总理在全国推进简政放权放管结合职能转变工作电视电话会议上首次提出"放管服"概念。在内涵上，广东自贸区作为改革开放的前沿，"放管服"是其探索政府与市场关系以及推进治理体系和治理能力现代化的题中之义。

一、广东自贸区"放管服"改革的发展历程

自成立以来，广东自贸区在"放管服"工作上做出了大胆探索。2015年4

---

[*] 成文时间：2021年4月。

月8日，国务院印发了《中国（广东）自由贸易区总体方案》（以下简称《总体方案》）。《总体方案》中虽然还没有采用"放管服"概念，但其中有不少工作部署属于"放管服"题中之义。方案为广东自贸区提出了主要工作任务，也开启了广东自贸区的"放管服"改革历程。广东自贸区挂牌之后，三个片区的管委会均推出片区建设实施方案，制订了各自片区的改革计划。广东自贸区成立之后每年都开展大量改革工作。

广东自贸区成立后的当年就在"放管服"方面做了积极探索。在简政放权方面，自贸区在实施企业登记注册"三证合一"的基础上实行"多证合一"，试行了电子营业执照和全程电子化登记管理以及检验检疫原产地签证清单管理。在放管结合方面，广东自贸区执行了行政违法行为提示清单，推动了加工贸易手册管理全程信息化改革以及海关原产地管理改革，建立了跨境电商商品溯源平台，探索了入境维修"1+2+3"监管、进口酒类分类管理、进口食品快速放行、检验检疫无缝对接内陆"无水港"等新模式，还对进境动物检疫许可流程加以再造。在优化服务方面，自贸区建立了"一口受理，同步审批"的"一站式"服务模式。在税收服务上自贸区立足"互联网＋"，积极推动国地税联合办税，实现税务网上区域通办、税银合作"税融通"、网上申领普通发票速递免费配送、征免税证明无纸化改革；在通关服务上建立国际转运自助通关新模式，实现企业注册登记业务"关区通办"，并建立检验检疫"电子证书"模式，还在跨境支付工具上实现创新。

2016年上半年广东自贸区继续大力推进若干项探索。自贸区在简政放权上允许港澳服务提供者举办非学历中等、高等职业技能培训机构，试行企业注册住所登记改革，并优化建设工程规划许可证审批流程。在放管结合事项上，广东自贸区探索了多种监管新方式，如企业主动披露制度、加工贸易行业分类监管、"一二三四"跨境电子商务监管体系、会展检验检疫监管新模式、原产地签证方式优化、入境维修产品检验监管标准体系建设、进口机动车检验监管新制度、"进口食品检验前置"监管模式、危险化学品"大数据"监管机制、国际航行船舶卫生检疫5S智能监管体系、船舶"无疫通行"卫生检疫模式、旅客携带物"人-机-犬-仪"四位一体查验新模式、进口商品全程溯源、"智检口岸"平台、市场采购监管新模式，同时构建了"广东智慧海事监管服务平台"。在优化服务上，自贸区推行简易注销企业程序、企业专属网页，提供代开专用发票邮寄配送服务，启用"开票易"电子发票，免费推行CA证书，利用"互联网＋"

实现自主报关、提前归类审价、互动查验、自助缴税、办理加工贸易业务，推行了检验检疫流程和出口退税无纸化，推行跨境电子商务支付系统与海关系统对接，并简化了外汇业务办理流程。

2016年4月，广东省政府办公厅发布《关于进一步深化中国（广东）自由贸易试验区投资管理体制改革的若干意见》，推进了广东自贸区深化改革的进程。2016年下半年到2017年上半年，广东省自贸区在简政放权上的主要探索内容是推进商事登记银政直通车服务。在放管结合上，广东自贸区实行了海运危险货物查验信息化管理模式，利用"互联网＋"实现加工贸易边角废料内销网络交易，推行随船检疫、毛坯钻石保税进出口监管、市场采购出口预包装食品检验监管等创新模式，优化了出口木家具及竹藤柳草制品分级监管制度，简化了境外船舶在修造船厂停泊期间的边检管理措施，同时推行工程廉情和效能预警评估制度。在优化服务方面，自贸区实现了一般纳税人资格登记网上办理以及移动缴税，制定了"纳税提示清单"及"涉税风险提示清单"，施行国内航行内河船舶进出港管理新模式和船舶安全检查智能选船机制，优化船舶安全检查流程，并推出粤港电子支票业务。

2017年下半年，广东自贸区进一步探索"放管服"改革。在简政放权方面，自贸区允许内地与港澳律师事务所合伙联营，实施跨境电商保税备货进口小批量CCC（中国强制性产品认证）产品免CCC认证特殊检测处理程序，并实现国际航行船舶进出口岸网上查验和联网核放。在放管结合上，自贸区推行全流程智能化通检、粤港澳游艇"自由行"无疫通行模式，并建立船舶"事中事后"安全监管机制。在优化服务上，自贸区开通了购买一手房手机端缴税服务，实现跨境人民币缴税服务，同时实施港口建设费远程申报和电子支付。

2018年5月，国务院印发《进一步深化中国（广东）自由贸易试验区改革开放方案》，明确提出进一步转变政府职能、建立更加开放透明的市场准入管理模式、进一步提升贸易便利化水平、创新贸易综合监管模式等要求。在方案指导下，广东自贸区在放管结合上推行海运进出口集装箱快速验放，优化了船舶燃油硫含量检测机制，并建立知识产权快速维权平台。在优化服务上，推行邮政部门代开发票，创建自然人一人式税务档案，实现"互联网＋海关"功能拓展，为超大型邮轮及集装箱船进出港口提供绿色通道，推进边检行政许可标准化建设，并实现"零跑动"政务服务模式。

二、广东自贸区"放管服"改革的实践经验

广东自贸区"放管服"改革立足于自贸区本身的业务，其直接目标主要包括促进投资自由化和贸易便利化。尽管不同层级的政府和部门不是全都面对这些目标，但是自贸区的"放管服"改革经验仍在理念、方法乃至具体措施上提供了重要经验。从显见的改革措施上看，广东自贸区自成立以来先后为全省或相关范围提供了122个创新经验，贡献了143个制度创新案例，先后共有6个案例入选商务部自由贸易试验区"最佳实践案例"①。总体而言，广东自贸区"放管服"改革的实践经验可以归结为以下方面：

（一）切实减少"事前"干预项，便利企业进入市场

得益于上海自贸区的先行探索，广东自贸区在此基础上继续简化企业投资程序。广东自贸区在成立当年就实现了绝大部分企业注册登记1天内办结，90%以上的外资项目实现备案管理，并实行备案文件自动获取。

广东自贸区对商事登记制度的改革继续增加了营业执照申请的便利性。一般企业商事登记确认制主要是南沙片区在2017年出台《深化商事制度改革先行先试若干规定》进行了探索。按照该规定，不涉及准入负面清单、商事登记前置审批事项的一般企业设立登记，只需登记确认即可，只要材料齐全合规，可以当场登记并发放营业执照。这一举措放宽了市场准入，是探索企业设立审批制度改革的创新之举。商事登记制度改革还利用了"人工智能＋机器人"商事登记系统，通过人脸识别、电子签名、智能校验审核、智能地址比对、智能推荐经营范围等技术，实现"无人审批"，计算机系统自动审查企业商事主体资格。在这些先进技术的支持下，广东自贸区实现了足不出户申请办理执照。前海片区也在2019年通过"无人工干预智能审批"系统实现了企业登记"秒批"。

广东自贸区将"一照一码"推广到海关、商务等部门，推进商事登记窗口与银行网点一体化，拓展商事主体电子证照卡功能，率先推出具有单位结算卡功能的"商事主体电子证照银行卡"，集成了企业营业执照及其他登记、许可、备案、资质认定等证照基础信息，企业办理各项事务无须携带证照，为企业节

---

① 根据广东自贸区官网、商务部官网公开的相关文件计算整理。

省大量办事时间。

广东自贸区致力于减少审批事项，缩短审批时间，推行"一颗公章管审批"制度。这一方法将不同部门的多项审批业务转到专门管理审批的部门统一执行，在企业登记注册、投资项目备案（核准）以及企业投资建设工程审批等领域实现了审批模式创新。这种方式大幅缩减了企业设立、投资项目的审批时间，同时得益于审批事项精简，实现了审批标准化运作。

（二）依托新技术、促进各方参与，提升监管效能

政府将工作重心从审批转向监管是"放管服"改革的重要理念。广东自贸区在事中事后监管上投入了大量精力，也取得了丰厚的成果。广东自贸区在跨境贸易、市场经营、金融等各个领域都强化了监管体系建设，充分利用互联网络技术，引入各方参与，提升了监管技术水平。

贸易监管创新的目标在于在保证货物安全的前提下，最大限度地简化通关程序，提升通关效率。南沙片区和前海蛇口片区都建立了"单一窗口"。其中南沙片区打造了"智慧口岸"，一方面大幅提升通关速度，另一方面加强事中事后监管。以对跨境电商的管理为例，在南沙"智慧口岸"跨境电商平均通检时间105秒，市场采购出口商品查验率降低90%，通关速度位于全国前列。而且在提升通关效率的同时，南沙片区在全国首创跨境电商全球质量溯源体系，采集商品从生产、贸易、流通直到消费者的全链条质量信息，在通关、流通、消费环节均可以通过溯源码或网页查询，获得商品全链条溯源信息，还可咨询、举报或投诉。这样一种全链条、低成本、多方参与的监管机制减少了对通关检查的依赖，同时也建立起更有效的跨境商品监管机制。

横琴片区在市场监管领域实现与企业经营"宽进"相适应的"严管"体系。其推行的"三单一平台"事中事后监管方式依托大数据监管平台，通过违法经营行为提示清单、轻微违法经营行为免罚清单、失信商事主体联合惩戒清单细致划分了企业失信行为类别，明确认定方法、流程和时限，不仅为企业提供了明确的信用认定标准，同时也增强了信用平台对企业经营行为的监管效力。

在金融领域有所建树的前海蛇口片区在该领域也推出先进的监管平台。前海管理局与深圳证监局共同委托前海金融控股有限公司开发了深圳私募基金信息服务平台，对私募基金实现监管创新。这一监管平台整合了监管机构、行业协会、投资者等多方参与，以数据整合—发现风险—风险排查—专项核查—现

场检查—完善数据为基本过程，构建了降低私募机构风险的良性循环。前海片区还推行了针对互联网金融的"鹰眼系统"，实现了对该行业的跨境、跨行业、跨地域、穿透式、实时舆情监控。

此外，广东自贸区试验的以信用为核心的跨部门协同监管平台、智能化地方金融风险监测防控平台、政府智能化监管服务等都是构建事中事后监管体系的举措。从总体上看，广东自贸区已经构建了以综合监管为基础，以专业监管为支持，以信用约束为手段的市场监管方式。这一监管体系也因其多元化的参与而形成了政府监管、企业自治、行业自律、社会监督的合作监管局面。

（三）以企业为中心，构建全方位的政务服务体系

广东自贸区围绕企业构建了全方位的政务服务体系。这一服务体系的特点之一是以便利企业办事、节省政务时间和费用成本为主要目标，通过压缩相关联的政务环节提升办事效率。例如南沙片区在企业办理营业执照时实现了营业执照、刻章备案、银行基本户开户、税务初领发票、公积金单位开户登记、社保缴费登记险种核定六个开办企业必须环节，以及若干个后续准营许可、备案事项同时办理。这一做法缩短了企业开办时间，实现了"照、章、银、税、金、保"1天内办结，而其他准营事项在3天内办结。企业可以免费领取已备案的一套包括公章、财务章以及法人章在内的印章，并可享受"政务专递"寄送服务。

横琴片区实行的不动产登记"互联网＋金融服务"全面提升了不动产登记服务水平，切实减少了企业和群众办理相关业务的成本。这一方式将不动产登记与商业贷款办理两个环节相结合，实现"一窗式服务"，银行窗口即不动产登记便民服务店，企业和群众办理抵押登记只需要"跑一趟银行，交一次材料"。该方式执行效率大幅提升：不动产登记业务办结法定时限是30个工作日，按照这一方式在3~5个工作日即可办结。

"企业专属网页"的推广，更是围绕企业提供政务服务的典型。这一模式将企业专属网页与政务网上办事大厅、相关部门业务申办受理系统对接，通过该网页就可以办理工商、国土、商务、建设、税务等各种行政审批事项，而无须进入不同部门的政务平台。专属网页还为企业提供政策咨询、办事提醒、通知公告、信用警告等精准、定制的政策信息推送，减少了企业获取政务信息的成本。

广东自贸区政务服务体系的另一项特点是应用了大量新技术。例如在"一口受理6+X证照联办"模式中，运用人脸识别技术远程刷脸验证身份，完成身份信息认证，而不需要股东、法人代表到场。横琴不动产登记改革中也充分利用了互联网技术，推出网页版、微信版申请平台，用户可随时随地在线上申请。不动产登记信息管理系统也能够自动审核校验申请内容，为通过审批的申请自动核发电子证书。"企业专属网页"服务模式也充分利用了互联网技术。

三、广东自贸区"放管服"改革的问题

尽管广东自贸区在"放管服"改革上有不少亮点，取得了多项创新成果，但是改革仍存在一些问题：首先，广东自贸区的改革重监管和服务两方面，简政放权的力度相对不够；其次，从时间上来看，广东自贸区改革的事项有减少的趋势，显得后劲不足；再次，从改革动力来看，广东自贸区的改革仍是自上而下的，公众参与不足；又次，从内部片区来看，广东自贸区的三个片区改革成效有明显差距；最后，身处高新技术产业发达的珠三角的广东自贸区对新技术敏感性不高，在"放管服"改革中对高新技术转化不足。

（一）改革偏重监管与服务，简政放权力度不够

自成立以来，广东自贸区推行了相当多的"放管服"改革举措。从总体上看，这些措施多集中于监管和服务两个方面，而简政放权的力度稍显不足。《总体方案》明确提出深化行政审批制度改革，最大限度取消行政审批事项。

从实践层面来看，广东自贸区在简政放权方面实现了企业登记注册"多证合一"，优化了建设工程规划许可审批流程，放宽了港澳服务提供者在自贸区举办非学历中等和高等技能培训机构的要求，并依托国际贸易"单一窗口"对国际航行船舶进出口岸实施"无纸化"审批。这些措施无疑为企业减少了审批环节或加快了审批流程，但是还没有直接触及简政放权理念的根本。

简政放权从表面上看是"放管服"改革三个方面中最为容易的部分。简政放权简单理解即精简政务释放权力，减少政府管辖的事项，但是在改革实践中却是最难的部分。简政放权的主要目的是重构政府与市场的关系，通过政府权能外放增强市场功能，实现看得见的手和看不见的手在推进经济发展中互补共济。其难点在于如何释放应当由市场本身承担的权能。

广东自贸区在简政放权方面的若干举措更多地立足于现有行政审批项目，对流程加以简化、缩短审批时间，或只是在较小的幅度内放宽外商权限。但是广东自贸区在实践上缺少简政放权的部分必要且涉及根本的措施。例如广东自贸区并没有在先行取消行政审批项目、制定外商投资负面清单制度等事项上做出有实际意义的探索。而这些事项是总体方案中所明确要求的，同时也是"放管服"改革的重中之重。

（二）改革举措有减少趋势，改革后劲显现不足

从改革的历程来看，广东自贸区在举措上出现越来越少的趋势。以广东自贸区在全省范围内推广的若干批改革创新经验为参考，第一批可复制推广的内容为23项，第二批为35项，但是第三批已下降到18项，第四批仅9项，第五批也只有10项，总体上呈现出明显的下降趋势（见图1）。

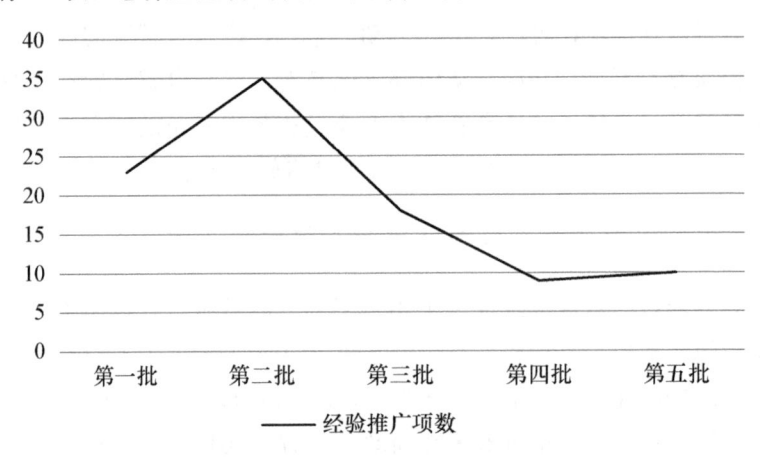

图1 广东自贸区五批推广经验项数

资料来源：根据广东自贸区官网公开资料制作。

从"放管服"三个方面的改革举措来看，涉及简政放权的改革举措有减少的趋势，在第五批推广的创新经验中已经没有涉及简政放权的举措，而关于优化服务的项目有所增加。鉴于"放管服"改革的关键在于简政放权，可以认为广东自贸区在改革进程中的力度有所降低，逐渐显现出后劲不足的问题。

这一问题的成因可以归于广东自贸区的行政组织架构存在问题。中国的自贸区体系从中央到省市，到自贸区管委会，最后到各片区管委会或办事处，大致为四级管理的体制。同其他自贸区一样，广东自贸区及各片区依赖原有开发

区，与行政区属地有密切关系，其自身行政权威不足，缺乏主动创新动力，并且在一些工作中还需要与中央垂直部门协调，即使这些部门配合自贸区工作，也要向上汇报，等上级部门准许后再与自贸区沟通工作。这种权力结构设置使得自贸区较少有足够的动力主动推进改革事项，在完成一定量的上级任务之后显示出疲态。

（三）改革中公众参与不足，仍以自上而下为主

行政化的自贸区组织架构导致在"放管服"改革中其他社会组织以及公众的参与不足，改革的目标与动力主要通过自上而下的压力机制灌输。从自贸区基层的性质来看，各片区管理局作为试点改革的法定机构有着去行政化的发展方向，但实际上是政企合一、政事合一的区域管理机构，仍旧遵循行政机构的运作方式。

这种组织架构使得各片区管理局在区域内难以推进现代化治理体系的建立。由于片区管理局依赖上级资源，听从上级部门指令，成为庞大行政体系中的一部分，其运作逻辑按照行政机构的方式，可能造成对区域内的组织和公众个体回应性不足。

广东自贸区的改革目标和实施方案是从中央到广东省政府制定的。其总体方案由国务院印发，实施方案由广东省人民政府印发。各片区的任务由所在市的政府指定。各片区再将任务分解，确立项目、工作内容及要点，指定责任单位和协助单位。自贸区以此行政命令的方式推进片区方案实施，最终完成总体方案。

仅仅以行政命令的方式所推进的各项改革意味着广东自贸区还没有在真正意义上理顺政府与市场的关系，市场的主体地位没有建立。只要改革仍依赖政府的"自我"改革，仍依靠行政组织自上而下的压力推进，政府与市场乃至与社会的关系就仍没有理顺，"放管服"改革的最终目的也就没有完成。

（四）各片区成效显现差距，前海片区成为标杆

广东省自贸办印发的三批制度创新案例的统计显示，在每一批次制度创新案例数量上，深圳前海蛇口片区贡献的案例数量都是最多的，总计64个。广州南沙新区片区其次，总计39个制度创新案例。珠海横琴新区片区贡献最少，总量上不到前海片区的一半，并且有一些项目是由广东省政府推动的试点，而非

源自横琴新区片区的自我探索。具体见表1。

表1　广东省自贸办制度创新案例中各片区贡献数量

片区	第一批	第二批	第三批	小计
南沙	3	23	13	39
前海	8	30	26	64
横琴	6	12	10	28

资料来源：根据广东自贸区官网公开资料统计制作。

在三个片区的改革事项中，深圳前海蛇口片区不仅在数量上有优势，而且呈现出以下特点：一方面，改革涉及范围广，从简化外商投资到推行各种新的监管措施，再到推行各种便利的金融服务，以及税收便利举措，前海片区在"放管服"各项上均实现了突破；另一方面，前海片区善于联合不同类型的治理主体，在至少12个制度创新项目上让国有企业或私营企业参与合作，充分利用企业的专业技术推进新的监管或服务模式建构。

（五）对新技术敏感度不高，高新技术转化不足

在广东自贸区的"放管服"改革措施中，有不少利用了高新技术发展成果，为自贸区企业提供更便利的投资、金融、监管、税收等服务。例如应用无人机技术，通过无线高清图像传输水尺视屏提高通关效率。又如在企业登记、税收、监管等多个领域实现互联网平台建设，南沙片区更充分利用了物联网技术，构建物联网"身份证管理"公共服务平台，为行业企业提供相关服务。广东自贸区在智慧城市建设上也有所建树。但是从科技前沿的角度来看，广东自贸区对新技术的利用或转化还有所不足。当前5G通信技术、人工智能已经有了较成熟的发展，广东自贸区还没有对这些技术进行充分的利用，在大数据管理上也还没有形成比较完善的技术。

广东自贸区位于经济实力雄厚的珠三角地区，高新技术产业发达。广东自贸区三个片区所在的城市广州、深圳和珠海是珠三角科技创新能力靠前的三个城市。其中广州作为广东省省会，综合实力强劲，拥有南方电网、广汽、南航、唯品会、网易等代表性企业。作为首个国家创新型城市的深圳市也是全国典型的创新型经济体，PCT国际专利申请量连续多年位居国内城市之首，拥有中国平安、腾讯、创维、华润万家、顺丰、比亚迪、华为、中广核、大疆等优秀企业。珠海虽然经济规模相对较小，但也达到了创新型地区的水平，拥有格力、

健帆生物、紫翔电子、丽珠集团等创新能力卓越的企业。从各片区改革情况来看，相对来讲前海片区能够较好地引入高新技术企业合作，但是其他两个片区特别是横琴片区还不能发挥高新技术聚集地的优势。

四、广东自贸区"放管服"改革的思考与建议

中国的自贸区不仅仅是自贸区，还是重要的制度试验区。大胆地推进各方面改革是各自贸区的重要使命。广东省作为改革开放以来最有活力的经济区域，曾经在探索社会主义市场经济过程中勇当排头兵。"放管服"改革也是对社会主义市场经济可能形态的继续探索，政府与市场乃至与社会的边界在何处，以及三者如何实现合作以共同完成对社会公共事务的治理，是"放管服"改革的关键议题。

广东自贸区在"放管服"改革上取得了引人注目的成绩，提供了一大批值得推广的实践经验，但是其存在的不足也引发深刻的思考。从对改革存在问题的分析来看，这些症状的背后存在一些共性问题，关键的问题主要在于相互关联的两个方面：一方面是自贸区"放管服"改革依赖高度行政化的管理结构，另一方面是自贸区的"放管服"改革缺少法律支持。

高度行政化的管理结构使得"放管服"改革动力来自从上而下的行政压力，而不是直接源自基层执行组织以及其他社会成员的需求。立法缺失的问题则加重了行政化管理带来的一系列问题。由于自贸试验区的制度设计缺乏法律支持，自贸区的负责机构缺乏独立性，因而在行动上不具备相应的权威。

行政化以及立法问题导致自贸区与国际上通行的自由贸易区管理方式有所差别。国际上自由贸易区通常由国家级专门机构管理，因而具有较高的管理权限，且较少受到其他部门影响。这与中国的自贸区受行政部门条块管理影响有较大的不同。这种条块分割的治理结构也是"放管服"改革面临的难题。

尽管这些问题是包括广东自贸区在内的中国自贸区共同的问题，并且从地方自贸区的角度来解决总体的组织结构和立法问题上有较大困难，但是广东自贸区可以在其省一级权限内做出相应的探索。从以上思考出发，进一步深化广东自贸区"放管服"改革可以从以下几个方面入手：

（一）赋予自贸区自主权，理顺政府市场关系

自贸区自主权的确立是推进"放管服"改革的关键，应当继续推行行政权限下放，并由自贸区决定是否取消部分审批权。广东省在建立自贸区之初下放了60项省级管理权限，2017年再次下放（或委托实施）省级管理事项6项。广州市也在自贸区成立一周年之际向南沙片区下放了58项市级管理权限。但是审批权下放不足的问题与片区管理局审批责任过多的问题同时出现。

针对管理权限的问题，可以分为两步解决。第一步是继续推动省级行政权限进一步下放，以及市级权限的同步下放，为自贸区提供尽可能多的管理权限，减少行政化问题带来的影响。管理权限的下放应当以自贸区工作的实际需要为主要参考。

第二步是聚焦于如何在政府和市场以及社会之间分配权限，实现"放管服"改革的主旨，以及调整政府与市场的关系，让市场自由、充分地发挥应有的作用。因而第二步应当由自贸区本身决定其接手的审批权中哪些可以取消。就当前自贸区工作而言，第二步更为重要。管理权限的下放是行政部门内部的权责关系重构。不断下放的审批权也导致广东自贸区审批责任过多，反而加重了基层行政负担。赋予自贸区取消审批权的权限有助于其轻装上阵，将工作精力放在更重要的事项上。这种做法也有助于其加快简政放权的步伐，减少层层报批导致的效率低下。从优化组织的角度来讲，这一做法有助于在自贸区构建扁平化的管理体系。

2018年广东省政府发布了《深化中国（广东）自由贸易试验区制度创新实施意见》，明确提出赋予自贸试验区更大管理权限，但是对自贸区如何自行处理接手的权限，特别是各片区有多大自由决定其改革政府与市场的关系还没有得到充分重视。当前取消行政审批项目的主体包括全国人大及其常委会、国务院、省级人大以及省级政府。这些主体在取消行政审批权的事项上也有相应的权限。而自贸区在行政管理体系中属于较低层级，没有取消审批权的权限。但这一制度安排与自贸区"制度创新高地"的设定不相一致。应当赋予广东自贸区更高的管理权限，提高其管理自由度，充分激发其制度创新能力。

（二）以立法保障改革，支持自贸区大胆探索

无论是自贸区自身的运作还是"放管服"改革都需要立足于法治政府的建

构。一方面，自贸区的自主性和独立性从根本上需要法律保障。应当为广东自贸区提供足够的立法保障，立足省级、市级立法权为自贸区提供法律支持，并建议在国家层面立法。针对自贸区立法的目的在于为自贸区的独立性提供法律依据，为其获得的权限提供支撑，为其制度创新提供动力。

另一方面，"放管服"改革的推进也需要法律支持。简政放权、放管结合、优化服务需要依法行政，以法律为依据推行"政府权力清单制度"，消除权力设租及寻租的空间。

结合这两个方面，广东自贸区要在"放管服"改革上继续突破，需要相应的立法保障。广东省可以尝试就自贸区的地位、功能、权限立法，在省一级范围内为自贸区提供充足的独立运作条件，以减少行政系统条块关系对自贸区"放管服"改革的影响，赋予广东自贸区制度设计的权限。

为了发挥自贸区法治化的持久作用，广东自贸区还需要构建多元化、国际化的纠纷仲裁和调解机制，加强境内外法律服务业合作，探索建立"一带一路"法律服务联盟，打造具有中国特色的法治示范区。

除了在省内推动法治化进程之外，广东自贸区也应当与国内其他自贸区一道推动全国性自贸区基本法的设立。自上海自贸区建立以来，中国自贸区建设已经积累了多年的运作经验。这些经验应当得到提炼，并上升到法律层次稳固下来。国家层面的自贸区基本法是实现自贸区法治化的根基。

（三）对标国际自贸区规范，提升国际化水平

设立自贸区是中国扩大开放、面向国际的直接表现。自贸区推行的"放管服"改革应当向国际自贸区的先进经验看齐。法治建设以及建立高效行政管理架构是对标国际自贸区规范的重要内容。除此之外，在具体的管理和服务方式上也可以吸收国际自贸区的经验。例如对商事主体的审批流程从实质审查转向形式审查，逐步取消许可审批；对接国际投资、贸易通行准则，参照 TPP（跨太平洋伙伴关系协定）等贸易投资协定，提升负面清单效力，提升参与全球经济治理的主动性。

广东自贸区可以借鉴新加坡、美国等的经验，进一步减少外商投资负面清单，进一步减少贸易管制，提高跨境投融资汇兑便利化水平，最大限度地实现投资贸易自由化与便利化。负面清单制度作为自贸区改革和制度建设的基石，至 2019 年只剩下 37 项，但是与国际上先进的自贸园区相比项目还较多。广东

自贸区可以通过双边协议的形式进一步减少合作国家或地区的负面清单条款。此外，还可以探索"目录外"新领域的负面清单制度。

广东自贸区也可以借鉴新加坡、韩国、阿联酋等亚太地区自由港或自贸园区经验，设计鼓励离岸业务和境外股权投资发展的税收制度，尽可能降低离岸贸易和离岸金融业务，为自贸试验区参与全球竞争和吸引国际贸易投资业务提供更好的服务。在离岸业务税收上，根据国际经验，在提供税务优惠政策的同时为了防止借由自贸区税收优惠的洗钱行为，应进行立法（如美国的《禁止滥用避税天堂法案》），构建涉及执法、金融、商业等信息库以提供数据支持，以及与其他国家或地区以情报交换协定、预约定价协议机制提升税收透明度。

（四）立足高新技术前沿，开启广泛社会合作

广东自贸区位于高新技术产业发达的珠三角，应当充分利用这一优势，借力优秀企业，推进治理技术进步，研发超前的服务系统。当前主流电子政务仍立足于互联网络构建，以广泛普及的智能手机为主要硬件媒介。广东自贸区可在当前建立的互联网络政务平台的基础上探索新技术前沿，拓展电子政务更领先的形式。

在技术层面，广东自贸区可以推进智慧政务的研究工作，打造"智慧城市"。虽然"智慧城市""智慧政务"概念已经提出十余年，但是至今还没有实质性的进展。广东自贸区的电子政务当前处于五阶段模型的服务交易阶段，还没有达到整合阶段。广东自贸区可以以5G通信技术以及物联网的发展为契机，完成"智慧政务"平台的构建，同时可结合人工智能技术，探索搭建"数字孪生城市"。

在合作对象上，广东自贸区搭建"智慧政务"平台可与华为、中兴、腾讯等企业合作。华为和中兴是全球重要的5G基础设施提供商，腾讯是中国最大的互联网服务提供商之一。与这些企业的合作将大大提升广东自贸区研发新的治理技术的能力，有机会实现电子政务向"智慧政务"的转变。

先进的政务平台将成为社会信息的集散地，纵横向信息整合的实现以及借助"智慧政务"平台的公民参与将推动广东自贸区形成公共空间。在其中政府、市场和社会成为治理自贸区事务的多元化主体。而推动"放管服"改革，进一步释放改革活力的关键就在于构建融合多方参与的自贸区治理体系。这一治理体系的构建能够从根本上提升改革力度减弱的问题，能够增强不同主体的参与，

自下而上发掘改革需求。

与国际上老牌自贸区相比，广东自贸区才成立不过五六年，虽然在实力上还有差距，在管理经验上还有不足，但是有着较大的改革空间。相较于国内其他自贸区，广东自贸区有着得天独厚的条件：强劲的经济实力提供了坚实的物质基础，具有毗邻香港、澳门两个特别行政区的区位优势，自改革开放以来形成的大胆试、大胆闯的"改革基因"。这些都意味着广东自贸区在今后可大有作为。

福建自贸区"放管服"改革的观察与思考[*]

张　婷

2013年9月27日，国务院批复成立中国（上海）自由贸易试验区，拉开了我国自由贸易试验区建设的序幕。此后，国务院先后分五批，批复成立了18个自贸区，形成了从南到北、从沿海到内陆的"雁式"矩阵。自贸区被寄予厚望。袁志刚、余宇新认为以上海为代表的自贸试验区重启了新一轮中国经济制度改革和制度创新[①]。李文溥等则将自贸区视作推动改革开放的第三浪潮[②]。在诸多使命中，"放管服"改革是自贸区重要探索之一。2017年5月8日，在考察河南自贸区开封片区综合服务中心时，李克强总理指出：创建自贸区目的是打造改革开放高地，最终要让审批程序越来越简，监管能力越来越强，服务水平越来越高[③]。

中国（福建）自由贸易试验区成立于2015年4月21日，地理范围包括福州片区、厦门片区和平潭片区，总面积118.04平方千米，属于我国第二批自贸区。成立伊始，福建自贸区聚焦政府职能转变，以商事制度改革为突破口，不断探索提升行政审批效率的新方法和新路径，通过打造公开、透明和便利的营商环境，助力贸易、金融及投资领域改革。

一、福建自贸区"放管服"改革的发展历程

2014年12月31日，国务院正式批复设立福建自贸区。2015年4月21日，

---

[*] 成文时间：2020年12月。

[①] 袁志刚，余宇新．经济全球化动力机制的演变、趋势与中国应对．学术月刊，2013，45（5）：67-80．

[②] 李文溥，陈婷婷，李昊．从经济特区到自由贸易区：论开放推动改革的第三次浪潮．东南学术，2015（1）：19-27，246．

[③] 李克强称赞河南自贸区开封片区"二十二证合一"．(2017-05-08). http://www.gov.cn/guowuyuan/2017-05/08/content_5191792.htm．

福建自贸区挂牌运行。刚刚挂牌2天,李克强总理莅临察看时就表示,自贸试验区不是政策洼地而是改革高地,福建省要大胆闯勇于创,当好改革先行者,用开放倒逼改革,通过开放跨境金融业务,倒逼内地融资成本降低。这番讲话为福建自贸区的改革和发展定下了基调、明确了目标。福建自贸区"放管服"改革历程是一个从初创逐步走向成熟的过程。

初创阶段的福建自贸区"放管服"改革离不开中央各部委及福建省的政策支持。福建自贸区挂牌的第一年,包括国家工商总局、海关总署、文化部、商务部、国家旅游局、交通运输部等在内的国家机关部门,以及福建省相继制定了支持政策,为自贸区后续"放管服"改革创造了制度空间。比较具有代表性的包括:(1) 2015年4月29日,国家工商总局出台《关于支持中国(福建)自由贸易试验区建设的若干意见》,在企业登记制度、企业日常监管等方面提出12条意见;(2) 5月4日,海关总署出台《关于支持和促进中国(福建)自由贸易试验区建设发展的若干措施》,从全面复制推广上海自贸试验区经验、服务自贸试验区改革需求以及实施海关监管制度创新和海关安全高效监管等方面提出5方面25条支持措施;(3) 6月12日,文化部印发了《关于实施中国(广东)自由贸易试验区、中国(天津)自由贸易试验区、中国(福建)自由贸易试验区文化市场管理政策的通知》,允许在粤津闽3个自贸试验区内设立外资经营的演出经纪机构、演出场所经营单位及娱乐场所。从省内来看,挂牌成立刚刚3个月,《中国(福建)自由贸易试验区实施的省级行政许可事项目录》颁布实施。根据《中国(福建)自由贸易试验区总体方案》(以下简称《总体方案》)要求,除因四种不适宜下放至自贸区的审批事项外[①],八成以上的省级行政许可事项应放尽放至自贸区。

在自上到下的松绑和赋权下,福建自贸区"放管服"改革驶上了快车道。挂牌后不到一年时间,福建自贸区为全省贡献了50项可复制创新成果,其中28项在全省推广。2015—2019年福建自贸区可复制创新成果数量见图1。对内,各片区与中央及省各单位积极对接,加快推进审批流程再造,以企业需求为导向,推进行政审批流程完善,促进审批标准化、规范化建设。同时,推动从审批制向备案制转变,着力加强事中事后监管。运行第一年就建立了监管信息

---

① 四种情况具体为:需全省统筹规划、跨设区市行政区域、涉及国家安全,以及需报省委、省政府研究等。

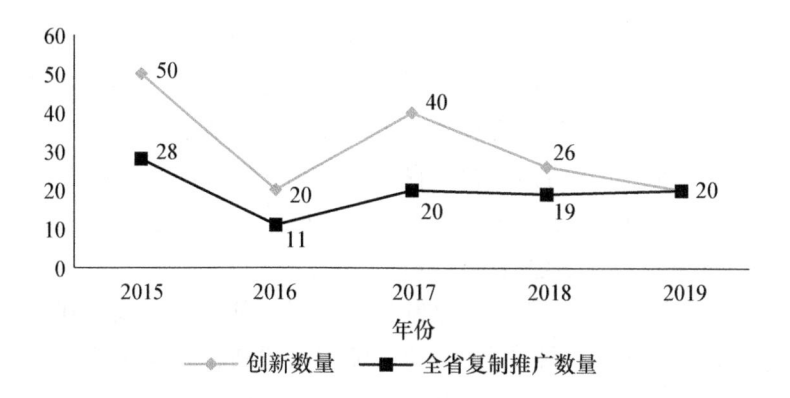

数据说明:
1. 2015 年可复制创新成果的统计时段是从 2015 年 4 月到 12 月;
2. 2016 年可复制创新成果的统计时段是从 2016 年 1 月到 12 月;
3. 2017 年可复制创新成果的统计时段是从 2017 年 1 月到 8 月;
4. 2018 年可复制创新成果的统计时段是从 2017 年 9 月到 2018 年 10 月;
5. 2019 年可复制创新成果的统计时段是从 2018 年 10 月到 2019 年 11 月。
资料来源:根据福建自贸区官网公布数据统计。

图 1　2015—2019 年福建自贸区可复制创新成果数量

共享制度、综合执法制度,完善了以企业信用管理为中心的信息公示系统、年度报告公示以及异常经营和严重违法企业的名单制度,完善了包括知识产权管理、执法体制、纠纷调解、援助、仲裁等在内的多项服务机制。对外,福建自贸区不断完善投资管理制度改革的法律保障体系。以负面清单管理为基础,福建自贸区投资管理模式日益开放透明高效;贸易发展方式逐步转变,通过机制持续创新,海关、检验检疫、海事等部门协同配合,营造了"一线放开、二线高效管住、区内自由"的贸易流通环境;对台合作先行先试,持续推进对台服务贸易开放、对台货物贸易自由化以及两岸往来便利化,在推动两岸货物、服务、资金、人员等流动方面取得成效。到了 2017 年自贸区运行两周年时,福建自贸区累计推出 255 项创新举措,其中全国首创 89 项,创新制度体系初步形成。系列改革极大优化了市场准入环境、贸易环境、投融资环境以及政务环境。自贸区内企业对创新举措总体满意率达到 90.8%,营商好评率达到 91.3%[①]。

2016 年之后,福建自贸区"放管服"改革进入发展完善阶段。十九大报告

---

① 黄雪玲,沈志茂. 福建自贸区"两周岁":制度创新释放发展新动能. (2017-04-21). https://www.sohu.com/a/135508966_120702.

指出，"中国支持多边贸易体制，促进自由贸易区建设，推动建设开放型世界经济"，从而将自贸区建设向纵深推进。中国特色社会主义进入新时代，中央对福建自贸区也提出了更多的期望和要求。十九大召开前半年，习近平总书记做出一系列重要指示批示，既肯定了福建自贸区的改革成效，也为福建自贸区下一阶段的改革开放指明了重点和方向，成为深化福建自贸区建设的根本遵循。在经历了2016年低潮后，福建自贸区改革创新呈现强劲反弹。2017年仅仅8个月，福建自贸区就推出了40项可复制创新成果，其中一半成果在全省推广。2017年，福建自贸区加大科技赋能，审批流程更便利、监管机制更有效、服务更加高效。厦门片区海关运用"互联网＋"、云计算、大数据等技术手段，整合智能卡口作业平台和保税监管平台，打造了海关物流监管云平台；福州片区边检推出了"掌上直通车"服务，服务对象只需一部手机，就能远程办理业务。此外，福州片区深度融合网上办事大厅和电子证照系统，实现了行政审批全流程应用电子证照；福州片区和平潭片区探索实施了检验检疫"多证合一"，企业在一个窗口提交一份申请材料并领证，相关业务由检验检疫部门内部自行流转，实现"一站式"办证；三个片区还大幅减少市县两级政府执法队伍种类，推进综合行政执法。在知识产权保护方面，福建自贸区构建了专利、商标、版权"三合一"的集监管、执法和服务为一体的知识产权综合保护和管理机制。

2018年以后，福建自贸区"放管服"改革逐渐走向成熟。在这一年，国务院以及福建省人民政府先后发布了若干标志性文件，进一步明确了福建自贸区的发展方向，赋予福建自贸区改革创新权限，规划了福建自贸区的"放管服"蓝图。2018年5月4日，《进一步深化中国（福建）自由贸易试验区改革开放方案》（以下简称《深化方案》）出炉，在加快政府管理改革、深化两岸经济合作、推动21世纪海上丝绸之路建设以及改革的系统化集成化等方面，对福建自贸区提出了明确要求。11月，国务院印发了《关于支持自由贸易试验区深化改革创新若干措施的通知》，有5项支持措施专门适用于福建自贸试验区。2018年11月，福建省人民政府印发《关于进一步推进中国（福建）自由贸易试验区改革创新三十五条措施的通知》，提出7部分35项措施，进一步推进福建自贸试验区改革创新。12月，按照"确有需要又能有效承接""相关联事项同步授权"原则，福建省重新赋予自贸区6个部分112项行政许可等事项。福建自贸区逐渐从对接国际规则转向深化各领域改革，努力由商品和要素流动型开放转向规则等制度型开放。

在挂牌后的 5 年时间内，福建自贸区通过持续不断的"放管服"改革，不断优化政府职能及权力运行，不断提升政务服务水平，取得了较好的效果。到 2018 年 7 月，福建自贸试验区已经实施了 178 项重点实验任务，完成了总体方案 95.6%的任务量。到 2020 年 4 月，区内累计新增企业 9.4 万户、注册资本 2.1 万亿元；税收年均增长及进出口平均增长速度分别达到 45.4%和 12.8%，高于全省 41 个百分点和 6.5 个百分点。

2018 年以来，福建自贸试验区先后 3 次受到国务院通报表扬。2017 年，福建自贸区关检"一站式"查验平台＋监管互认入选商务部新一批"最佳实践案例"。2018 年 11 月，福建自贸区首创的"三证合一、一照一码"商事登记制度改革入选《伟大的变革——庆祝改革开放 40 周年大型展览》。2019 年商务部公布了自贸区第三批"最佳实践案例"，福建自贸区工程建设项目审批制度改革、创新不动产登记工作模式、优化用电环境 3 项入选。12 月，福建自贸试验区受到中改办、商务部的积极评价。在这一年，福建自贸区 36 项创新成果在全国复制推广，国际贸易单一窗口升级至 3.0 版，海关"两步申报"改革破冰。

二、福建自贸区"放管服"改革的实践经验

经过 5 年不断探索，福建自贸区基本完成了《总体方案》和《深化方案》赋予的任务。5 年期间，福建自贸区推出 410 项创新举措，其中全国首创 157 项。在四批共 72 项全国复制推广试点经验中，福建自贸区创新项目达到 28 项，占项目总数近四成；部际联席会议发文推广的三批 43 个全国自贸试验区"最佳实践案例"中，福建自贸区占了 6 个；有 156 项创新成果在全省推广实施[①]。总体而言，福建自贸区"放管服"改革的实践经验可以归结为以下方面：

（一）"刀刃向内"，通过简政放权、审批流程优化，打造精简高效政府

首先，以审批制度改革为切入点，减少审批事项，优化审批流程。挂牌后两年内，253 项省级行政许可事项（后因中央清理调整为 226 项）下放到三个

---

① 福建自贸试验区挂牌五周年总结回顾．（2020-06-18）．http://www.china-fjftz.gov.cn/html/5thanniversary/#video.

片区，64 项前置审批取消。投资项目从选址到竣工验收所涉及的审批事项，从 147 项精简到 26 项。福建自贸区按照"一口受理、部门分办、统一出件"的办理模式，开发审批受理流转平台、制定审批流转规则、编制办事指南，实现了"区内事区内办结"。

对于确需保留的行政审批事项，强化集成改革，通过简化流程、合并办理、"数据跑路"等方式，提升审批效率和效能。比如，福州片区在全国率先实施"一表申报、一口受理、一照一码"登记制度。汇集 36 个部门的综合服务大厅设有 70 个办事窗口，实施省、市、区三级 400 多项行政事项，通过"办事不出区、审批不出区""最多跑一窗"，提升了办事企业和民众的获得感。厦门片区进一步规范行政事项办理，通过清理已有事项，实现关联、相近类别审批事项"全链条"取消、下放、转移和整合。特别是在工程建设项目审批方面，在"多规合一"基础上，建立工程建设项目审批的"五个一"工作机制，极大压缩了审批环节、精简了审批材料、节省了审批时限，被复制推广到全国并入选全国自贸区"最佳实践案例"。平潭片区推行"一表申请、一口受理、并联审查、一章审批"投资管理模式，申请材料精简幅度 90% 以上，整体行政效能提高了近 3 倍，被评为全国自贸区改革创新最佳实践案例并入选中组部编写的攻坚克难案例。厦门片区还推动特区立法，制定了《厦门经济特区促进中国（福建）自由贸易试验区厦门片区建设若干规定》，对审批程序、时限等设置了有利于申请人的变通性规定相关条款。

其次，改革商事登记制度。挂牌之初，厦门片区就首先瞄准了商事主体开办"三证合一"这块"最硬骨头"，从最初的工商营业执照、组织机构代码证和税务登记证"三证齐发"入手，率先在全国探索并实施了"三证合一、一照一号"，首创 24 位企业注册编码规则。24 位企业注册编码规则后来被国务院规范确定为"社会信用代码"，成为全国实施"一照一码"的范本，从 2015 年 10 月 1 日起正式在全国复制推广。从 2016 年起，福州片区逐步用一张营业执照整合涉企信息采集、记载公示、备案管理类证件，到 2017 年实现了"18 证合一"，到 2018 年做到了"31 证合一"。

（二）全面扩大开放，推进国际贸易自由化和投资便利化，持续提升营商环境

福建自贸区参照新加坡公共平台模式，整合国际贸易相关流程，建立了

"国际贸易单一窗口",实现了"一个平台、一个界面、一点接入、一次申报",成为代表性制度创新。2015年12月,"国际贸易单一窗口"被商务部评为自贸区最佳案例之一,开始向全国推广。借助"国际贸易单一窗口"平台,不同管理部门实现了信息互换,"信息跑腿"代替了"人员跑腿"。截至2020年,43个部门接入单一窗口平台,国际贸易主要环节、主要进出境商品和主要出入境运输工具实现了全覆盖,6万家企业受益,日处理单证量突破100万票,货物进出口时间被大大压缩至5~10分钟,船舶进出境减至2.5个小时,年均节省企业开支超过300亿元[①]。目前,"国际贸易单一窗口"已经进入3.0版本。

在外资投资便利化方面,福建自贸区探索实施"准入前国民待遇+负面清单管理"模式,在大幅放宽外资准入限制的同时,改审批为备案,99%的外资企业设立通过备案完成。到2019年福建自贸区累计新增外资企业近4000家,一半以上为台资企业,以不到全省千分之一的面积,撬动了全省四成以上新增外资、台资企业。随着福建自贸区改革的红利逐渐扩散到全省,福建省整体营商环境以及三个片区营商环境水平得到显著改善,逐渐成为企业家创业干事的热土。

(三)放管结合,通过改革监管执法体制,完善事中事后监管体系

自贸区内贸易自由化和投资便利化改革,带来了市场准入门槛的降低以及政府管理约束力的弱化。这就要求政府转变监管方式,加大事中事后监管,探索建立与国际高标准投资和贸易规则体系相适应的行政管理体系。

第一,持续推进监管执法的公开化和透明度建设。2018年4月福建自贸区全面推行行政执法公示、全过程记录、重大执法决定法制审核等三项制度,依法及时向社会主动公开执法信息,做到了执法全过程的可追溯,保证了执法的严肃性、公平性和透明性。2019年6月,这一做法在福建全省推开。

第二,改革监管方式和流程。包括:(1)创新推行企业信用风险分类监管,在此基础上进行"双随机、一公开"抽查,不举不查信用好企业,激发了市场主体创业热情。2018年11月福建发布了全国首个《政府部门"双随机、一公开"监管工作规范》地方标准,填补了监管标准缺失的制度空白。(2)厦门片

---

① 郑璜,吴毓健. 敢闯敢试天地宽:写在福建自贸试验区成立五周年之际. 福建日报,2020-04-21.

区全国首创第三方信用评级，开展行业信用承诺制试点，引入第三方征信运营机构参与市场信用监管。（3）针对"放管服"改革中可能出现的监管风险，福州片区在全国率先出台了首张风险防控清单，梳理了55个风险点，拟定了88条防控措施，使风险防范更精准[①]。

第三，推进部门协同，探索实施综合执法。在全国首创推出银行业监测体系，系统构建自贸区金融数据监测链条。2018年三个片区与福建法制办开展了综合执法体制改革，成立综合监管和执法局，对职能相近、执法内容相近、执法方式相近部门进行机构和职能整合。综合监管和执法局创新运行"互联网＋监管模式"，实现了与片区及各行业监管部门的信息共享、联动响应、协同监管，形成了"一处违法、处处受限"的监管格局，切实改变多头执法、重复执法的情况，提升了监管执法的整体绩效。在此基础上，厦门片区还开发了配套的手机App，市区两级147个监管执法部门入驻，做到了执法检查任务直接派发检查人员岗位、执法人员实时录入检查情况数据，实现了全程留痕、责任可追溯[②]。

第四，建立了与国际接轨的多元化纠纷解决机制。三个片区成立了自贸试验区法庭、检察室，设立了国际商事仲裁法院、台胞权益保障法官工作室等，可以统一受理区内涉台、涉外商事案件。

（四）信息科技赋能，通过"互联网＋政务服务"，提升办事企业和群众的满意度与获得感

"以人民为中心""为人民谋幸福、为民族谋复兴"是党的初心和使命，也是各级政府工作的出发点和落脚点。不论是通过审批制度改革向社会和企业放权，还是加强事前事中事后监管形成全流程管理，最终都要落实到"服务"以及群众获得感、幸福感上。福建自贸区在"放管服"改革探索中，始终牢牢把住"人民"二字，通过科技引领，利用"互联网＋"提速增效。

福建较早开展了信息化建设。早在2012年初，福建就建成了全国最早的省级电子政务云平台。在福州长乐云计算中心一期工程的基础上，2017年6月数字福建云计算中心长乐骨干网络建设完成。该骨干网络同时接入政务信息网、政务信息外网以及互联网骨干网络，带宽达到万兆，成为数字福建云计算中心

---

① 福建自贸试验区挂牌五周年总结回顾．（2020-06-15）．http://www.china-fjftz.gov.cn/html/5thanniversary/#video．

② 陈泥．综合执法厦门模式将在全国推广 构建大市场监管新格局．厦门日报，2018-03-16．

IT基础能力建设的有力支撑。数字福建云计算中心拥有包括公安、工商、民政、人社在内的省直部门和各地市3 000多类15亿多条数据。目前，福建已经在全国率先实现了省直部门数据中心物理整合和信息中心业务整合。依托福建省数字化建设成果，福建自贸区不断完善了电子证照库，推动跨部门互认共享证件、证照、证明。福建自贸区关检推出的"一站式"查验平台＋监管互认以及国地税"一窗联办"等做法，也为机构改革提供了启发。

在内部信息整合共享的基础上，福建自贸区全面推行"互联网＋政务"的服务模式，明确提出"让企业和群众办事像网购一样方便"的口号，依托新技术，打通政府内部门间的壁垒和数据墙，为企业和公民提供整体性优良化的政务服务，让企业设立更方便、项目落地更快速、跨境贸易更便捷、融资成本更便宜。2017年4月底，福建自贸区实现了"网上查询、网上申请、网上受理、网上审查、网上公示"，企业只需到现场一趟即可取照，效率显著提升。国际贸易单一窗口在全国率先实现船舶运输工具"一单四报"和检商"两证合一"信息共享和协同应用，进出口货物申报时间压缩到不足原来的5%，一般货物贸易出口全流程缩短一半。

系列改革极大提升了区内企业和民众的获得感。2018年区内企业对福建自贸试验区创新政策满意率达到90.8%，94.4%的企业表示福建自贸试验区未来发展潜力非常大[①]。

三、福建自贸区"放管服"改革存在的问题

自贸区是中国特色社会主义进入新时代的新事物，是改革开放进入深水区之后的新尝试。其功能定位不同于国外的自由贸易区，所担负的使命超出了单纯经济发展的范畴，而肩负着先行先试探索可复制可推广制度创新成果的重任[②]。作为全国第二批自贸区，福建自贸区虽然可以借鉴上海甚至海外自贸区建设的经验，但在整体发展水平有待进一步提高、社会主义市场经济发育有待进一步完善的情况下，难免受制于已有制度约束，出现改革整体推进效果不佳、监管体制不能有效跟进等问题。

---

① 郑昭. 改革的步子要迈得更大一些. 人民政坛, 2018 (12): 34.
② 孔庆峰. 我国自贸区建设如何对标国际先进经验. 人民论坛·学术前沿, 2020 (2): 65-71.

（一）改革系统性、整体性、协同性不够，创新集成度有待提高

首先，简政放权改革不够彻底，政府行政服务能力有待加强。福建省审批制度改革走在全国前列，2015年在全国率先公布了省级行政审批中介服务和前置审批事项清单。但改革也存在"明放暗不放""放了接不住"的问题。主要表现为：第一，对于部分已经取消或下放的权限事项，一些职能部门仍通过采取"行政指导"等方式进行变相审批；第二，市县政府因为承接单位人力、物力不足等原因，不能承接省政府下放的有些审批事项，出现了事项管理上的混乱；第三，政府主动服务意识不强，审批程序不够简化，虽然用内部文件流转代替了外部当事人跑腿，但办事程序一样不少。

其次，体制机制创新协同性不够。党的十八大后，改革的系统性、整体性、协同性受到越来越多的重视。"着力增强改革系统性、整体性、协同性"更是得到了党的十九大报告的充分肯定。为推动福建自贸区深入发展，2018年国务院公布了《进一步深化中国（福建）自由贸易试验区改革开放方案》。方案特别点出了"加强改革系统集成"以及增加"三个片区改革自主权"的问题。当前，福建自贸区体制机制创新协同性不够，呈现"部门化"和"碎片化"现象，甚至出现为考核政绩需要而创新的苗头。表现为：单个部门推出的多，多部门开展协同创新的少；边实践边完善，缺乏通盘设计。比如，广受关注的国际贸易"单一窗口"平台跨部门信息联网、整合程度不高。"部门化"和"碎片化"最终导致很多政策缺乏配套实施方案，可操作性差，影响到了企业获得感。

最后，独特的布局对整体推进自贸区改革造成一定影响。福建自贸区横跨福州、厦门、平潭三个片区，三个片区分属不同平行行政辖区管理，片区经济社会发展程度不同，政府管理水平客观上存在差异。这种空间方位和跨度范围客观上造成了自贸区范围内人、财、物的协同管理困难。与这种空间布局相配合，福建自贸区采取了不同于其他自贸区的管理架构，即在省级层面上以领导小组替代管委会，在片区内按照任务分组替代按职能分组[①]。这种"省级层面协调、市级层面管理"的独特管理架构为福建自贸区提供了较好的组织保障，但也客观上限制了片区自主性。由此，如何更好地发挥管理架构统筹全局的组

---

① 黄茂兴. 中国（福建）自由贸易试验区发展报告（2018—2019）. 北京：社会科学文献出版社，2019.

织优势，结合不同片区具体情况，实现优势互补、相互促进，形成福建自贸区改革合力，考验着自贸区的建设者们。

（二）改革进入瓶颈期，创新步伐放缓，与全省及所在地市改革联动有待加强

首先是自贸区改革由易入难，创新步伐放缓。2012年，习近平到改革开放的前沿——广东考察时，明确指出我国改革已经进入了攻坚期和深水区。在这样的一个阶段，容易的、皆大欢喜的改革已经完成了，好吃的肉都吃掉了，剩下的都是难啃的硬骨头。自贸区改革开始由易入难，越来越触碰到体制机制的深层次问题，部门创新趋于疲软，数量和质量都有所下降。特别是"大门已开、小门不开"问题仍较突出。在顶层体制没有整体改革或者没有重大政策调整支持下，地方可先行突破的空间越来越小。比如，2015年10月，福建自贸区委托商务部国际贸易合作研究院对半年来的建设情况进行综合评估。评估显示，总体方案形成转化的186项重点试验任务中有55项正在推进。原因全部涉及国家部委，要么是"相关文件暂未获批"，要么是"国家部委正在研究制定方案"，要么是"国家部委明确暂不开展试验"。对于福建自贸区来说，向上争取国家支持的任务仍较迫切。

其次是自贸区改革与全省及所在地市改革联动不足，复制推广不够。作为全面深化改革的试验田[①]，自贸区改革要发挥以点带线、以线带面的作用，以可控范围内的先行先试换取更大范围内的推广。福建自贸区创新成果采取的多是自上而下推广模式，通过人民政府通知或者专题培训班的形式，将自贸区改革成果在一定范围内予以强化、细化并推行。但与其他自贸区相比，福建自贸区体量小、基础薄弱，在同福建省及所在地市改革联动方面，存在不少问题。主要表现为：（1）自贸区对全省改革辐射带动作用不够，引领示范效果有待加强。2018年省内9大城市除福州、厦门政商关系排名靠前外（分别为第11名和第24名），其余城市都处于30名以外，特别是龙岩、莆田两地处于后50%[②]。在如何做好"减法"持续推进简政减税减费、如何做好"加法"提升

[①] 王旭阳，肖金成，张燕燕. 我国自贸试验区发展态势、制约因素与未来展望. 改革，2020（3）：126-139.

[②] 中国人民大学国家发展与战略研究院. 中国城市政商关系排行榜（2018）. (2019-11-01). https://www.sohu.com/a/351000057_260616.

政务透明度和效率、如何营造有利于创新创业创造的良好发展环境等方面，福建仍有很多工作要做。福建自贸区应该成为全省体制机制改革的"火车头"，发挥溢出效应将自贸区内"放管服"改革的做法和创新引领的经验推广、复制到自贸区之外，而不是产生虹吸效应，造成各类生产要素进一步向自贸区聚集。(2) 随着自贸区改革的深入，特别是国际化水平的提升，片区所在地市的公共事务领域的改革也迫在眉睫。无论是经济社会发展程度较高的厦门、福州，还是后发的平潭，公共服务、市政建设、城市管理、交通管理、高等教育体系、国际人才以及社会保障等方面都存在不少需要改善的空间。

(三) 重创新轻监管，风险监管体制有待进一步完善

福建自贸区率先革新商事登记监管制度，针对我国传统商事登记监管存在的重准入监管而轻行为监管问题，将监管重心从严苛的市场准入转向事中事后监管，"先照后证"模式走在全国前列。但无论是作为事中事后监管重要框架的综合监管体系制度还是重要创新手段的企业年度报告管理制度，或者"先照后证"等都存在诸多立法问题，"证前抢跑"监管缺位、证照关系逻辑不清，行政提示和告知制度缺失等问题十分突出[1]。主要表现为：(1) 未能对政府主导、行业自律、企业自控、社会监督的"四位一体"多元治理新体系中各种监督力量的效力和地位进行明确界定；(2) 尚未建立统一的监管信息共享数据平台，既影响各监管部门间的信息互联互通和监管合力的形成，也无法为企业信用管理、风险综合评估机制以及社会力量参与市场监督提供必要的信息支撑；(3) 企业年报管理立法层次不够，制度缺乏可操作性，在违反年报管理的法律责任问题上尚有不少制度完善空间。

监管体制不健全还突出体现在自贸区金融改革中。金融创新是福建自贸区制度创新的重要内容。自成立以来，福建自贸区依托对台对外优势在金融领域推行"放管服"改革举措。2016年4月，福建自贸区获准从事双向人民币资金池业务，允许跨国企业集团根据自身经营和管理需要在符合条件的境内外非金融成员企业之间开展跨境人民币资金余缺调剂和归集业务。截至2019年1月

---

[1] 刘辉. 福建自贸区商事登记监管制度改革法律问题研究：以事中事后监管和"先照后证"为中心. 海峡法学, 2018, 20 (2): 98-104.

末，福建自贸区企业开展跨境双向人民币资金池业务，累计流入45.1亿元，流出92.76亿元。但福建自贸区金融领域改革的金融创新与金融监管之间的互动不足，存在去金融管制易而风险监管难、金融创新措施具体得力而金融监管相对滞后等现象[1]。

（四）数据整合利用程度不够，信息化程度有待进一步提升

福建是数字中国最早的探索和实践地。早在2000年，习近平任福建省省长期间提出了建设数字福建的口号。在数据驱动方面，福建自贸区有很好的基础和平台。福建自贸区利用高新技术，为区内企业提供了更便利的投资、金融、监管和税收服务，通关时间极大压缩、商事登记更加便捷高效、政务服务更加透明公开。

然而，从长期应用来看，目前自贸区内政府、市场及社会民众三者之间的互动交流平台比较单一，各类信息平台和数据技术主要用于被动回应外部民众的诉求，或者完成日常行政性事务，支撑政府决策和面向公众互动服务的信息化能力还亟待提高。另外，各部门信息化建设各自为政的现象还没能得到妥善解决。部分领域信息化建设规划未能及时跟进，建设标准一致性不够，进而引发系统兼容和数据资源流动上的问题。受部门顶层设计和早期因素等影响，政务信息系统互联不畅，信息数据分散，形成信息孤岛和数据壁垒，"互联网＋政务服务"推进阻力大。

四、深化自贸区"放管服"改革的思考

自贸区建设5周年时，习近平总书记做出重要指示，强调继续解放思想、继续探索，加强统筹谋划和改革创新，把自贸试验区建设成为新时代改革开放新高地。先行先试是中央赋予自贸区的重大机遇，也是自贸区要担负起来的历史责任。下一步，福建自贸区要带头通过深化改革破解困境，进一步做好简政放权的"减法"，做强监管的"加法"，做实优化服务的"乘法"，为建设机制活、产业优、百姓富、生态美的新福建做出贡献，要进一步扩大对台服务贸易

---

[1] 阳建勋. 论自贸区金融创新与金融监管的互动及其法治保障：以福建自贸区为例. 经济体制改革，2017（1）：50-56.

开放，促进服务要素的自由流动。

（一）传承福建省机关效能建设传统，持续推进政府职能转变、效能提升

20世纪末，习近平在福建任职期间明确提出"马上就办、真抓实干"的要求，开启了福建省机关效能建设的大幕。机关效能建设在"硬环境"短时间内难以改变的情况下，从优化提升"软环境"入手，提倡一种满负荷的精神，反对拖拉扯皮和人浮于事，要求各级政府提振精气神，提高办事效率，提升企业和公民的获得感和幸福感。作为刀刃向内的自我革命，机关效能建设已经深深融入福建各级政府的血液中。2018年，福建自贸区在落实重大政策措施方面取得明显成效，被国务院通报表扬，成为全国唯一获得"免督查"激励表扬的自贸区。从2018年开始，福建省效能办联合福建省委省直机关工委、省发改委开展"推进机制活、建设新福建"的机关体制创新优秀案例征集评选活动。厦门片区连续两年入围前三名。福建自贸区善于细化中央政策、长于落实重大政策措施的能力得到了充分的肯定。

李水金、赵新峰两位学者提出，我国"放管服"改革内含两种制度创新逻辑，即由企业个体发挥主动性自发推动的诱致性制度创新以及由政府部门运用公共权力推动的强制性制度创新[①]。对于处于赶超阶段的福建来说，由政府主动推动的强制性制度创新尤其重要。一个主动作为、善于作为、敢于担当的自贸区政府可以通过持续推行"放管服"改革，营造良好的营商环境，鼓励个体的制度创新行为。未来，福建自贸区要以营商环境评估为契机，积极投身机关效能建设的大局，从自我革命入手，持续弘扬"马上就办、真抓实干"精神，简化行政审批、持续推行权力下放以发挥市场配置资源的基础性作用，变革监管方式、优化监管机制，为社会经济发展保驾护航，创新政府管理方式、提升政务服务水平。政府要明确定位，做改革创新的催化者，通过机制、体制转型实现效率改进；政府要把握尺度，要牢记"与其'补贴'，不如'减负'；与其'扶持产业'，不如'改善环境'；与其对'物'投资，不如对'人'投资"。

---

① 李水金，赵新峰. "放管服"改革的演进逻辑及未来趋势. 中国行政管理，2019（4）：15-17.

(二) 持续提升全过程监管能力，应对规制放松带来的风险和挑战

党的十八届三中全会提出了"使市场在资源配置中起决定作用和更好发挥政府作用"的重大理论观点。习近平总书记在《关于〈中共中央关于全面深化改革若干重大问题的决定〉的说明》中指出，"我国实行的是社会主义市场经济体制，我们仍然要坚持发挥我国社会主义制度的优越性、发挥党和政府的积极作用"。从全球经验看，世界范围的规制改革经历了从放松规制、提高规制质量到规制管理的变迁[①]。如何从总体上改善规制质量、实现有效规制已成共识。就自贸区"放管服"改革而言，简政放权，放是前提；放管结合，管在放后。"放管服"改革首先是对政府管理能力的考验，只有找准"无为"和"有为"的平衡点，持续提升政府全过程监管能力，确保"放得下、接得住、管得好"，才能在"放""管""服"之间形成良性循环，推动改革的深入。

一是要不断更新监管手段，要跟上信息革命的浪潮，做实"互联网+政务服务"，善于利用现代技术和手段，用信息打破地区界限、让数据冲出部门壁垒。适应信息化时代的监管制度应该是立足于信息归集共享，辅助以信息公示，聚焦于信用监管。相应地，要进一步提升政府的信用管理能力，推进守信激励、失信惩戒措施。

二是要构建多元互补的监管主体。首先，要加大自我改革力度，推进政府服务标准化、透明化；推进部门联合行动，深化综合行政执法体制改革。在前期各部门内部信息系统建设的基础上，搭建信息交换与共享的平台，打造基于大数据的高效监管模式，真正让数据跑起来、活起来。其次，积极吸纳行业协会、企业和社会公众等非政府力量，建立社会多元共治机制。比如，厦门片区引进保险机制作为事中事后监管的有力补充。

三是要开展监管影响评估。研究发现，监管过度会通过影响产品与劳动力价格、改变竞争状况、影响生产力和经济增长，进而影响经济绩效。糟糕的监管更会提高成本、阻碍创新[②]。福建自贸区可以率先跟踪监管的全周期，开展

---

① JAKOBI T. Regulating regulation? the regulatory policy of the OECD. Paper for the Panel "Regulation and complex governance in multi-layered domestic-international structures" at the ECPR Standing Group on Regulation and Governance Conference，2012.

② HELM D. Regulatory reform, capture and the regulatory burden. Oxford Review of Economic Policy, 2006 (22): 169-185.

监管成本-收益分析，测评监管体系、监管手段以及监管行为对企业、民众等利益相关人的影响以及对经济社会的影响；同时要重视监管透明度建设，切实减少监管负担。

（三）强化法治保障，打造公正、开放、透明的营商环境

自贸区已经成为继经济特区之后，又一块改革开放的热土。自贸区时代，改革的广度和深度大大拓展了，更需要破解错综复杂的矛盾，也面临着更多失败的风险。行百里者半九十。越到改革的关键期，越要掌握正确的工作方法。运用法治原则和方法进行依法治理是改革重要的方法论。未来，福建自贸区要学习上海自贸区的经验，秉持制度创新的核心价值，明确"法无授权不可为、法无禁止皆可为、法定职责必须为"。

首先，进一步理顺管理体制，在政务水平较高、社会发育较为成熟的厦门片区逐步尝试企业化管理、市场化运作，将政府职能限定在政策制定、必要监管和服务协调上；尝试吸纳自贸区经营者和使用者进入管理体制中，提高决策的科学化程度；建立片区之间、片区与所在地市政府之间以及不同部门之间的协同机制；完善综合行政执法工作，建立健全跨部门、跨区域执法联动响应和协作机制。

其次，为破解"上面不动，下面动不了"的难题，用足用实地方立法权，继续制定《中国（福建）自由贸易试验区条例》的相关配套制度和具体措施。另外，向上争取，仿照经济特区地方立法，赋予自贸区所在地市的人大制定自贸区法规的权限，使之能及时总结经验、评估政策，将经实践检验有效有用的创新做法及时上升到法律层面，从而为整个自贸区发展争取更多自主发展、自主改革和自主创新的权限。

最后，完善容错纠错机制。作为提升城市营商环境"软环境"的首个切入口，"放管服"改革要同时建立和完善鼓励创新、容错纠错的机制。早在2016年，广东自贸区南沙片区就印发了《关于落实"三个区分"大力支持先行先试探索创新的若干意见》，坚持"五看五要"的原则，给改革创新者撑腰鼓劲，保护干部干事创业热情。反观福建自贸区，虽然《中国（福建）自由贸易试验区管理办法》《中国（福建）自由贸易试验区条例》通过地方立法首次设置了鼓励创新、宽容失误和反向考核条款，但这些条款如何使用、效果如何都没有落实。下一步，要重视制度的执行，出台容错纠错的实施细则，加大容错纠错案例的

宣传，在自贸区内形成想干事、干成事的氛围。

（四）探索人才管理新机制，为自贸区发展汇集高层次人才

"放管服"改革是全面深化改革的"先手棋"，是转变政府职能的"当头炮"[①]。其目标就是要重新定位政府、市场、社会三者的关系，打造人民满意的服务型政府，激发社会主体的创造力。自贸区是"放管服"改革最好的试验田。建设自贸区，人才是保障。福建自贸区的三个片区面临着不同程度的人才问题。福州片区受制于金融人才数量及结构性矛盾，金融创新不尽如人意。平潭片区2015年从业人员中基层劳动者占比过半，高端人才匮乏。厦门片区金融服务、航运服务、信息服务等11类产业紧缺人才[②]。当前，各自贸区已经打响了人才争夺战。例如，2020年4月南京江北新区（自贸区）发布"定制3.0版"人才新政，重点关注人才引进、发挥企业引才主体作用以及持续优化人才服务三方面工作。

福建自贸区应该从加强人力资源需求评估入手，汇集与改革需要相适用的人才队伍，不断探索人才管理新机制，对于高层次人才要招得来、用得好、留得住。

首先，加强人才资源的政策研究和规划，根据自贸区当前建设及未来发展需要，明确人才需求类型；做好片区间以及片区与所在地市间的人才政策衔接工作，打造人才政策高地、人才集聚高地和人才生态高地。

其次，要广开门路，聚天下英才而用之，挖掘福建自贸区优势，全方位吸引人才。（1）发挥政策优势，吸引各地高层次人才，使福建自贸区成为高层次人才的第一选择和重要基地；（2）由"奖人才"向"奖企业"转变，发挥企业引才用才主体作用；（3）以公共部门人力资源改革为契机，稳健推广公开选聘和公务员聘任制改革，激发人才队伍活力，发挥选聘专才和聘任制公务员的"鲶鱼效应"，组建一支掌握国际经贸规则和具有创新能力的行政管理人才队伍。

最后，创新人才工作体制机制。2016年7月，厦门片区出台了《中国（福建）自由贸易试验区厦门片区管理委员会柔性引才引智暂行办法》，在不改变及

---

① 陈振明. 中国政府改革与治理的目标指向和实践进展. 东南学术，2020（2）：36-43，246.
② 徐刚，洪灿. 福建自贸区运行现状与未来展望. 福建江夏学院学报，2017，7（6）：11-25.

影响与原属单位劳动用人关系的情况下，采取市场化、契约式管理，引进人才和智力。2016年底，厦门片区柔性引进建设专才、专家顾问43名。这是福建自贸区代表性的人才机制创新。未来，要做实柔性引才，落实以薪酬、职务、贡献等市场化标准评价认定人才的机制。